日本精神世界の旅

日本精神史の旅

はじめに

　縄文・弥生・古墳時代、そして仏教伝来となり、古代からの神々と、海を越えて島国へ渡ってきて新しい文化をもたらした「仏(ほとけ)」と、対立、抗争、やがて習合していった。

　それは日本の古代の神を祖先神とする氏族と、新しく大陸・朝鮮半島の文化を背景とする氏族の勢力争いであった。神も仏も古代の先端文化の象徴である。

　石器時代からの人々の神、それは縄文時代へと受け継がれていった。

　古代には、神は自然であった。　縄文時代は、前期・中期・後期・晩期あわせて八千年といわれているが、日本の有史2千年とみても、その年輪の重さがわかるように、縄文時代に日本の原点が存在すると思われてならない。考古学の進展と開発により、各地での多くの出土品によって研究も進み、三内(さんない)丸山遺跡・上野原遺跡の発見により、縄文文化に対する見方が見直された。

　古代の人々によって、自然の中に見い出されたところの「神」が、どのように祀(まつ)られ、どのような文化をつくり、歴史をつくっていったのであろうか。

　歴史ブームは旅行ブームとともに「日本の歴史」というような通史だけにとどまらず、古代史への関心と興味へと高まっている。それは明治の国定(こくてい)国史に対し、自由な立場から原点を探そうとする帰巣本能ではないだろうか。それを裏付けるかのごとく、いくつかの考古学的な驚くべき発見があったのも、人びとの関心を高めているひとつであろう。

　大和国一の宮大神神社は、「大神」と書いてオオミワ(おおみわ)と読む。

この神社は三輪山が御神体で、古代の自然信仰の形式を今日に伝えている。私が諸国の一の宮に対して興味を持つようになったのは大神(おおみわ)神社を知るようになってからである。これを神縁ともいうべきか、神さまの方からご縁をいただくようになり、参拝が許されたばかりではなく、何回も三輪(みわ)の明神さんに引き入れられたともいいようのなく参拝をするようになった。そればかりか、人にも大和の三輪の神のことを話し、参拝をすすめるようになった。

　それほど三輪の神域に行くと清々しく、時間を超えて古代の空気を呼吸しているようである。さきに参拝が許されたと書いたが、新幹線の時代に行くのはたやすいようでも、神縁がないとなかなかお参りはできないものである。

　古代の大和(やまと)は、日本のことであり、大和国一の宮は、日本の一の宮である。この縁から一の宮というものに関心をもつようになり、旅するごとに、国々の一の宮を訪れるように心掛けた。そして、昭和47年(1972)の春から『日本教育ジャーナル』に「全国一宮の旅」と題して書き、昭和52年(1976)の春、68ヶ国、97社の一の宮を、この足で参拝し終えて一応完結した。

　それをまとめるようにすすめられたが、その気にならず時を過ごしてしまった。なぜ、時を過ごしてしまったかというと、それまで最後に参拝した阿波(あ)国一の宮大麻比古(おおあさひこ)神社、かつての別当(べっとう)寺、霊山(りょうぜん)寺は、四国八十八ヶ所第一番の札所なのである。真言密教(しんごんみっきょう)と古代の日本の神、神と仏の関係を浅学にして知らなかった。

　この間にインドに6回旅して、自然崇拝の原形をインドで

見た。ヒンドゥ教の陽と陰、リンガ信仰である。めぐり歩いた古代の日本の神々と共通する自然の神をそこに発見したのである。有名なベナレスの沐浴（もくよく）も、朝日に向かっての"みそぎ"に似ているのではなかろうか、と思った。

　インドには、現在、仏教はブッダの遺跡としては存在するが、仏教徒はほんの僅かである。ヒンドゥー教徒が国の８割も占めている。それで、中世の神仏習合時代を体で知るべく四国八十八ヶ所の巡礼をはじめとして、修験道に関係する場所を意図的に旅（たび）してみた。

　「日本の国土が、文化の移り変わりの形といい、四季の変化といい、また輪廻（りんね）の思想といい流離のこころといい、時間的な歴史を得意とせずして、空間的に遍歴することを、その文化の大きな特長とすると言えるならば、われわれは、いま、この国土遍歴の観光の中に、空間の探究をこころみ、今日の、そして明日の救いをそこに見いだしたいと考えるのである。」と清水宣雄（のりお）は『観光の再発見』で述べている。

　古代の人々が、この島国の自然に神を見、そこを清浄な地として崇め畏敬（いけい）した地が、『延喜式』（えんぎしき）に記録されている神社であり、諸国の国々の一の宮が、それを代表するものである。古い日本人が神にめぐり会うために遍歴した旅のように、新らしい眼（まなこ）で、全国の一の宮巡拝の旅にでる気運が高まればと、願っている。多くの人のご叱正をお願いしたい。

昭和六十三年 (1988) 九月二十五日

Travelling. Nature,City,& Humanbeing.

はじめに ……… 5	

一宮考 ……… 13

| 古代自然信仰 ……… 15 |
| 神々の系統 ……… 17 |
| 大物主神 ……… 21 |
| 海幸・山幸神話 ……… 22 |
| 大山祇神 ……… 24 |
| 大和国の神々 ……… 25 |
| 猿田彦大神 ……… 26 |
| 渡来神・天日槍 ……… 29 |
| 大祓祝詞 ……… 33 |

畿内 ……… 40

山城国	賀茂別雷神社 ……… 44
	賀茂御祖神社 ……… 46
大和国	大神神社 ……… 48
河内国	枚岡神社 ……… 50
和泉国	大鳥神社 ……… 52
摂津国	住吉大社 ……… 54
	坐摩神社 ……… 56

東海道 ……… 60

伊賀国	敢国神社 ……… 64
伊勢国	椿大神社 ……… 66
	都波岐奈加等神社 ……… 68
志摩国	伊雑宮 ……… 70
	伊射波神社 ……… 72
尾張国	真清田神社 ……… 74
	大神神社 ……… 76
三河国	砥鹿神社 ……… 78
遠江国	小國神社 ……… 80
	事任八幡宮 ……… 82
駿河国	浅間大社 ……… 84
伊豆国	三嶋大社 ……… 86
甲斐国	浅間神社 ……… 88
相模国	寒川神社 ……… 90
	鶴岡八幡宮 ……… 92
武蔵国	氷川神社 ……… 94
	氷川女体神社 ……… 96

安房国（あわ）	安房神社 …… 98
	洲崎神社（すのさき） …… 100
上総国（かずさ）	玉前神社（たまさき） …… 102
下総国（しもふさ）	香取神宮 …… 104
常陸国（ひたち）	鹿島神宮 …… 106

東山道 …… 110

近江国（おうみ）	建部大社（たけべ） …… 112
美濃国（みの）	南宮大社（なんぐう） …… 114
飛騨国（ひだ）	水無神社（みなし） …… 116
信濃国（しなの）	諏訪大社・上社（すわ） 118
	諏訪大社・下社 120
上野国（こうづけ）	貫前神社（ぬきさき） …… 122
下野国（しもつけ）	二荒山神社（ふたあらやま） … 124
	日光二荒山神社（ふたらさん） 126

陸奥 …… 130

陸奥国（むつ）	都々古別神社（つつこわけ）（八槻） …… 132
	都々古別神社（つつこわけ）（馬場） …… 134
	石都々古和気神社（いわつつこわけ） …… 136
	志波彦神社（しばひこ）・鹽竈神社（しおがま） …… 138
出羽国（でわ）	大物忌神社（おおものいみ） …… 140

北陸道 …… 144

若狭国（わかさ）	若狭彦神社・若狭姫神社 …… 146

越前国 (えちぜん)	氣比神宮 (けひ) …… 148
加賀国 (かが)	白山比咩神社 (しろやまひめ) 150
能登国 (のと)	気多大社 (けた) …… 152
越中国 (えっちゅう)	高瀬神社 (たかせ) …… 154
	気多神社 …… 156
	雄山神社 (おやま) …… 158
	射水神社 (いみず) …… 160
越後国 (えちご)	彌彦神社 (やひこ) …… 162
	居多神社 (こた) …… 164
佐渡国 (さど)	度津神社 (わたつ) …… 166

山陰道 …… 170

丹波国 (たんば)	出雲大神宮 (いずも) … 172
丹後国 (たんご)	籠神社 (この) …… 174
但馬国 (たじま)	出石神社 (いずし) …… 176
	粟鹿神社 (あわが) …… 178
因幡国 (いなば)	宇倍神社 (うべ) …… 180
伯耆国 (ほうき)	倭文神社 (しどり) …… 182
出雲国 (いずも)	出雲大社 …… 184
	熊野大社 …… 186
石見国 (いわみ)	物部神社 (もののべ) …… 188
隠岐国 (おき)	水若酢神社 (みずわかす) … 190
	由良比女神社 (ゆらひめ) … 192

山陽道 …… 196

播磨国 (はりま)	伊和神社 (いわ) …… 198
美作国 (みまさか)	中山神社 …… 200
備中国 (びっちゅう)	吉備津神社 (きびつ) … 202
備前国 (びぜん)	吉備津彦神社 204
	石上布都魂神社 (いそのかみふつのみたま) …… 206
備後国 (びんご)	吉備津神社 …… 208
	素盞嗚神社 (すさのお) …… 210
安芸国 (あき)	厳島神社 (いつくしま) … 212
周防国 (すおう)	玉祖神社 (たまのおや) …… 214
長門国 (ながと)	住吉神社 …… 216

南海道 …… 220

紀伊国 (きい)	日前神宮・國懸神宮 (ひのくま)(くにかかす) …… 222
	伊太祁曽神社 (いたきそ) 224
	丹生都比売神社 (にうつひめ) …… 226
淡路国 (あわじ)	伊弉諾神宮 (いざなぎ) … 228
阿波国 (あわ)	大麻比古神社 (おおあさひこ) 230
讃岐国 (さぬき)	田村神社 …… 232
伊予国 (いよ)	大山祇神社 (おおやまづみ) … 234

| 土佐国（とさ） | 土佐神社 …… 236 |

西海道 …… 240

筑前国（ちくぜん）	筥崎宮（はこざき） ……… 244
	住吉神社 …… 246
筑後国（ちくご）	高良大社（こうら） …… 248
豊前国（ぶぜん）	宇佐神宮 …… 250
豊後国（ぶんご）	西寒多神社（ささむた）… 252
	柞原八幡宮（ゆすはら） … 254
肥前国（ひぜん）	與止日女神社（よどひめ）256
	千栗八幡宮（ちりく）… 258
肥後国（ひご）	阿蘇神社 …… 260
日向国（ひゅうが）	都農神社（つの） …… 262
大隅国（おおすみ）	鹿児島神宮 … 264
薩摩国（さつま）	新田神社 …… 266
	枚聞神社（ひらきき） …… 268
壱岐国（いき）	天手長男神社（あめのたながお）270
対馬国（つしま）	海神神社（わだつみ）…… 272

新一の宮

蝦夷国（えぞ）	北海道神宮 … 276
津軽国（つがる）	岩木山神社（いわきやま） … 278
陸中国	駒形神社（こまがた） …… 280
岩代国	伊佐須美神社（いさすみ） 282
知夫国	秩父神社 …… 284
琉球国	波上宮 ……… 286
旅の基礎知識	………… 289
一の宮鎮座地	…… 316
さくいん	…………… 322
一の宮巡拝の旅へ	…… 338
おわりに	……………… 343

一の宮考

　日本全国の旧国の国々に、一の宮を名のる神社は、68ヶ国のうち97社ある。中には一国で2～3社のところもあるからである。それは、一国に二社も一の宮があって争ったり、時代が変わるにつれ他の神社が一の宮に変わったり、それなりに、歴史の栄枯盛衰、移り変わりを物語っている。

　一の宮が定められたのは平安初期から鎌倉初期にかけてである。一国の中の主要な神社に等級をつけて、最上位にあるものを一の宮と称し、鎌倉時代初期には全国的に一の宮が定められている。

　一の宮を定めたのは、諸社に布告する場合の便を図るためとか、国司巡拝に際し、代表的なものを参拝するためなど、発生由来は諸説がある。古代の制度では国司が神拝と言って毎年、国内の神位の高い官社を巡拝するのが例であった。後になって主要な神社を選んで参拝するために一の宮の名称がつけられたとも言われる。したがって、他の神社には、順次に二宮、三宮、四宮とつけられ、上野国のように一の宮から九宮まで、その名が残っているところもある。さらに一郡、一郡、一郷にもあったり、中には神社の各社殿に一の宮、二宮というところもあるが、これは後世のことである。一の宮のほとんどが『延喜式』神名帳に記帳されている古い神社である。『延喜式』は延喜5年(905)、醍醐天皇の命により藤原時平が編集に着手して、延長3年(925)に完成をみた法令集で、

式とは律令を適用するさいの施行細則を言う。内容は朝廷の儀式、作法、事務手続などの規定を網羅したものである。この式は全部現存して、弘仁・貞観の両式も集成し、その後の式を加えて全50巻からなる。貞元元年(976)から施行された。

『延喜式』に記帳されている神社(式内社)は、名神大社・大社・小社というように社格が分けられている。

一の宮の存在するところの地理的な位置も見逃すことはできない。一の宮と一の宮を結ぶところに、一つの文化ルートがあるのではないか、これは中央よりの文化の伝播であり進行のルートでもある。明治の国家神道になって改めて社格が決められた。神社を官社と諸社とに大別して、官社を官幣社と国幣社に分けた。これは『延喜式』の規定によって決めたといわれている。諸社は府県社以下の神社が属した。官幣社と国幣社は大中小の3等に分け、神祇官が祀るのを官幣社とし、地方官が祀るのを国幣社として、ともに神祇官に所属させた。神祇官は神祇省となったが、何回もの変遷をへて神社は内務省の所管になった。当時、官幣大社は65社、中社は23社、小社は5社で、この外に別格官幣社は、神戸の湊川神社をはじめ28社である。一の宮はその名のごとく官幣・国幣社になっている数も多い。官幣社は合計121社あったが、終戦とともにその制度は消失した。しかし、全国8万といわれる神社は民衆によって支えられ、それぞれの神々の御神徳を発揮して、国家神道国家神道のときよりも民衆から親しまれ、崇敬されている。

古代自然信仰

　日本の島に住みついた人びとは何時、何処から来たのであろうか。今日の日本人になるまで、さまざまな土地からさまざまな人びとが渡来して、長い歳月をへて日本民族が形成されていった。日本列島の周囲には親潮や黒潮が流れている。今日でも東南アジアの難民が筏のような船に乗り、黒潮に流されて日本沿岸にきている。古代には潮の流れにのって漂着した人びとが長い年月の間にたどり着き住みついたのであろう。

　そして、この島国に住みついた人びとは、自らもたらした文化をこの地に伝え、育て生活していった。先に来た人びとを先住者・原住者として、あとから来る先進文化をもった人たちと、融和したり、また抗争、差別の歴史があったに違いない。石器文化から銅の文化、さらに鉄の文化と渡来氏族がもたらした文化は、古代国家へと形成されていく。石斧の武器より銅剣、銅剣より鉄剣の集団が勢力をもつことになる。このようなことが歳月とともに、あとから先進文化をもってきた人びととの間に何回となく繰り返されてきた。海に囲まれた日本列島に渡来して来た人びとは潮流の親潮、黒潮に乗り渡ってきた。

　島崎藤村の詩に、「遠き島より流れよる耶子の実一つ」とあるように、人も物も大陸や半島ばかりではなく遠い島より海を渡ってたどりついた。陸に到着した人々はさらに河川を遡り、自然条件のかなった所に、神の降臨するところを発見し、そこを中心として住みついていった。日本のあけぼのの

一の宮考

時代から、この島国に住みついた人びとは、自然を神として神を祀（まつ）る原始信仰の形態をつくっていった。石器時代から縄文時代の遺跡や出土品の中にも原始信仰の形式を残すものがある。日本列島は寒流と暖流が交互に流れ、これに乗って島国に漂着（ひょうちゃく）した人びとや大陸・半島からの渡来氏族も多い。これらの人びとによって開かれ、自然神と氏族の祖先神がやがてこの中に祀られ神となる。古代の人びとの信仰と神の名とのかかわりあいをみると、この中に古代の氏族の姿が浮かびあがると考えられる。日本は単一民族ではなく、古代にこの島に渡り住み着いた人びとによって形成されていったものと思われる。

記紀（きき）神話の中心は天孫降臨（てんそんこうりん）の神話である。天（あま）つ神の天照大神（てらすおおみかみ）が、孫（まご）の瓊々杵尊（ににぎのみこと）に、この国はお前の国だから行って治めよ、という話から始まり、国（くに）つ神の大国主命（おおくにぬしのみこと）の国譲（ゆず）りへと発展して、大国主命は、天つ神に国を譲（ゆず）ると幽界（ゆうかい）にかくれてしまう、という話は、この国土を治めていた国（くに）つ神系から天（あま）つ神系へと主権が移行することを物語っている。

このような背景の中に古代の神が存在した。

全国の一の宮を巡拝して感じることは、『延喜式（えんぎしき）』の古社で古代の自然信仰を今日に伝えていることがわかる。その伝え方は時代の変遷（へんせん）とともに忘れられたところもあるけれども、何らかのかたちで残していることが感じられる。神域に入っただけで古代信仰の息吹（いぶき）が体（からだ）に伝わってくる。古代から存在するという神社の自然が、古代の感動となって伝わってくる。

磐座（いわくら）、磐境（いわさか）、磯城（しき）、神奈備（かむなび）、神籬（ひもろぎ）などと呼ばれているとこ

ろがある。磐座は神霊が宿るための岩石の座位であり、磐境は神域、聖所を呼ぶ古語である。磯城は石で築いた祭場である。神奈備は神の鎮座する山や森、神籬は古くは神霊が宿る山・森・老木などの周囲に常磐木を植えめぐらし玉垣で神聖を保ったところ、後には常磐木を立て、これを神の宿る所として神籬と呼んだ。

　神社が仏教伝来の影響によって社殿建築をする以前は、自然の山や森、川などの特定な場所を神が降臨する聖なる所、霊地として禁足の地にしている。そして禁足地が多く残っている。このような禁足地の近くに身をおくと、時間、空間を超えて、同じ呼吸をしている古代人の鼓動が聞こえてくる思いである。

神々の系統

　古代人は自然の中に神を見て、その神を祀り、神との調和の中に生きてきた。「いわくら」といい、「いわさか」の言葉の「いわ」は斎・祝の意ではないかといわれている。磐座の付近から祭器具が発見されていることが、これを証明している。これは、大和の三輪山をはじめ各地で発見されている。三輪山は山全体が御神体山として古代より聖地として崇められ、自然信仰を今日に継承している。

　こうみてくると、日本の文化の源流ともいうべきものが、このへんにあるのではなかろうかと考えられる。古代の神を信仰した人びと、この人たちによって、この国土が開かれ、こ

の地に生きる人たちの精神風土が培われ、今に伝えられているのであろう。

全国に散らばっている一の宮や『延喜式』の名神大社（みょうじんたいしゃ）の位置や、祭神の系統を分けてみると、古代の見えなかった姿が浮かぶ一つの手がかりになるのではないかと思う。すでに旧石器時代から日本列島に人間が住みついたことは、昭和24年(1949)、群馬県桐生（きりう）に近い岩宿（いわじゅく）で発見され、その後各地で出土している旧石器時代の遺跡によって明らかである。洪積世の終わりには人間が石器文化をつくっていたことが証明された。その後、潮流、親潮や黒潮に乗って渡来する人々も増え、さらに河川を遡り、自然条件にかなったところを発見して、そこを中心に住みついていったのであろう。

石器時代からいた人びと、あとから新しい文化をもって渡来した人びとが、日本列島の自然環境で、「人と自然との調和」のもとに独自の文化、ながい風雪のなかに縄文文化をつくり、自然の中に神を見ていった。その清浄な聖地が、古社として残る神社である。コンピュータを駆使してまとめた小山修三氏の「先史時代の人口と人口密度」に、縄文晩期の日本の人口が7万5800人となっている。それが弥生時代になると59万4900人と急増している。狩猟採集の縄文人が、青銅器・鉄器の文化をともなった稲作農耕の大量の渡来人の集団により圧迫され、その同化により人口が増加していったものと考えられる。

この時代が日本の古代にあたるが、東アジアの先進文化が西南日本から東北日本へと侵攻してきた時代でもある。

一の宮考

『魏志倭人伝』は238年のことであるが、その400年前は中国の『三国志』の時代であることを考えれば、人の住むところに、最新鋭の文明をもつ国から、その文化をもつ集団が渡来したことを考えて、古代を見なければならない。日本の国々に残る一の宮の神の系統を知ることにより、見えにくかった古代が見えてくるのではないかと思う。

　一の宮をめぐり訪ねていると、それぞれの一の宮に祀られている神々と地理的関係に興味がわく。八百万神といわれる神々にも、その系統があり、それをおおまかに知っていると見えてくるものがある。

　『日本書紀』神代巻を大別してみると高天原系の天つ神と大国主神の国つ神系の二つの神々の系統に分けられる。

天つ神系は、
高皇産霊尊・伊奘諾尊・天照大神・瓊々杵尊

国つ神系は、
神皇産霊尊・伊奘冉尊・素戔嗚尊・大国主命

　それぞれ四柱の神々に系統化している。『神々の体系』の著者上山草平氏は、記紀の神代巻のストーリーを、5つの段階に分ける。
①イザナギ・イザナミの出現。
②イザナギ・イザナミの国生みと天照大神とスサノオの生誕。
③天照の子、アメノオシホミミノミコト(天忍穂耳尊)とスサ

ノオの子、大国主命の生誕。
④大国主命の国造りと、アメノオシホホミノミコトの子。ニニギミコトの尊の生誕。
⑤イワレヒコ(神武天皇)の生誕。

　これを国生みをする①②のグループと、国造りをする③④⑤のグループに分けている。

　一の宮からこれを見ると、さすがに天地を造った祖神であるタカミムスビ(高皇産霊尊)とカミムスビ(神皇産霊尊)を主神にするところはない。また、日本の国土と神々を生み出したイザナギを祭神とするのは、淡路国一の宮の伊奘諾神宮だけである。

　日本の神々は高天原という天上の世界を連想させる天つ神の系統と、根の国といい黄泉国という幽界、地下の世界を連想させる国つ神の系統の二つの系統に分類できる。

　一の宮の祭神には国つ神系が多い。国譲り神話では、大国主神に対して、おまえの国を天神に献上するか、と天神に派遣された経津主神と武甕槌神の問いに大国主神は、

「私のいま治めております現世の地上のことは、今後皇孫が治めなさいますように。私は退いて幽界の神事をつかさどります。」といわれ、岐神(猿田彦神)を二柱の神にすすめ、

「この神が、私に代わって皇孫に従順いたしますので、私はおいとまします。」

といい、永久に幽れてしまった。二柱の神は、猿田彦神を先達として、国内をめぐり、逆らう者はみな斬り伏して、帰順する者には褒美を与えて平定した。かくて、国つ神系の氏族

一の宮考

たちは、被支配者になってしまった。聖徳太子の十七条憲法や大化改新の盟いの言葉に出てくる「天を覆い、地は載す」のように被支配側の立場になった。

大物主神 おおものぬしのかみ

　大和は国のまほろば（もっともすぐれたところの意味）、と万葉にある。大和国は古代の日本のことであり、中心であった。その国の一の宮は、古代日本の一の宮であることになる。大神神社と書いてオオミワと呼び、神とは三輪の神を言った。三輪山が御神体で本殿がなく拝殿があるだけである。大物主神の幸魂、奇魂を祀っている。同じ祭神は尾張国の大神神社である。

　大物主神を幸魂・奇魂とする大国主命、またの名を大己貴神を祭神としている一の宮は実に多い。

　大己貴神を祭神とする一の宮は、三河国の砥鹿神社、遠江国の小国神社、武蔵国の氷川神社、氷川女体神社と、東海道を東へ延びている。日本海に沿っては、能登国の気多大社、越中国の高瀬神社、気多神社、越後国の居多神社である。さらに播磨国の伊和神社、九州の日向国の都農神社である。

　大国主神を祭神とするところは、丹波国の出雲大神宮と出雲国の出雲大社である。

　大己貴神、大国主神は大黒さんと呼ばれて親しまれている。大黒さんに対し恵比須さんは、大国主神の子の事代主命である。恵比須さんを主神として祀っている一の宮はないが、

三河国の砥鹿神社は配神として祀っている。

　大物主神、大己貴神、大国主神などの名称で一の宮に祀られている国々を整理してみると、

大和から尾張、三河、遠江、武蔵国の線。
大和から能登、越中、越後国の線。
大和から播磨、日向国の線。
大和から丹波、出雲国の線。

　大和を起点としたのは、古代の大和、九州の二大文化圏を想定して、大和の勢力範囲と九州の勢力範囲を見てみたかったからである。

海幸・山幸神話

　海幸・山幸神話は日本神話の代表的な物語である。この主人公は彦火火出見尊で、皇孫瓊々杵尊と大山祇神の子木花開耶姫の間に生まれた子である。

　彦火火出見尊を祀る一の宮は大隅国の鹿児島神宮と対馬国の海神社（和多都美神社）、中国地方の但馬国の粟鹿神社である。父の瓊々杵尊は、薩摩国の新田神社、一の宮ではないが『延喜式』にある日向国の諸県郡一座霧島神社の霧島神宮に祀られている。

　母の木花開耶姫は、駿河国の富士山本宮の浅間大社、甲斐国の浅間神社に祀られている。父の大山祇神は、伊予国の大山祇神社と加賀国の白山比咩神社に祀られている。

　瓊々杵尊が祀られているのは南九州に限られているのに、

めとった木花開耶姫の方は、駿河・甲斐国と太平洋の黒潮のルート、父の大山祇神は瀬戸内海の伊予国、日本海の親潮のルートにある加賀国に関係がある。

　彦火火出見尊の方はどうかというと、大隅国より海幸・山幸神話のとおり、竜宮に表現されている海神の娘、乙姫さまの豊玉姫をめとっている。この竜宮を探すと対馬国一の宮の海神神社に当たる。この神社は陸路から行けず、海路で対島上島の浅芽湾の入江深くに祀られている。こう見てくると、海幸・山幸神話は、南九州と対島との海のルートが開けたことを物語っている。

　彦火火出見尊と豊玉姫はめでたく結ばれて、海神の豊玉彦命の許しをえて大隅国へ一緒に帰りここに都をつくった。二人の間にウガヤフキアエズノミコトが生まれた。このお方が神武天皇の父になる。宮崎県日南海岸の鵜戸神宮に祀られているが、この神宮は『延喜式』に名がない。　海神豊玉彦命は一男二女の子がある。姉の豊玉姫は彦火火出見尊と一緒になった。男神の穂高見尊は、長野県の穂高神社に祀られている。信濃国の安曇郡の名神大社である。海神から山神となった。妹姫の玉依姫は、姉姫の子鵜芽草葺不合尊の妃となっている。玉依姫を祭神とする一の宮は山城国の加茂御祖神社、遠江国の事任八幡宮、上総国玉前神社である。

　海幸・山幸神話に登場する神々と一の宮の祭神との関係を見てみた。南九州大隅国に始まり、大陸や朝鮮半島の文化の入口、対島との関係を深め海神族の助けをかりて、大隅国

に拠点を置き、やがて黒潮のルートにその勢力を延ばしていく。神武東征への前段階の物語である。

彦火火出見尊の兄の火闌降命(ほのすそりのみこと)は、神話では、弟を困らせる物語である。その兄が隼人族の始祖になっている。隼人族も東夷と同じく、中央からは不遇にある氏族である。日本に古くからいる原住氏族の一つではないだろうか。

弟の火明尊(ほあかり)は尾張連(おわりのむらじ)の始祖になっている。

大山祇神

大山祇神は伊豆(いず)、加賀(かが)、伊予(いよ)国の一の宮に祀(まつ)られているが、もう少しふれてみたい。

天孫降臨(てんそんこうりん)のとき、大山祇神は、薩摩国の吾田の長屋の笠狭碕(かささのみさき)(鹿児島県野間岬)にいた。

天孫が降臨されると、早速に天孫瓊々杵尊(ににぎのみこと)に対して磐長姫(いわながひめ)と鹿葦津姫(かしつひめ)(別名、神吾田津姫(かむあたつひめ)・木花開耶姫(このはなさくやひめ))を奉った。しかし、姉の磐長姫は帰された。

大山祇神は、大山津見とも書かれ、名にヤマよりも「津」があるところをみると、海神との関係が深い神である。

伊予国一の宮大山祇(おおやまつみ)神社の由緒には、南九州より大和への神武東征のときに、大山祇神の子孫の小千命(おちのみこと)が、大山祇神を大三島(おおみしま)に祀(まつ)ったとある。この神は、三嶋明神(みしまみょうじん)と言われ、はじめ摂津国の三嶋に祀られていたが、伊予国の大三島に遷座した。摂津国(せつのくに)嶋下郡に三嶋鴨神社の名で『延喜式(えんぎしき)』にある。後に伊予より伊豆国(いずのくに)三島に祀(まつ)られたのが三嶋大社であ

る。　大山祇神が祀られた場所からみると、山の神よりも海神とされていたようだ。木花開耶姫を祀る駿河、甲斐国の一の宮の浅間神社は、後にできたものであると思われる。

　木花開耶姫の名は富士山頂の山神に対する称であるが、正しくは火山の神であることを意味する。天地海の三神統合の思想によれば、大山祇神を山神であり、海神として、この神の娘を天孫にめとらせることにより、天地が一つになる。

　次には子の彦火火出見尊を海神豊玉彦の娘豊玉姫と一緒にさせることにより、天地海の三神が結ばれるという神話が構成されている。

　これは、単に神話に過ぎぬとは言えないものが、この中に含まれていないか。調和と融合の神話に古代の姿が真実としてある。それを考えられねばならない。

大和国の神々

　大和国を代表する神々は根の国、国つ神系の神である。なかでも由緒が古く権威の高かった葛城の神々を代表する高鴨の味耜高彦根神と下鴨の事代主命は大国主神の子神である。

　三輪山の神は、大己貴神(大物主神・大国主命)の幸魂奇魂とされている。吉野川の聖域にある大己貴神を祀る大名持神社も大国主神の別名である。天つ神の本拠となる大和でも国つ神を外に追うことができなかった。神の社があるだけではなく、それを支える氏族がいるからである。

　三輪山の麓に祀られていた皇室の祖先神を垂仁天皇の娘

の倭姫命は、杖に神霊を宿らせて各地を歩かれたあと、美濃、尾張から伊勢国に入り、五十鈴川の川上に落ち着いた。伊勢に鎮まった神は、天照大神として国家最高神に生まれかわっている。最高神となったのは天武・持統天皇の頃に確立したともいわれている。

　三輪山の麓に元伊勢として地名が残っている。伊勢に去った後は、いま天理市にある大和神社が大和の守護神の役割をもつようになった。平城京ができた時に、藤原氏は祖先神の常陸国一の宮鹿島神宮の祭神武甕槌神と河内国一の宮枚方神社の祭神天児屋神を、平城京の東に春日大社を造り祀った。これは飛鳥における三輪山の神と同じ性格を、奈良の平城京で藤原氏の春日大社に位置づけようとしたものと思われる。

猿田彦大神

　天孫降臨のとき、その道案内をしたのは猿田彦大神である。その神を祀る一の宮が伊勢国の椿大神社と都婆岐神社である。どちらも伊勢一の宮を称しているが時代により神社の盛衰を物語っている。伊勢の国の地主神は、猿田彦の神である。皇大神宮板垣内に興玉神が祀られ、その近くにも猿田彦神社がある。また、二見浦に興玉神社があが、興玉神は、猿田彦大神のことである。

　興玉神社の社殿の真後に蛙の置物があって、その向こうの海の中に夫婦岩が注連縄で結ばれている。朝日がその間の

海から昇る。二見浦の二見は太海からきたもので、興玉の「興」は、海の「沖」と同じ意味であるから、興玉神は海神ということになる。さすれば猿田彦も海神であるが、根元は類人猿のときからの関係も考えられる。

対島の厳原に行ったとき、ここにも猿田彦神を祀る神社があった。小さな社であったが、土地の人に聞くと猿田彦は天狗の顔をし、鼻は男根に似ている。その猿田彦の大きなシンボルを船にのせて沖に行き、それをこいで海の神霊をむかえる祭りがあるという。

薩摩国一の宮　枚聞神社

薩摩国一の宮枚聞神社の祭神は枚聞大神で、この神も猿田彦神である。猿田彦大神を祭神とする神社は全国に二千余もあるが、海神として信仰している。古代にあっては、海神は海王として崇められ、日神は海神の子とされていた。二見浦の夫婦岩に昇る朝日はそれを物語っている。

二見浦の興玉神社より歩いて10分の所の蘇民の森に松下社がある。興玉神や素戔嗚尊と関係があるようだ。文献の焼失で不明であるが、「蘇民将来子孫」と書いた桃の木で作った符を配布していた。ここの由来を見ると、素戔嗚尊が、武塔神と名のり南海の女のもとに行く途中、日が暮れたので宿を求めるべく金持ちの兄の巨旦将来の家に行き、宿を乞たが断わられたので、貧乏な弟の蘇民将来の家に行ったところ、心よく迎えられ粟柄の座をつくったり、粟飯で心温る接待して

くれた。翌日、尊は厚く礼を言って旅立たれた。

　歳月をへて、尊は再び蘇民を訪ねて、蘇民に汝の子孫は何人ぞ、と問うた。妻と子の三人と答えたので、茅の輪3巻を作り、門に蘇民将来子孫と符に書き吊り下げるように教えた。その夜、大洪水がきて、蘇民の兄の一家は流され全滅したが、弟の一家は難をのがれた。汝の子孫は今後かならず指示の通り実行すれば、疫病が流行してもかからない、と誓われたという。

　この物語で兄より弟の方がいいことになっている。海幸・山幸神話、天照大神と素戔嗚尊、大国主神にしても同じ兄弟で、弟の方が良いことになっている。天照大神の場合は逆であるけれども、この形式はどういうことを物語っているのであろうか。

茅の輪（下総国一の宮 香取神社）

　また「蘇民将来子孫」と茅の輪が出てくる。京都八坂神社の祇園祭の出車から撒く茅巻には赤い紙に「蘇民将来子孫也」と書いてある。祭神は素戔嗚尊である。五月の節句の茅巻や、茅の輪や茅巻きをする神社は多い。皇大神宮板垣内の興玉神も、二見浦の興玉神社の猿田彦大神は地主神としてだけではなく、日神の親神の海神として祀られていたものであろう。『日本書紀』が編纂されると猿田彦神、猿女君は「猿」の字を当てられ、猿も「うまし神」として御弊をもたされてしまうのである。

渡来の神・天日槍

渡来の神として明確なのは、但馬国一の宮出石神社の祭神は天日槍命である。この神は『日本書紀』にもあるとおり新羅の王である。それを書紀から拾って見ると、

垂仁天皇3年(前27)3月、新羅の王の子、天日槍が渡来した。持ってきた物は、羽太の玉一箇・足高の玉一箇・鵜鹿鹿の赤石の玉一箇・出石の小刀一口・出石の矛一枝・日鏡一面・熊の神籬一具、あわせて七つの物であった。それを但馬国に納めて、ながく神の物とした。とある。

一説によると、以前に天日槍が、艇に乗って播磨国に碇泊し、宍粟邑にいた。そのとき天皇は三輪君の祖である大友主と倭直の祖である長尾氏を播磨に遣わして、天日槍に「おまえは誰か、またどこの国の人か」尋ねさせた。天日槍は答えて、

「僕は新羅国の主の子です。しかるに日本国に聖皇がおられるとうけたまわり、そこで自分の国を弟の知古に授けてやってまいりました」と申し上げた。こうして貢献したものは、葉細の珠・足高の珠・鵜鹿鹿の赤石の珠・出石の刀子・出石の槍・日鏡・熊の神籬、それに胆狭浅の太刀、あわせて八つであった、と。そこで天日槍に詔して、

「播磨国宍粟邑と、淡路島の出浅邑と、この二つの邑に、お前の意のままに居住してよい」と仰せられた。天日槍は、謹んで、「私が住もうとするところは、もし天皇のお恵みを賜わって、私がお願いする地をお許しいただければ、私がみず

から諸国を巡り見て、心にかなったところを賜りたく存じます」と申し上げた。天皇は即座にお許しになった。そこで、天日槍は、菟道河からさかのぼって、北の方の近江国吾名邑（滋賀県坂田郡近江町箕浦付近）に入って、しばらく住んでいた。さらに近江より若狭国を経て、西の方の但馬国に至り、住居を定めた。つまり近江国の鏡村の谷の陶人は、天日槍の従者であった。ところで、天日槍は、但馬国の出嶋の人太耳の女麻多鳥、赤留比売を娶って、但馬諸助を生んだ。諸助は、但馬日楢杵を生んだ。日楢杵は、清彦を生み、清彦は、田道間守を生んだという。但馬は息長氏に関係が深い。神功皇后は息長氏の出であることをみると、古代日本は渡来氏族との関係を考えなくてはわからないことが多い。

　このように天日槍を『古事記』『日本書紀』などでは新羅の王子にしているけれども、天日槍を一人の人物ではなく、朝鮮伝来の刀剣文化の人格化にほかならない。矛や剣や鏡、玉などで太陽神を祀る、または、矛や剣を神のよりしろとする宗教の集団、農耕集団であり、天日矛の名のごとく鍛冶集団でもあったと考えられる。また、農業神話的要素をもつが、刀剣類も古くは農業神である竜蛇の表相と信じられてきた。

　天日槍集団は日本全土に広範囲に分布していた。但馬・播磨・淡路（兵庫県）、近江（滋賀県）、若狭（福井県）、摂津（大阪府）、筑前（福岡県）、豊前（大分県）、肥前（熊本県）などである。それらは天日槍や妻の比売許曾・赤留比売の巡歴伝説としてある。

　天日槍の妻の比売許曾・赤留比売は、天日槍集団の矛や

剣や鏡、玉をもって太陽神や祖先神に祈る巫女・シャーマンで、神を祀るものが、後に神として祀られ祭祀したところが神社になったと思われる。

比売許曾を祀る神社は筑前国怡土郡の高祖神社、豊前国田川郡の香春神社、豊後国国前郡の比売許曾神社、それに宇佐八幡宮の比売大神も関係がある。さらに摂津国東成郡の比売許曾神社、住吉郡の赤留比売神社とあるが、これらの神社の位置は北九州から瀬戸内を行き近畿の各地に移っていったものであろう。

これに天日槍の行程を重ねるとどうであろうか。天日槍の夫婦神のルートは、神武東征神話伝承に近いルートでもある。南朝鮮から北九州に渡って来た氏族は何代かをへて畿内に進出したと思われる。それも長い歳月の間に、幾重にも重なってきたのである。渡来氏族と言っているが、古代に於いては帰化すべき国がまだ成立していなかったのであるから帰化人という呼び名は当たらない。

越前国一の宮 気比神宮

越前国一の宮気比神宮の祭神に伊奢沙別命が祀られているが、この神の別名を笥飯大神、気比大神といい、御食津大神ともいわれている。かつて笥飯宮とよんで、天日槍を伊奢沙別命として祀り、伊奢沙別命は土豪角鹿氏の氏神で、角鹿氏は長くこの地を支配した。『気比神宮略記』によると、朝鮮から渡来した都怒我阿羅斯等が、気比大神宮の祭司と

越前国の政治を委せられたとある。都怒我から出た角鹿氏は敦賀の名の起こりとなり、朝鮮半島との深いつながりを意味している。

天日槍の説話に出てくる地域は、山城国を開拓した渡来氏族の秦氏の居住と重なるといわれている。山城国の酒の神様の松尾大社や伏見稲荷大社も秦氏が信仰した神社であるが、稲荷社は全国に分布しているのは秦氏集団と関係があるようである。秦氏族は機織り技術ばかりではなく、採銅技術集団でもあった。稲作農耕とともに銅鉄の技術集団となり、新羅系の秦氏族の倭鍛冶と百済系の漢氏族による韓鍛冶とがあった。神話に天香山の金をとった日矛・日像之鏡をつくった倭鍛冶の天津真浦や石凝姥の名があるが、この日矛が新羅の王子天日槍の渡来説話となり、後から渡来した秦氏族によって継承されていったものと思われる。

北九州には天日槍集団の残した製鉄遺跡が多い。日本には銅鉱はあるが、鉄の原料は産出しない。古代においては鉄の原料は朝鮮半島からの移入で、砂鉄から産鉄する技術は、渡来氏族がつくったものであろう。昭和20年(1945)の冬、アメリカ軍が奈良市の西の方にある宇和奈辺古墳の陪冢と呼ばれる付属15号古墳を削り取り、飛行機発着場をつくったことがあった。その時に陪冢から鉄の板が堀り出された。鉄ていという2.30cmの長方形で、真ん中が少しくびれた鉄の

宇和奈辺古墳

一の宮考

板で約900枚も出た。これは古代の朝鮮鉄を移入したもので、宇和奈辺古墳は5世紀の中頃のものであるから、このころ鉄の時代を迎えていた。銅の時代に変わって鉄が渡来してきた社会革命をひき起こし、鉄を支配する者が国を支配することになった時代であった。

神功皇后・息長足姫尊の母方の祖は天日槍であるが、神功皇后・応神天皇の母子の九州から畿内への経路は天日槍の経路と重なり、気比神宮の祭神伊奢沙別の神と、名を交換したとある。伊奢沙別は天日槍であるからみても難波王朝の始祖は、血筋にも伝承にも関係があることになる。天日槍集団から出た秦氏族は、応神朝の終わった段階で山城国の太秦に拠点を移した。

伏見稲荷大社

古代日本最大の氏族であった秦氏の分布をみてみると、九州から四国、中国、近畿、北陸、東海、関東地方にまで行きわたっている。全国的にその勢力を培ってきた秦氏は、鉄を基盤とする農産業の技術集団であり、山城国の太秦を本拠地として、酒造りの松尾大社や全国に広がった。伏見稲荷大社を祀り、その分社4万余という総本社である。

秦氏は秦始皇帝13世の孫、孝武王の後なりと称しているが、生き抜く手段であろう。8世紀末には秦集団の経済力と政治力で、奈良の平城京を山城国に遷都させている。

大祓祝詞

　自然神からはじまり、渡来の神までを含めた八十万神たちが、生成育成されてきたのが古代日本であった。全国に散らばる国々の一の宮は日本人のルーツを今日に伝えていると思われる。

　八十万神の国々であるから一神だけではわからないのが日本である。これらの神たちが互いに手をとりあってこの国を築いてきたし、相攻めあいながら、自然に調和した神々のルールを創造していったのではないだろうか。

　古代の祭政一致を渡来神をも含めた八十万神のなかに日本を統一していったものは、海に囲まれた島々の日本の先住人や、海を渡ってきた人々の複合氏族による智慧であり、単一民族のなしうるものではない。彼らは古代の先進国であった東アジアの国々のような皇帝でもなく、王でもない、自然神の祭祀を司るシャーマン的なものをもつ古代天皇という存在を確立したのである。それは自然神と八十万神を結ぶ神聖な存在であり、八十万神を支える氏族を統一する方法であった。戦後、民主主義が日本にもたらせられたが、二千年前に各種族は、その八十万神をお互いが崇め、共存共栄できる天皇をいただいた。古代民主主義を概念ではなく国々の神として祀るなかに、何時の間にかまとまるシステムをつくっていたのである。八十万神、八百万神と書くが、漢字はあとからの当て字である発音が主である。

　日本人は神々との間に理屈や教えではない祝詞をもってい

一の宮考

る。祝詞は、穢れを払ったり、神の怒りをやわらげたりするため、神を讃めたたえる詞を繰り返すことにより、人は神と和解し、汚れを流し、みそぎ払ってより清浄になるという、独特の能力を身につけさせてしまうのである。それだから、どんなことにも対応する智慧を神から授かることが、神を信じなくとも不思議と身体から湧いてくるのである。祝詞の一つに、六月晦大祓がある。6月と12月に人々のもろもろの罪を転々と時空を超えて、いつしか消え失せさせてしまうものである。また、国々の一の宮の巡拝は、古代からの神の息吹を自らの身体で感じ、インプットするとともに、大祓祝詞のように罪という罪は出力し、巡拝の行為により自然と清浄になるのである。清浄になれば我が消える。大祓祝詞を口に出して唱えてみてほしい。

「天皇が朝廷に仕へまつる官官の人等を始めて、天の下四方には、今日より始めて罪といふ罪はあらじと、高天の原に耳振り立てて聞く物と馬牽き立てて、今年の六月の晦の日の、夕日の降ちの大祓に、祓へたまひ清めたまふ事諸聞しめせ。」と宣る。「四国の卜部等、大川道に持ち退り出でて、祓へ却れ。」と宣る。

大祓の祝詞を宣る間に、もろもろの罪は転々と場所をかえて、いつかどこかに消え失せてしまい、おわりには大海原に流れ、そこで潮の流れにあい、みそぎはらわれてしまうのである。これを半年に一度の割りで行うのであるから、かなり合理的な考えをもっているといえよう。

半期に一度、ゼロの状態にして、神の清浄を己れのものに

してしまう智慧をいつしか体得していったのである。それは、日本の自然の風土そのものがさせたもので、古代の人々は、それを神にしてしまう。四季が移り変わり、春ともなれば生き生きと生命が芽生え、若葉青葉が日々生育して、緑に覆われてしまう。太陽がさんさんと輝き、酷暑をもたらしたのも束の間、生命の実りは黄金の色となり、錦が映える豊な自然の彩りとなる。それも太陽の日が短くなるように、やがて、冷たい風とともに白の色彩が山の頂きからおとずれ、冬の厳しさが来る。自然のサイクルは間違いなく回り、人々の心に体に教えてくれる。潮流がめぐる島国に住む人々は人間をも自然の一員であることを知る。渡来氏族によって仏教が伝来されても、先進文化として受け止め、仏教の輪廻思想が古代からの自然神の祭祀と同じように思え、疑いもなく溶け込んで神仏習合へと進展するのであった。日本人は罪を罪として、悲しみを悲しみとして、いつまでもなやみ、悲しみをつづけることをせずに、自然に流し去る方法を体得したのである。

　これは八十万の神と、その神を祀る八十万の氏族たちが、自然との調和をはかるごとく、その風土に生きて行くことを身につけたからにほかならない。対応の速さは、180度の展開を不思議に感じないまで自然に行われるのが、縄文時代からこの国土に生きてきた日本人ではないだろうか。大祓の祝詞は変わり身の速さをいいあらわしている。八十万神を祀る全国の神社では、年二回の大祓の神事が行われる。自然のサイクルの如くにである。

取り辟きて、八針に取り辟きて 天つ祝詞の太祝詞事を宣れ 此く宣らば 天つ神は天の磐門を押し披きて 天の八重雲を伊頭の千別きに千別きて聞しめさむ 国つ神は高山の末・短山の末に上り坐して 高山の伊褒理・短山の伊褒理を撥き別けて聞こし食さむ 此く聞こし食しば 罪と言う罪は在らじと 科戸の風の天の八重雲を吹き拂ふ事の如く 朝の御霧・夕べの御霧を朝風・夕風の吹き拂ふ事の如く 大津辺に居る大船を舳解き放ち・艫解き放ちて 大海原に押し放つ事の如く、彼方の繁木が本を 焼鎌の敏鎌もちて、打ち拂ふ事の如く 遺る罪は在らじと 祓へ給ひ清め給ふ事を 高山の末・短山の末より 佐久那太理に落ち多岐つ速川の瀬に坐す瀬織津比売と言ふ神、大海原に持ち出でなむ 此く持ち出で往なば荒潮の潮の八潮道の八潮道の潮の八百會に坐す速開都比売と言ふ神、持ち加加呑みてむ 此く加加呑みてば 気吹戸に坐す気吹戸主といふ神 根国底国に気吹き放ちてむ 此く気吹き放ちては 根国底国に坐す速佐須良比売と言ふ神 持ち佐須良ひ失ひてむ 此く佐須良ひ失ひてば 罪と言ふ罪は在らじと 祓え給ひ清め給ふ事を天つ神、国つ神、八百万神等共に聞こし食せと白す」

大祓詞(おおはらいののりと)

「高天原(たかまのはら)に神留(かむづま)り坐(ま)す、皇親神漏岐(すめむつかむろぎ)、神漏美(かむろみ)の命(みこと)以(もち)て、八百万(やほよろず)の神等(かみたち)を神集(かむつど)へに集(つど)へ賜(たま)ひ　神議(かむはか)り議(はか)り賜(たま)ひて　我(わ)が皇御孫命(すめみまのみこと)は豊葦原(とよあしはら)の水穂(みづほ)の国(くに)を安国(やすくに)と平(たひ)らけく知(し)ろしめせと　事依(ことよ)さし奉(まつ)りき　此(か)く依(よ)さし奉(まつ)りし国中(くぬち)に、荒振(あらぶ)る神等(かみたち)をば神問(かむと)はしに問(と)はし賜(たま)ひ神掃(かむはら)ひに掃(はら)ひ賜(たま)ひて　語問(こととひ)し磐根(いはね)樹根(きね)立(たち)草(くさ)の片葉(かきは)をも語止(ことや)めて　天(あま)の磐座放(いはくらはな)ち　天(あめ)の八重雲(やえぐも)を伊頭(いつ)の千別(ちわ)きに千別(ちわ)きて　天降(あまくだ)し依(よ)さし奉(まつ)りき　此(か)く依(よ)さし奉(まつ)りし四方(よも)の国中(くになか)と　大倭日高見(おほやまとひだかみ)の国(くに)を安国(やすくに)と定(さだ)め奉(まつ)りて　下(した)つ磐根(いはね)に宮柱太敷(みやばしらふとし)き立(た)て高天原(たかまのはら)に千木高知(ちぎたかし)りて　皇御孫命(すめみまのみこと)の瑞(みづ)の御舎仕(みあらかつか)へ奉(まつ)りて　天(あめ)の御蔭日(みかげひ)の御蔭(みかげ)と隠(かく)り坐(ま)して　安国(やすくに)と平(たひ)らけく知(し)ろし食(め)さむ　国中(くぬち)に成(な)り出(い)でむ天(あめ)の益人等(ますひとら)が　過(あやま)ち犯(をか)しけむ雑雑(くさぐさ)の罪事(つみごと)は　天(あま)つ罪(つみ)と畔放(あはな)ち・溝埋(みぞうめ)・樋放(ひはな)ち・頻蒔(しきまき)・串刺(くしさ)し・生膚断(いきはだた)ち・死膚断(しにはだた)ち・白人(しろひと)・胡久美(こくみ)・己(おの)が母犯(ははおか)せる罪(つみ)・己(おの)が子犯(こおか)せる罪(つみ)・母(はは)と子(こ)と犯(をか)せる罪(つみ)・子(こ)と母(はは)と犯(をか)せる罪(つみ)・畜犯(けものをか)せる罪(つみ)・昆虫(はふむし)の災(わざわひ)・高(たか)つ神(かみ)の災(わざわひ)・高(たか)つ鳥(とり)の災(わざわひ)・畜仆(けものたふ)し、蠱物(まじもの)せる罪(つみ)　許々(ここ)

ここだくの罪出(つみい)でむ　此(か)く出(い)でば　天(あま)つ宮事(みやごと)以(もち)て　天(あま)つ金木(かなぎ)を本(もと)打(う)ち切(き)り末(すえ)打(う)ち所(ところ)

	年	月/日
山城国　賀茂別雷神社	-	/
山城国　賀茂御祖神社	-	/
大和国　大神神社	-	/
河内国　枚岡神社	-	/
和泉国　大鳥神社	-	/
摂津国　住吉大社	-	/
摂津国　坐摩神社	-	/

畿内

畿内

古代日本列島に人々が住むようになり、それに先進文化をもって渡来するようになると、農耕生産も高くなり勢力をもった氏族たちは豪族となり、これを統一しようとする原始国家へと発展していった。天つ神と国つ神の国譲り神話や神武東征、神功皇后の伝承は中央政権の確立を物語っている。その目指すところが飛鳥地方といわれる大和国である。ここで確立され中心的な勢力が誕生し、古代天皇の都が置かれたのが山城・大和・河内・和泉・摂津国である。これを五畿、畿内と呼んで、ここに勢力をもった豪族たちは、古代信仰をもとにした祭政一致の政治形態をつくり、その中心に天皇を置く中央政権を確立していった。『日本書紀』にある天皇の都を年代順に拾ってみると畿内で古代政権が確立していった経過がわかる。

前 660	神武天皇	辛 酉	1月	橿原宮で即位 (橿原市)
前 581	綏靖天皇	己 卯 元年	1月	葛城 高丘宮をつくる
前 547	安寧天皇	癸 丑 2年		片塩の浮穴宮に遷す
前 510	懿徳天皇	庚 寅 2年	1月	軽の曲峡宮に遷都
前 475	孝昭天皇	乙 丑 元年	7月	葛城掖上の池心宮に遷都
前 391	孝安天皇	己 丑 2年	10月	葛城室の秋津嶋宮に遷都
前 290	孝霊天皇	庚 午 元年		黒田の廬戸宮に遷都
前 211	孝元天皇	己 丑 4年	3月	軽の地、境原宮に遷す
前 157	開化天皇	癸 未 元年	10月	春日の率川宮に遷都
前 95	崇神天皇	丁 亥 3年	9月	磯城の瑞籬宮に遷都
前 28	垂仁天皇	甲 午 2年	10月	纒向の珠城宮を造る
74	景行天皇	甲 戌 4年	11月	纒向の日代宮を造る
313	仁徳天皇	癸 酉 元年	1月	難波の高津宮で即位
400	履中天皇	庚 子 元年	2月	磐余稚桜宮で即位
406	反正天皇	丙 午 元年	10月	河内の丹比の柴籬宮を造る
454	安康天皇	甲 午 元年	12月	石上の穴穂宮で即位
456	雄略天皇	丙 申 3年	11月	泊瀬の朝倉宮で即位
480	清寧天皇	庚 申 元年	1月	磐余の甕栗で即位
487	顕宗天皇	丁 卯 元年	1月	近飛鳥の八釣宮で即位
488	仁賢天皇	戊 辰 元年	1月	石上高広宮で即位

西暦	天皇	干支	年月	事項	
498	武烈天皇	戊寅	11年12月	……… 泊瀬列城宮で即位	
507	継体天皇	丁亥	元年2月	……… 河内の樟葉宮で即位	
511	継体天皇	辛卯	5年10月	……… 山城の筒城に遷す	
516	継体天皇	丙申	20年9月	……… 磐余の玉穂宮に遷都	
534	安閑天皇	甲寅	元年1月	大倭国の勾 金橋に遷す	
536	宣化天皇	丙辰	元年1月	桧前の廬入野に遷す (明日香村)	
540	欽明天皇	庚申	元年7月	倭国の磯城嶋金刺宮に遷す	畿
570		庚寅	31年4月	……… 泊瀬の柴籬宮に行幸	
582	敏達天皇	壬寅	元年4月	……… 百済の大井宮を造る	内
586	用明天皇	丙午	元年9月	即位、磐余に池辺双槻宮を造る	
588	崇峻天皇	戊申	元年8月	……… 即位、倉梯宮を造る	
592	推古天皇	壬子	元年12月	……… 豊浦宮で即位	
601		辛酉	9年2月	聖徳太子、斑鳩に宮室を造る (斑鳩町)	
603		癸亥	11年10月	……… 小墾田宮に還る	
630	舒明天皇	庚寅	2年10月	飛鳥岡の岡本宮に遷る (明日香村)	
635		乙未	7年6月	……… 田中宮に還る	
639		己亥	11年7月	…… 百済川畔に百済宮を造る	
641	皇極天皇	辛丑	元年10月	……… 小墾田宮に還る	
643		癸巳	2年3月	……… 飛鳥板蓋新宮に移る	
645	大化	乙巳	元年12月	孝徳天皇、難波長柄豊碕に遷都 (大阪市)	
655	斉明天皇	乙卯	元年1月	皇極上皇、飛鳥板蓋宮で即位	
656		丙辰	2年	飛鳥岡本宮に遷る。両槻宮・吉野宮を造る	
663	天智天皇	癸亥	2年8月	百済国白村江で戦い日本軍敗れる	
664		甲子	3年5月	唐国の百済鎮将軍 劉 仁願・郭務宗等筑紫来る	
667		丁卯	6年3月	……… 近江宮に遷都 (大津市)	
671		辛未	10年11月	唐国の郭務宗使者等 2000人来る	
672	天武天皇	壬申	元年	飛鳥浄御原宮を造る (明日香村)	
694	持統天皇	甲午	8年12月	…… 藤原宮に遷都 (明日香村)	
710	和銅	庚戌	3年3月	……… 平城京に遷都 (奈良市)	
741	天平	辛巳	13年1月	山背国 恭仁で新年の朝賀を受ける (山城町)	
742		壬午	14年	近江国紫香楽に離宮を造る (信楽町)	
744		甲申	16年	難波宮を都ときめる (大阪市)	
745		乙酉	17年	ふたたび平城京を都とする (奈良市)	
784	延暦	甲子	3年11月	桓武天皇、長岡宮に移る (向日市)	
787		丁卯	7年10月	桓武天皇、長岡宮遷都の詔を下す	
794		甲戌	13年11月	山背国を山城と改め平安京に遷都 (京都市)	

天智天皇の近江宮の外は畿内に都があった。ことに大和国一宮の大神神社が三輪明神を祀る三輪山の周辺の飛鳥に、天皇が代わる都度と言っていいくらい転々と遷都されている。何故に遷都されていったのであろうか。古代史をみるとき、この疑問がでてくる。

　難波から大和川を上り飛鳥川の流れを動脈としているが、最古の奈良平野は海であった。海が湖となり、やがて平野に変遷していった。この豊穣の地に人々が住み着き、そこに渡来してきた先進文化をもった氏族たちが来て、古代日本の中心的な勢力がつくられていった。こうして五畿の国々に根拠地をもった氏族は、朝鮮半島や大陸からの先進文化をもった渡来人との交流しつつ、先住民との間に政治権力が発生し、抗争があったと考えられる。

　日本人は単一民族といわれているが、どうであろうか。

　古代史からは簡単に単一民族とはいいきれないのではないだろうか。黒潮や親潮が流れくる日本列島は、椰子の実一つの詩ではないけれど海流に乗って、いろいろな人と文化が古代から渡り、たどり着いた。とくに朝鮮半島や中国大陸の先進文化をもつ人たちの渡来がつづいた。朝鮮半島からだけでも高句麗・百済・新羅の三つの国から渡来して、それぞれの氏族が高度な文化と技術をもって、この国を開いていった。さまざまな氏族たちは、さまざまな神々、祖先神を本貫地に祀り、すでに先住民によって祀られていた自然神をも崇め、とりこんでこの国は形成されていった。八百万の神々があることは、このことを物語っている。

　畿内では、これらのさまざまな勢力によって古代統一国家への権力が形成されていった。そして畿内は統一され、西南日本から東国へと大和の勢力下の国々をつくっていったのである。そのため七道を開発していった。その変遷がここに結集された『延喜式』には、畿内の神は658座あり、その内名神大社は231座と3分の1の数を占めと多い。畿内の式内社と一宮をみると、

畿内

山城国（やましろのくに） 式内社 122座　内名神大社　53座

　　賀茂別雷（かもわけいかづち）神社　賀茂別雷神

　　賀茂御祖（かもみおや）神社　玉依姫命（たまよりひめのみこと）・賀茂建角身命（かもたけつぬみのみこと）

大和国（やまと） 式内社 286座　内名神大社　128座

　　大神（おおみわ）神社　大物主大神（おおものぬしのおおかみ）・大巳貴神（おおなむち）

河内国（かわち） 式内社 113座　内名神大社　23座

　　枚岡（ひらおか）神社　天児屋根大神（あめのこやね）・比売御神（ひめ）

和泉国（いずみ） 式内社 62座　内名神大社　1座

　　大鳥（おおとり）神社　大鳥連祖神（おおとりむらじのみおやがみ）・日本武尊（やまとたけるのみこと）

摂津国 式内社 75座　内名神大社　26座

　　住吉（すみよし）大社　住吉神

　　坐摩（いかすり）神社　生井神（いくいのかみ）・福井神（さくい）・綱長井神（つながい）・波比岐神（はひき）

　　　　　　　阿須波神（あすは）

　古代信仰を継承してきて自然神とし祀（まつ）られている神々、また祖先神として崇（あが）める古代豪族の姿が浮かんでくるようである。

　八百万神という日本の神々の神社が、畿内に集中して祀られているのではないかと思われるほど多い。『延喜式（えんぎしき）』に畿内の神は 658座で、その 3分の 1強が名神大社であるのをみれば、古代日本を支配していた畿内の中心的な地位がわかる。

　畿内の国から近い国として、丹波（たんば）・若狭（わかさ）・丹後（たんご）・但島（たじま）・因幡（いなば）・淡路（あわじ）・播磨（はりま）・美作（みまさか）・備前（びぜん）・紀伊（きい）・近江（おうみ）・伊賀（いが）・伊勢（いせ）・志摩（しま）・美濃（みの）・尾張（おわり）・三河（みかわ）とした。

　中ほどの国として、越前（えちぜん）・越中（えっちゅう）・能登（のと）・飛騨（ひだ）・信濃（しなの）・諏訪（すわ）・甲斐（かひ）・遠江（とうとうみ）・駿河（するが）・伊豆（いず）に分けた。

　後は遠国としていた。東国には柵を設けて、それから以北を境界として機内の勢力の及ばないところであった。

山城国一の宮
賀茂別雷神社 (上賀茂神社) かもわけいかづちじんじゃ

賀茂別雷神
〒603-8047 京都府京都市北区上賀茂本山339(京都駅 地下鉄北大路駅 徒歩20分)
TEL 075-781-0011　FAX 075-702-6618

京都駅から地下鉄で北大路駅下車徒歩20分のところに上賀茂神社がある。京都洛北の賀茂川の上流に位置し、正式名は賀茂別雷神社である。この神社より北北西に円錐形の神山がそびえ、この山に降臨されたのが賀茂別雷神である。古代の山城国を開拓した人々の自然信仰が神山にこめられている。

　賀茂というのは賀茂県主の祖賀茂建角身命が、八咫烏と化し神武天皇の軍を導いたとされ、大和葛城山の麓の今の御所市あたりで、高鴨神社のあたりに住んでいたと思われる。後に山城国岡田賀茂に移り、さらに北に進み現在の地に定住した。

　賀茂建角身命の女賀茂玉依比売が瀬見小川を流れてくる丹塗矢に感じて賀茂別雷神を生んだという。この神を祀ったのが賀茂別雷神社(上賀茂神社)である。崇神天皇の時、賀茂建角身命と賀茂玉依比売がはじめて祀ったとも伝えられる。のちに賀茂建角身命と玉依比売を祀ったのが賀茂御祖神社(下鴨神社)である。

　神山と神社との間には、縄文土器や石器がたくさん発見されている。弥生土器も出土して賀茂族が移住する以前、すでに古くから開けていたのである。そこに賀茂族が本拠を置いた。東海道の三河・伊豆・安房国、東山道の美濃・佐渡国、山陰道の丹波・伯耆・出雲・隠岐国、山陽道の美作・備前・安芸国、南海道の阿波・伊予国に賀茂の地名があるが賀茂族と関係があると考えられる。天武天皇6年(678)に初めて社殿の造営が行なわれたという。それまでは神山を御神体山として拝む古代信仰形態がとられていたと思

われる。神山は賀茂別雷神が降臨になった山として賀茂族が、崇めたのであろう。延暦13年(794)平安京に遷都したとき桓武天皇が初めて行幸され、以降歴代の天皇の行幸が60余度に及ぶなど朝廷の尊崇が厚く、国家安泰を祈願する場であった。

現在京都の三大祭のトップを飾る葵祭は5月15日に行なわれる。神前に葵を献し、全部の社殿や牛舎に至まで二葉葵を桂の小枝に飾り、奉仕員全て葵を着けるので一般にはこの名で知られている。正式には賀茂祭と言われ、平安時代から勅使が参向になる石清水・春日とともに三勅祭の一つに数えられる。賀茂縁起によると、欽明天皇(539～572)の時、天下風雨順ならず、百姓大に嘆いたので、勅して占なうと、賀茂大神のたたりであることが判り、お詫びをして祀ったところ天下太平になったということに由来している。

境内は約76万平方m(23万余坪)の広さで、平坦部だけでも約14万8000平方m(4万4800坪)もある。森厳な雰囲気の中にあって丹塗りの鳥居は、周りの緑に映えて美しい。本殿・権殿は東西に建ち並んで国宝の建物である。他に34棟の重要文化財の建物がある。細殿の円錐形の砂の前に立つと、神域のなかでさらに心が清まる。この一対の立砂は、御神体山の神山をかたちどったもので一種神籬(依り代)である。その前に額づけば、身が引締まる思いがする。

畿内

山城国一の宮
賀茂御祖神社 (下鴨神社) かもみおやじんじゃ

東本殿・玉依姫命　西本殿・賀茂建角身命
〒606-0807 京都府京都市左京区下鴨泉川町 59 番地　(JR京都駅バス20分)
TEL 075-781-0010　FAX 075-781-4722

賀茂川と高野川の合流するところの河合橋を渡ると、応仁の乱の史蹟の「糺の森」がある。広さは 12 万 4000 平方 m(3 万 7600 坪) で賀茂御祖神社 (下鴨神社) の境内がある。美しい森は長い参道になって、右手の泉川の清らかな流れをへだてて木の間がくれに、王朝文学を書いた昭和の文豪谷崎 潤一郎 の「せんかく亭」がある。参道の中程に広くなっているところは、葵祭の前儀の一つの「御蔭祭」に切芝の神事が行なわれ、優雅な「あずまあそび」が舞われる。左手の御手洗川を渡り、正面の赤い鳥居から楼門をくぐると社殿である。

　社殿は東殿に賀茂皇大神・玉依媛命。西殿に賀茂建角身命を祭神としている。祭神の賀茂皇大神は、山城国の開拓に従事し農耕殖産の道を教えられ、さらに正邪を糺しる裁判の基を開かれた。神武天皇の東遷に際し、金鵄八咫烏として顕現された。玉依媛命は、『日本書紀』の海幸・山幸の物語にでてくる海神の女の豊玉媛の妹と同じ名で、神武天皇の御母神の玉依姫命とは同名異神である。『山城風土記』では賀茂建角身命と伊可夜比売の間に生まれた神と伝えている。瀬見の小川に流れきた丹塗りの矢を拾ってかえり、一夜床辺に置いたところ、ご懐妊になり、別雷神をお生みになった、と伝えている。両殿は文久 3 年 (1862) に造り替えられた三間社流造の代表的で国宝である。平成 6 年 (1994) 世界文化遺産に登録された。古くから下鴨さんとか、下鴨神社と呼ばれて京都の人に親しまれている。平安京いらいの総鎮護の神社として信仰されてきた。

55棟の社殿群のなかでも、境内神社の河合神社は玉依姫命を祀る『延喜式』の名神大社である。三井神社も『延喜式』の名神大社で、本宮の若宮として信仰がある。出雲井於神社は、地主神の須佐乙男命を祀る式内社である。周囲の木はことごとく柊と化するので、比良木神社とも言われ、展開の神として信仰がある。節分のときには開運厄除の祈願が多いという。

　御手洗社は、瀬織津比売命を祀っている。「みたらしの池」での夏の土用丑の日は「足つけ神事」、立秋前夜には夏越の「矢取り」の神事が行なわれる。印璽社、相生社、御蔭神社などの多くの神社が祀られている。賀茂氏は出雲系の豪族の出と伝えられ、大国主神と関係が深い。本殿の大前に下鴨の繁昌大国神を祀り全国から信者が訪れる。一言社に大国魂神・顕国魂神。二言社に大国主神・大物主神。三言社に大己貴神・志固男神・八千矛神を祀る。

　御蔭祭は毎年5月12日、賀茂祭(葵祭)の前儀として行なわれる日本最古の神幸列といわれる。比叡山麓の御蔭山に鎮座する御蔭神社から、神霊を本社にお遷しする神事で、切芝の神事、遷立の儀は典雅をきわめ、葵祭と匹敵される。賀茂祭は毎年5月15日に行なわれ、上賀茂別雷神社との合同例祭で、勅使参向の勅祭である。その起源は欽明天皇(540年)の御代とされ、「祭」といえば葵祭をさしたといわれるほど王朝時代には最も盛んな神事だった。

　葵祭は石清水祭、春日祭とともに日本三大勅祭としても名高い。最近は観光都市京都における祇園祭・時代祭とともに京の三大祭として、海外にもよく知られている。

大和国一の宮
大神神社 おおみわじんじゃ

大物主大神・大己貴神(おおなむち)

〒633-0001　奈良県桜井市三輪町1422　(JR桜井線三輪駅徒歩5分)
TEL 0744-42-6633　FAX 0744-42-0381

青垣山めぐる大和国の東の裾に、三輪山(みわやま)がゆるやかな円錐形をなしている。標高467mの低い山だが奈良盆地のどこからでも見ることができる。参道の杉は三輪の御神木で、昼なお暗く茂っているのに明るい雰囲気のする神域である。古代から三輪山全体が御神体として祀(まつ)られ、不浄は一切入山を許さず、全山を覆う杉・檜・赤松・椎などの木々は一本たりとも生木のまま伐られたことがない。350ha余(106万坪余)の神域は、古くから三諸の神奈備(みむろのかむなび)・御諸山(みもろやま)などと呼ばれ、古代から今日まで神が降臨し、神が宿る聖なる山として畏敬(いけい)されてきた。どんなに世の中が乱れようとも三輪山に寄せる人々の崇敬の念は消えることはなかった。

　三輪山に鎮まる神は大物主大神(おおものぬしのおおかみ)である。『日本書紀』に大己貴神(おおなむち)の国造りの中に、次のように書かれている。大己貴神のまたの名は大国主神である。大己貴神は、この国を造ったのは私一人だけと思っていた。その時、神々しい光が海を照らし、その中から忽然と浮かび上がってくる神がいた。「もし私がいなかったらどうしてお前一人で、この国を平定することができただろうか。私がいたからこそ大功を上げることができたのだ」と、その名前を聞くと、「お前の幸魂(さきみたま)・奇魂(くしみたま)である。大和国の三諸山に住みたい」との御思召しにより、その御魂(幸魂、奇魂)を三輪山に永くお留めになった。以来、全山を御神体山とした。それ故に本殿を持たず、社殿は拝殿だけである。拝殿と禁足地の間は、三つの明神型鳥居を一つに組み合わせた古い形式を伝える重要文化財の三輪鳥居(みわとりい)(三ツ鳥居)

があり、人と神の境になっている。
拝殿は寛文４年(1664)に徳川４
代将軍家綱の再建になり、重要文
化財である。貴重なことは由緒の
古さだけでなく、最古といわれる
元の信仰の形を失わずに、今日ま

で継承され、生きていることである。拝殿での参拝者の口から奏
上される言葉は大祓詞あり、般若心経ありと云う調子で神仏、その
他の宗派の別なく深い信仰を集めている。

　御神体山の三輪山へは、薬井戸のある狭井神社で、登拝を願い
許可されると、タスキをいただき、お祓いを受けてから入山できる。
滝の行場を過ぎて行くと山中に磐座が点々とあって、万葉の昔から
三諸山と詠まれてきた神域に、古代の人々の祭祀のようすが伝わる。
狭井神社からの登拝道以外は禁足地になっている。

　今では「三輪の明神さん」と親しまれ、庶民信仰の神様として
近畿の人々をはじめ全国から参詣者が絶えない。戦後、官幣大社
の肩書きを取ったので、気軽に庶民の願い事や頼み事をかなえてく
れる神様なのである。祭典も多く、全国の神社の中で、年頭一番に
行なわれる繞道祭は有名だ。元旦の午前１時からの御神火祭、

禁足地で古式により宮司が
鑽り出したご神火を大松明
に移し、その清浄な忌火が
三輪の山麓の神々の社 18
社をめぐる。幾万という参
詣者は火縄や松明にその火
を頂いて火の海となる。そ
の火を家にもち帰り、正月
の灯明や竈の火にするため
で、その信仰が今も伝わっ
ている。また、三輪山一帯は
名物「三輪そうめん」の産
地として全国的にも有名だ。

畿内

河内国一の宮
枚岡神社 ひらおかじんじゃ

天児屋根大神・比売御神

〒579-8033　大阪府東大阪市出雲井町7-16　（近鉄奈良線枚岡駅徒歩3分）
TEL 072-981-4177　FAX 072-982-8176

　大阪平野の東端、奈良盆地との境に連なる生駒の山々、そのほぼ中央の山麓、なだらかな山裾に鎮座するのが枚岡神社である。近鉄奈良線枚岡駅の駅前から参道が続く、この神社が河内一の宮である。奈良から生駒山の暗峠を越え西に向かう古い街道が通じる枚岡山。その中腹に約7ha(2万1000坪余)もの広い神域をもつ。

　生駒山地も神が降臨する山として古代信仰を残している。枚岡神社の背後の神津岳に摂社神津岳本宮が祀られ、本殿南に摂社若宮神社、さらに南に末社天神地祇神社が祀られている。なにより生駒連峰のなかでも、鬱蒼たる樹林に包まれ最もよく保存されているこの枚岡梅林は、紅白梅・桜花の季節ともなれば花見を兼ねた参拝者で賑わい、東大阪市の名勝に指定されている。

　神社の由来によると、神武天皇の東征の時、国土安定の祈願のため天種子命は、勅命により東方山上の神津岳に天児屋根大神(第一殿)と比売御神(第二殿)を祀った。天児屋根命は中臣氏の祖先神で、百済や高句麗の政治組織の五部に示される概念からすると、天神の五部の筆頭の神に当たる。天孫を補佐するところの一番の神である。大化改新で藤原鎌足が実力をもちはじめたころ、中臣氏の一族平岡連たちが、神津岳の磐境より神を本貫地の麓に遷座したのは、孝徳天皇白稚元年(650)である。中臣・藤原氏の祖神であり、春日大社の第三殿(天児屋根命)と第四殿(比売御神)の神は、神護景雲年間(767～770)に枚岡から春日神社へ分祀されたため、元春日と呼ばれている。

光仁天皇の宝亀9年(778)に春日大社から武甕槌命(第三殿)と斎主命(第四殿)の二神を迎えて配祀した。初め神津岳の磐境から下に孝徳天皇(646〜54)の代に、二所の宮殿を新宮し奉遷し、光仁天皇)の代に二神の増祀によって四殿となった。『延喜式』の河内郡10座の名神大社に列し、古くから中臣氏の一族平岡連の斎く社であったが、平安時代末期から水走家が祀職となり、河内一の宮として篤く祀られた。しばしば火災にあったが、いつも四宇並立して四柱の大神を各殿に祀っている。

　慶長7年(1602)豊臣秀頼が社殿を修復した。現在の社殿は文政9年(1826)、氏子の総力を挙げての修造営で、枚岡造りと称し、屋根檜皮葺、木部に彩色をしている。

　例祭2月1日、祈念祭2月17日、新嘗祭11月23日を三大祭とし、これらの祭は河内国の祭の総力がここに決集したかと思われる盛大な大祭となる。

　特殊神事の粥占祭は1月11日に行なわれ、古式により斎火をもって小豆粥を焚き、その中に53本の占竹を入れて煮る。その後、神前に供えて農作物の豊凶について神示をうけるとともに、12本の占木によって各月の晴雨等について神示を仰ぐ。この占いの結果を書いた占記は1月15日の豊穣の祈願祭で一般に授与される。近在の農家も減って占記を受ける人も少ないが、神事は古来の手法を省かず昔ながらに執り行なわれる。1月の粥占祭は大阪府の無形民俗文化財、12月25日の注連縄掛神事は東大阪市の無形民俗文化財に指定されている。

畿内

和泉国一の宮
大鳥神社 おおとりじんじゃ

大鳥連祖神・日本武尊

〒593-8328　大阪府堺市西区鳳北町 1-1-2　(JR 阪和線鳳駅徒歩 10 分)
TEL 072-262-0040　FAX 072-261-1192

阪和線の鳳駅で下車したところの鬱蒼とした森の中にある。近くには巨大な仁徳陵・履仲天皇陵などの古墳群がある。西の大阪湾の海岸は埋め立てられて臨海工業と団地や関西空港もでき、その中心が、中世の貿易と自治の町として知られる堺市である。都市近代化が急激に進む中でも、古代から受け継いできた神域や霊地の自然は、より貴重なものとして存在している。

　大鳥大社は面積 4 万 9500 平方 m 余 (1 万 5000 坪) の境内をもっている。古代に白鳳が飛んできて、この地に止り、一夜にして種々の樹木が繁茂したという伝えがあるので「千種の森」の名がある。今もそれを護るばかりではなく、植樹をし庭園・花菖蒲園を造って、環境整備に力を入れている。昭和 31 年 (1956) 頃は宮司と数人の神職で境内も荒れていた。それを中の島付近の沼沢地帯を利用し、花菖蒲を植えはじめ、今では鳳仙園という立派な憩いの庭園になった。神に人々が、祈りと奉仕する精進の結果である。大鳥大社の森は、春は吉野桜をはじめとして全国から集めた岡山・天の川等の里桜が咲き、五月は平戸つつじが真紅に社頭を彩る。

　この地は大鳥郷に当たり、『姓氏録』に「大鳥連、大中臣同祖、天児屋根命之後也」とある。大鳥連の本貫地であった。藤原氏が盛時のときに大鳥神が顕われたといわれていることからみれば、大鳥連祖神として祀ったのである。天児屋根命は五部の神の筆頭にある中臣氏の祖先神である。由緒によると『延喜式』の名神大社で和泉国の一の宮、防災雨祈の御祈願社 85 社の一つである。平治の乱に

際し平清盛父子熊野への途上、京都の変を聞き半途より引き返し時、当社に至り重盛は神馬を寄せて戦勝を祈った。

明治4年(1871)、御祭神日本武尊(やまとたけるのみこと)として官幣大社になり、昭和32年(1957)に日本武尊を主祭神とする大鳥連祖神の二座の御社となったのである。父景行天皇の命によって西に、東に、と戦った日本武尊は、東征の帰途、病にかかり伊勢の能褒野(のぼの)(亀山市)で亡くなった。その屍は白鳥と化して飛び去り、大和や河内に留まり、ついには高く天に舞い上ったと『日本書紀』は伝えている。神社では、白鳥となった日本武尊が、最後に当所に来て留まられので社を建立して祭ったのを起源としている。本殿は、大鳥造(おおとりづくり)という神社建築で最古の様式といわれる出雲(いずも)の大社造(たいしゃづくり)から進歩をみせたものである。切妻造(きりづま)の妻入(つまいり)社殿の外観は大社造と同じであるが、縁(えん)はなく背面両側はそれぞれ一間となり、入口と階段は中央にある。住居的な形式を残した大社造から神殿らしい形態に整形したところに大鳥造の特色がある。現社殿は、明治42年(1909)に従来の形式通りに再建された。神宮寺は神鳳寺で、行基(ぎょうき)の開創と伝えられ、真政円忍耐律師の中興である。境内社の大鳥美波比神社、境外社の大鳥北浜神社、大鳥羽衣浜神社、大鳥井瀬神社と本社を合わせて五社明神という。通称「大鳥さん」で親しまれ、11月の「酉の市」(とり)の神事は大変賑わう。

畿内
(きない)

摂津国一の宮
住吉大社 すみよしたいしゃ

表筒男(うわつつのを)・中筒男(なかつつのを)・底筒男(そこつつのを)

〒558-0045 大阪府大阪市住吉区住吉2丁目9-89(南海電鉄本線住吉大社駅徒歩3分)
TEL 06-6672-0753　FAX 06-6672-0110

　大阪市の西寄りを南北に走る上町台地の南の端に住吉大社(すみよしたいしゃ)がある。今は海岸から7kmも離れているが、昔は台地の西がすぐ海辺であった。広い神苑の正面の鳥居は海の方に向かっている。

　鳥居から参道を進むと池にかかった反橋(そりばし)がある。この反橋は住吉の象徴として名高く、鎌倉時代末期にはその名がみえ、現在石の橋脚のみ慶長年間、淀君奉納当時のものが残されている。境内には600余基の石灯篭があって、その形も壮大なもの優雅なものが多く、題字には名家の筆になるものを刻んでいるので、好事家は探しながら見てまわるのもいい。

　神功皇后(じんぐうこうごう)が長門豊浦宮(ながとようらのみや)から仲哀(ちゅうあい)天皇の遺骸をとりおさめて海路より都に向われたとき、忍熊王(おしくまみこ)の反乱にあった。皇后の船は、海の中を廻って進ことができなかった。そこで、務古水門(むこのみなと)(武庫川)に帰えられてから占なったところ、表筒男(うわつつのを)・中筒男(なかつつのを)・底筒男(そこつつのを)の三柱の住吉の大神が現われた。「わが魂を大津の渟中倉の長峡(ぬなくらのながを)(大阪市住吉区)に居らしめなさい。そこでもって往来する船の安全を見守ることにしよう。」と言われた。神功皇后は神の教えの通りに大神を鎮座したところ、船は進み平安に海を渡ることができて無事帰還できた。鎮座は神功皇后摂政11年(211)辛卯(かのとう)の歳に当たると古くより伝えている。

　境内の一番奥の第一本宮は底筒男命(そこつつのを)を祀る。第一本宮と摂社の若宮八幡宮の間に、一株の杉が石の玉垣(たまがき)の内にある。これは神功皇后が、住吉の神を鎮座のためにここを訪れたとき、この杉の木に

鷺が、三羽来て止まったので、この場所が大神の思し召しにかなったところとして祀ったといわれ高天原とも呼ばれている。

　第二本宮は中筒男命、第3は表筒男命と一線に、それぞれ独立して建てられている。第三本宮の右には、「われ住吉の大神と共に相住まむ」と言われた神功皇后が第四本宮に祀られている。各本殿はいずれも「住吉造」といわれる様式である。第一本宮の拝殿は祭典の都合上やや大きく造られている。4社殿は西面している。現在の建物は文化7年(1810)のもので、本殿のみ「住吉造」として国宝に指定されている。

　日本の神社建築は、古代の住居が元となって発達したものである。出雲大社の大社造を最古のものとして、大鳥造・住吉造・春日造と発展するものと、伊勢神宮の神明造から流造へいくものと二つの大きな流れがある。住吉造は檜皮葺き切妻造の妻入りである。大鳥造の内陣・外陣の深さが各一間となっているのに対して、各二間となっているところが様式上から一進展が認められるといわれている。住吉大社の本宮は、この古式を伝える代表的なものである。また、古くから伝わる年中行事も多く、夏祭は別名「おはらい」と言われ規模が大きい。神輿洗神事に始まり、7月30日住吉祭の宵宮祭、31日には例大祭が行なわれる。夕刻の夏越祓神事では中世の貴婦人の旅姿を装った夏越女や稚児が茅の輪をくぐる儀式も見られる。続く8月1日、堺市宿院頓宮へ神幸し、祭典が始まり荒和大祓神事が行なわれる。この神事は昔から摂河泉の大祭として有名である。

畿内

摂津国一の宮
坐摩神社 いかすりじんじゃ

生井神・福井神・綱長井神・波比岐神・阿須波神
〒541-0056 大阪市中央区久太郎町4丁目渡辺3号（地下鉄御堂筋線本町駅徒歩3分）
TEL 06-6251-4792　FAX 06-6251-4425

　大阪市街の目抜き通りである御堂筋は、高層ビルが立ち並んでいる大阪屈指のビジネス街である。その一角、本町にある伊藤忠ビル西側に渡辺と呼ばれる所がある。この一帯がビジネス街となり、住む人も少なくなって久しいが、ビルの谷間の小さな杜に囲まれたところに坐摩神社が鎮座されている。

　創建に鎮座した場所は、大坂城の西方一帯の天満橋の南詰の辺りであるが、天正11年(1583)に豊臣秀吉が大坂城を築くために、現在の地に遷座された。地名はもとあった渡辺町がそのままつけられたが、現在は番地の所に渡辺の地名を留めるに至っている。

　仁徳天皇が、難波高津宮を皇居としていたとき、皇宮の地霊として祀られたのが創建であると伝えられる。その後、都が大和・山城と移っても、そのまま、この地に祀られていた。

　平安時代には神祇官の斎院の西院に、この神は祀られている。『延喜式』には、摂津国西成郡一座の大社として、記載されており、古くは坐摩を「ゐかすり」と訓読しており、また音読して「ざま」さんとも呼ばれ親しまれてきた。

　御祭神は、生井神、福井神、綱長井神、波比岐神、阿須波神の五柱を祀っている。この五柱の神を坐摩神と総称している。摂津国一の宮は住吉大社であるが、坐摩神社は、大宮(皇居)の地霊の

神として祀られてきた神なので、もとは大きな信仰と勢力をもった神社で、摂津国一の宮としてあつかわれていたこともあった。

中世には住吉大社と本末の関係を結んでいる。現在の由緒略記には一の宮のことは触れていない。大阪のド真中のビジネス街の中に、古代の神が鎮座し、その信仰は生きていることに、この国の不思議さが残り、貴重な存在である。

畿内

由緒によると、坐摩神は、住居守護の神、旅行安全の神、安産の神として、一般の人々に信仰されてきたとある。

庭中の 阿須波の神に 木柴挿し 我は斎はむ 帰り来までに
(万葉集 4350)

屋敷内の空地にいらっしゃる阿須波の神の前に木の柴を折って奉り、わたしの身を浄め謹み、祈ってください。と旅行中の安全を坐摩神に祈る防人の歌がある。

また、神功皇后が応神天皇をお生みになる時、安産をこの神に祈った故事により、古くから安産の神として知られ、信仰をあつめてきた。去る昭和11年(1936)に、府社より官幣中社に昇格している。

例祭は4月22日で花祭りと呼ばれ、夏越神事が7月22日、このころ陶器まつりも催される。秋祭は10月22日。鳥懸神事が12月2日にある。いずれも現在もビジネス街の人々に親しまれ、ともに祭りが行なわれている。

	年	月/日
伊賀国　敢国神社	-	/
伊勢国　椿大神社	-	/
伊勢国　都波岐奈加等神社	-	/
志摩国　伊雑宮	-	/
志摩国　伊射波神社	-	/
尾張国　真清田神社	-	/
尾張国　大神神社	-	/
三河国　砥鹿神社	-	/
遠江国　小國神社	-	/
遠江国　事任八幡宮	-	/
駿河国　浅間大社	-	/
伊豆国　三嶋大社	-	/
甲斐国　浅間神社	-	/
相模国　寒川神社	-	/
相模国　鶴岡八幡宮	-	/
武蔵国　氷川神社	-	/
武蔵国　氷川女体神社	-	/
安房国　安房神社	-	/
安房国　洲崎神社	-	/
上総国　玉前神社	-	/
下総国　香取神宮	-	/
常陸国　鹿島神宮	-	/

東海道

東海道

奈良時代初めの頃から中央政権の東国への進出策が強化されていった。鈴鹿峠から東はアズマ・えびすの国であったが、伊勢国までやっとその勢力が及ぶようになった。東国との境には柵をして、柵より内には蝦夷・えみしが入らないようにした。蝦夷征伐で何々の柵を設けたとあるが、東海道を東北へ向かって柵がつぎつぎに設けられて、出羽柵などはそれが北の方に行ったものである。一宮が決められたころは平安時代の初期で、蝦夷征伐が平安朝の政策であり、都の勢力が東にと伸びていった。東海道、東山道、北陸道の道がその進攻路にあたっている。

日本武尊の東征物語もその一つである。西征をして帰ってきた日本武尊は、再び東征の命が父の景行天皇より下った。『古事記』には、日本武尊は伊勢に立ち寄り伯母の倭姫命に対し、「西方を討伐して辛うじて戻ってきたばかりだと言うに、まだいくらも経過していない。それなのに今度は東方十二道を平定しろと命令なされ、軍衆すらも付けて下さらぬのです。これでは私に死んでこいと言われるのと同じではないですか」とある。

日本武尊は伯母から火打ち石の袋を貰って東へ行く。死出の旅を覚悟して行く心の内を秘かにうちあけての出発であった。東国とは、都からみてそういうへんぴな所であったが、東国こそ古代日本文化を開いた縄文文化の栄えた地である。畿内から東への海の道が東海道である。『延喜式』の東海道の神は、731座ある。そのうち、名神大社は52座である。国々の一宮との関係をみると、

伊賀国　式内社　25座、内名神大社1座

敢国神社　大彦命・金山比咩命

伊勢国　式内社253座、内名神大社18座

椿大神社　猿田彦神

都婆岐奈加等神社　猿田彦神

東海道

志摩国 式内社 3 座、内名神大社 2 座

伊雑宮（いざわのみや） 天照坐皇大御神御魂（あまてらしますすめおおみかみのみたま）
伊射波神社（いさわ） 多紀理比売（たぎりひめ）

尾張国 式内社 121 座、内名神大社 8 座

真清田神社（ますみだ） 天火明命（あめのほあかりのみこと）
大神神社（おおみわ） 大物主神（おおものぬし）

三河国 式内社 26 座

砥鹿神社（とが） 大己貴神（おおなむち）

遠江国（とおとうみ） 式内社 62 座、内名神大社 2 座

小国神社（おぐに） 大己貴神（おおなむち）
事任八幡宮（ことのまま） 誉田別・息長足姫・玉依姫（ほむたわけ・おきながたらしひめ・たまより）

駿河国（するが） 式内社 22 座、内名神大社 1 座

富士山本宮浅間大社（せんげん） 木花開耶姫（このはなさくやひめ）

伊豆国（いず） 式内社 92 座、名神大社 5 座

三嶋大社（みしま） 大山祇命・事代主命（おおやまずみのみこと・ことしろぬしのみこと）

甲斐国（かひ） 式内社 20 座、内名神大社 1 座

浅間神社（あさま） 木花開耶姫

相模国（さがみ） 式内社 13 座、内名神大社 1 座

寒川神社（さむかわ） 寒川比古命・寒川比女命（さむかわひこ・ひめのみこと）
鶴岡八幡宮（つるがおかはちまんぐう） 応神天皇（おうじん）

武蔵国（むさし） 式内社 44 座、内名神大社 2 座

氷川神社（ひかわ） 須佐之男命・大己貴命・稲田姫命（すさのおのみこと・おおなむち・いなだひめ）
氷川女体神社（ひかわ） 稲田姫命・三穂津姫・大己貴命（みほつひめ）

安房国（あわ） 式内社 6 座、内名神大社 2 座

安房神社 天太玉命（あめのふとたま）

洲崎神社　天比理刀咩命

上総国(かずさ)　式内社　5座、内名神大社　1座

玉前神社　玉埼神(玉依姫命)

下総国(しもうさ)　式内社　11座、内名神大社　1座

香取神宮　経津主大神(伊波比主命)

常陸国(ひたち)　式内社　28座、内名神大社　7座

鹿島神宮　武甕槌命

　東国は東海・東山両道にある国々で、足柄坂、碓氷坂の東をさしていた。防人の歌の世界では、東海道は遠江国、東山道では信濃国以東の国々であった。東海道15カ国のなかで畿内の人々からは伊賀・伊勢・志摩国と尾張国以東は、あずまの国、えびすの国であった。

　黒潮が流れる海つ道である東海道の地域は、日本の脊梁山脈に背をむけ、木曽川・長良川・天竜川・大井川・安倍川・富士川などの大小河川が氾濫をくりかえしていたので、海上の近海の道をえらばなくてはならないので、東への海の道になった。縄文文化は北から南への伝播が卓越しているが、半島や大陸文化の導入期には東アジア世界に背をむけている位置にあって、文明の果てなる地域になってしまった。

　伊勢湾は志摩半島と渥美半島によって限られ、伊勢の海から三河湾の入口まで、約8kmしかない。この間に篠島・日間賀島・佐久島・答志島・菅島・神島などがつらなり、この島々は1万年くらい前からの縄文文化をもつ島々で、独自の文化圏をつくってきた。『日本書紀』の崇神天皇10年(前88)、四道将軍の一人武渟川別が東海道に派遣され、景行天皇4年(前74)には、天皇が美濃国に巡幸している。国郡制が成立すると、中央政権に統合され、遠江・駿河・伊豆・甲斐国ま

⛩ 一の宮　卍 国分寺　□ 国府　● 現在の都道府県庁

でが中国とされ、武蔵・相模・安房・上総・下総・常陸国は遠国となっている。東国への道は、東の「海つ道」の東海道と「山つ道」の東山道、北の「海つ道」の北陸道があるが、必ずしも西南日本の文明の道だけではなく、東海地域から坂東への回廊地域、東日本と西日本との接触地帯で、地質構造上ではフオッサ＝マグナ・中央構造線がつらぬいている。東海道の一宮の祭神をみると、伊賀国は大彦命を祀るが、金山比咩神も祀り、山を越えた美濃国の金山彦神とともに金属集団の祖先神であろう。

伊勢国の地主神は猿田彦神で、地神として天孫の道案内をした神である。尾張国は火明命で彦火火出見尊の弟にあたる。

三河国・遠江国・武蔵国は大己貴命、つまり大国主命である。伊豆国は大国主命の子の事代主命。駿河・甲斐国は木花開耶姫。相模国は寒川神である。安房・上総国は太玉命、天比乃理刀姫命、玉依姫。下総国は伊波比主命（経津主命）。常陸国は武甕槌命である。

これらを考えると、大己貴命の国津神系統の氏族によって、東海道の主要な国々が開かれていったことがわかる。安房・下総・常陸国には、あとから天津神系統の武神が進駐したのではないだろうかとも思われる。東海道は常陸国まで、ようやく西日本の勢力が伸びてきた。それは縄文文化と弥生文化の異種の文化をもつものの闘いをへてのものであった。西日本の勢力は常陸国から北へと、福島県の中街道を行き白河関まで中央政権の勢力圏が及んだ。そして、平安朝初期の「道の奥」への蝦夷征伐がはじまるのである。

東海道

伊賀国一の宮
敢国神社 あえくにじんじゃ

大彦命・金山比咩命

〒518-0003　三重県伊賀市一之宮877　(伊賀鉄道上野市駅バス15分)
TEL 0595-23-3061　FAX 0595-24-3972

伊賀市の東にある名阪国道、一の宮インターのところに敢国神社がある。JR関西線佐那具駅から徒歩30分なので、伊賀鉄道上野市駅からのアクセスがおすすめだ。この神社の前方に南宮山がある。美濃国一の宮の南宮大社と同じ名で関係が深いと考えられる。この山は伊賀小富士と言われて美しい山で、頂上からの眺めは素晴らしく、笠置山地と布引山地に囲まれた上野盆地が一望できる。

頂上に浅間社があって木花開耶姫命が祀られている。南宮山は古代の神の宿るところと御神体山として、古代信仰を伝えていたと思われる。神社の社殿の右に、霊岩桃太郎岩が安置されているが、この岩は南宮山に御鎮座の木花開耶姫命をここに遷座した霊石である。安産の守護神として信仰をあつめている。

祭神は大彦命を主神として少名彦命・金山比咩命を配祀している。大彦命は阿部臣の祖である。崇神天皇10年(前88)9月に大彦命を北陸へ、武淳川別を東海へ、吉備津彦を西道へ、丹波道主命を丹波に遣わしたときの四道将軍の一人である。このとき天皇は、
「もし教えを受けない者があれば、ただちに戦いを起こし討伐せよ」と言われて将軍に任命した。大彦命はこの地に永住して亡くなったと伝えられている。

神社の北1kmの所には大小の古墳群がある。その中で御墓山古墳は規模が大きい古墳は大彦命の墓と伝えられてきた。『日本書紀』に大彦命は、北陸に行く途中、和珥坂（天理市）で童女の歌をき

いて、不思議に思い、とってかえして天皇にこの歌のことを報告した。天皇は倭迹迹日百襲姫(やまとととひももそひめ)に歌の解釈を頼んだところ、武埴安彦(たけはにやすひこ)の謀反を知り、天皇が討伐した。配神の少名彦命(すくなひこ)は大己貴命(おおなむち)と力をあわせてこの国を開いた大黒(だいこく)さんと恵比須(えびす)さんである。

金山比咩命(かなやまひめのみこと)は名のごとく鉱山技術と関係ある神で、先にもふれたが美濃国の南宮大社の金山彦と一体をなしているのではないだろうか。金山彦命を祀る神社は、全国に3千社もある。「金山」の名は古代の鉱山・製銅・製鉄技術をもつた氏族の祖先神であろう。この神社の創立年代についてははっきりしないが、貞観6年(864)に従五位下の神階授与がはじめての記録である。延喜式大社で伊賀国一宮に列している。

中世には、南宮大菩薩と呼ばれていた。源範頼(のりより)・義経の入京のときに参拝していることが『源平盛衰記』にある。別当寺として神光院があった。 天正年間(1573～91)に社殿が兵火によって焼かれたので、藤堂氏が再建し、慶長71年(1614)に社領107石余を寄せて崇敬した。明治4年(1871)に国幣中社になった。俳人の松尾芭蕉(ばしょう)は伊賀上野の人で、貞亨(じょうきょう)5年(1688)に参拝している。その時、「手はなかむ音さへ梅の匂ひかな」の句を残している。昭和37年(1962)にこの句は句碑にして社頭に建てられた。

東海道

特殊神事として古くから行なわれている舞初祭(まいぞめ)は1月3日に城中に於いて行なったあと、伊賀国を一巡したが、いまは舞上祭(まいあげ)として4月17日に行なわれる。このとき舞われる獅子神楽は、郷土芸能として三重県無形文化財に指定されている。

伊勢国一の宮
椿大神社 つばきおおかみやしろ

猿田彦神

〒519-0315　三重県鈴鹿市山本町1871　(近鉄四日市駅バス50分)
　　　　　　　TEL 059-371-1515　FAX 059-371-1668

　南北に走る鈴鹿山系は、西と東の稜線になって東は東国である。その境をなす鈴鹿峠を越えたところが古代の鈴鹿関であった。鈴鹿山系をさらに北に行くと、906mの入道ヶ岳が円錐形の美しい姿をして、麓は伊勢茶の茶畑がつづいている。この山は高山と言われ、古代信仰を残す磐座のある御神体山で、この麓に猿田彦大神を祭る椿大神社がある。「つばきおおかみやしろ」と読む。以前は山中の不便なところであったが、今は四日市駅から直通バスが通い約1時間。東名阪高速道路の鈴鹿インターから近い。この地方の自動車のお守りは、大方この神社から受けている。

　猿田彦大神は、天孫瓊々杵尊が葦原の千五百秋の瑞穂国を治めよ、という天照大神の勅命によって降臨されようとするとき、天八達之衢に一人の光りかがやく神が現われ、天上と地上を照らしている。天照大神は天鈿女命に、「おまえは女だが、どんな乱暴な神に立ち向かっても怯まない神だ。早く行って、道を塞いでいる神に、天津神の子の降りる道を邪魔するのは何者か、と問え」と命じられた。そこで命は、不思議な神に近づき、裳裾をほどき、敵意のないことをみせて聞いたところ、

　「私は国つ神で猿田彦と申す。ここに出てきたのは、ほかでもない、天津神の子が下界に降臨されると聞いたので、その道案内をつとめるつもりで、お迎えにきたの

です。」と答えた。

　天照大神は天児屋命、太玉命、天鈿女命、伊斯許理度売命、玉祖命の五人の供を頭に、八重にたなびく雲をおしわけて、険しい道を切り拓いて天の浮橋を渡り、噴煙絶えることのない日向の高千穂の峯に降臨した。ここのところの描写は大祓の祝詞にある言葉だ。やがて日向の宮もできて落ち着いたので、猿田神は伊勢国の五十鈴川の川上に帰ることとなった。天孫は天鈿女命に猿田彦神と夫婦になり、ともに伊勢に帰ることを命じられた。天鈿女命は、天照大神が素戔嗚尊の悪行を恐れられ天岩屋の奥深くこもられたとき、伏せた桶の上に乗り足拍子も面白く、胸も乳もあらわにして踊り、外の神々もこれに拍子して騒いだ。天照大神は自分が隠れてしまったので、皆が嘆き悲しんでいるはずなのに、にぎやかな騒ぎを不思議に思い扉を少し開いてみた。これを天手力男神が扉を開いた。有名な「天の岩戸開き」の件りであるちなみに、天鈿女命は猿女君の祖である。

東海道

　垂仁天皇27年(前3)8月、倭姫命の御神託で猿田彦大神御陵の前方に社殿を造営した。日本最古の部類に属する神社である。猿田彦を祭神とする全国2000余社の本宮である。天狗の鼻とおかめの夫婦神で縁結びの神、芸能の神として古来から庶民に親しまれている神である。社家の山本家が代々宮司をして、現在は97代で、猿田彦の神族として今日に続いているのは驚きである。

伊勢国一の宮
都波岐奈加等神社 つばきなかとじんじゃ

猿田彦神

〒513-0031　三重県鈴鹿市一ノ宮町1181　（近鉄鈴鹿市駅タクシー10分）
　　　　　　　TEL 059-383-9698　FAX 059-383-9698

伊勢国一の宮は、椿大神社と都波岐奈加等神社の二つがある。この社は、近鉄鈴鹿線鈴鹿市駅前から三重交通バス四日市駅行に乗って高岡で下車し徒歩10分。国道23号線の鈴鹿川の手前にある。都波岐神社と奈加等神社が相殿して祀られている。

雄略天皇23年(479)に伊勢国造高雄束命が勅を奉じて、河曲郡中跡里(現一ノ宮町)に都波岐神社と奈加等神社の二社を造営したのが始まりである。都波岐神社には猿田彦大神を、奈加等神社には、天椹野命、中筒之男命を祀る。

猿田彦大神は、背は高く、鼻が高く突き出し、目は輝いて威厳をそなえていた神として広く知られている。国津神としていち早く天津神を迎えて道案内をしたので交通の神として崇められる。中筒之男命は、住吉の神で海神である。

神社の古記によれば、神功皇后が三韓征伐をしたとき、猿田彦大神は中筒之男命とともに、日本水軍の守護に当たった。新羅の雄将鉄輪は、幻術を使って日本水軍を惑わし苦しめた。この時、水軍を守護した二柱の神はこれと戦い海に沈めた、とある。雄略天皇は、二柱の偉大なる功績を称え、この地に祀るようにしたと伝える。

鈴鹿川が伊勢湾に注ぐ下流沿岸にあるこの神社は、弘法大師が参籠して獅子頭2口を奉納している。中世に入り大きな発展をし、

足利義満将軍も富士登山の帰路に参拝している。

神仏習合時代には、神宮寺も存在していた。明治維新の廃仏棄釈まで、古代からの神は神宮寺によって祀られてきている。神も仏もと願う日本人の習俗はここに培われてきたのだろう。とくに神宮寺には密教系の寺院が多い。

「応永 13 年 (1406) 伊勢国河曲庄中跡神宮寺、大工藤政吉」と刻まれた鰐口が、奈良市の霊山寺に伝えられている。神宮寺は衰退して尼寺になっていると言う。

永禄年間 (1558～70) の織田信長の伊勢平定のとき、これに反抗した伊勢国の社寺は大きな被害をうけた。神戸・高岡城の攻略でこの神社の社殿が焼けた。寛永年間 (1624～43) に神戸城主一柳監物が再建した。このとき難を免かれた獅子頭は、いま宝物として伝わる。鈴鹿市には獅子舞が古くから伝わり、4つの流派元がある。そのひとつがこの神社の中戸流舞神楽で、起源は古い。この獅子神楽は一時絶えていたが保存会ができて復活した。兵火に免かれたところの由緒ある獅子頭を擁して、広く各地に出向し「中戸流舞神楽」として存在が知られている。その舞方は雌雄2頭の獅子の舞いで、四方拝・飛の尾・起し舞・扇の舞・花起し・花の舞の順が基本で 10 月 10 日の例大祭で奉納される。

東海道

志摩国一の宮
伊雜宮 いざわのみや

天照坐皇大御神御魂

〒517-0208　三重県志摩市磯部町大字上之郷（近鉄志摩線上之郷駅徒歩3分）
TEL 0599-55-0038

　伊勢皇大神宮から伊勢街道を南東へ行くと志摩国、リアス式海岸の波静かな海の国で、その中心が磯部町で、的矢湾と伊雜浦とがひと続きになって入江が深く神路川が流れこんでいる。古くから磯部の民の本拠地であった。近鉄志摩線の上之郷駅で降りると、田圃の中に鬱蒼とした森が皇大神宮の別宮伊雜宮がある。

　伊雜宮は皇大神宮の遙宮といって祭祀はすべて本宮に準じて行なわれ、祭神天照坐皇大御神御魂を祀っている。崇神天皇の第3子、垂仁天皇は、「いま私の世に、天神地祇を祭司することを怠ることができようか」と、天照大神に倭姫をお付けになった。倭姫は大神の御魂を依り代柱にして常住するところを求め、大和の笠縫邑を出発した。伊賀・近江・尾張の国々から北伊勢、南伊勢に行き滝原宮に鎮座した。しかし、大神はここでは住み心地が悪いと倭姫に告げたので、五十鈴川の河口から川上の現在の宇治に鎮座したという。倭姫は鎮座後、御贄地（御料地）を定めるため志摩国を巡行し、伊佐波登美命が迎えて、この地に宮を創建し、大神の御魂を祀ったと伝えている。『万葉集』に「御饌つ国志摩の海女ならし。真熊野の小舟に乗りて、沖辺漕ぐ見ゆ」(1033)と歌われている。10月25日の伊勢神宮神嘗祭奉幣の儀につづいて、志摩の崇敬者が、懸税を始め海の幸、山の幸をお供えする御贄調献式が続いている。

　入口の鳥居を入ると右側に宿衛屋がある。ここは御神楽、御饌の取次などを行なう。参道をすすむと神饌を調理する忌火屋殿、その奥に祓所、御倉がある。正殿は南面して建ち、周囲に内より

瑞垣、玉垣の二重で、それぞれ御門がある。正殿は神明造で、屋根の鰹木は6本、東西両端には内宮と同じ内削ぎの千木が高く聳えている。正殿に向かっての空地は古殿地といい、新しい社殿を20年毎に東西交互に式年遷宮する敷地である。

『延喜式』にある粟嶋坐伊射波神社は、志摩半島の古い呼び名の粟嶋とよばれた地域にある。その北東に青峰山がそびえている。山頂には、倭姫が天照大神を鎮め祀った巨石が天跡山とよばれている。中腹にも長者の岩という巨大な岩があり、山麓に巨岩があって長者の屋敷といい、土器が発見されている。

宮域の南に隣接する御料田(1643平方m)で毎年6月24日に催される御田植祭は、住吉神宮・香取神宮とともに日本三大御田植祭の一つ。田植えは磯部郷の人々が交替で奉仕する。式は朝から夕刻まで続く。まず奉仕者一同が伊雑宮に参拝後、えぶり指2人、立人6人、早乙女6人、「ささら」摺2人、太鼓打1人、笛人、大鼓・小鼓各1人、謡6人の行列は御田に向かう。立人、早乙女等が田に下りて苗取りを終えると、立人が青竹を杭より解き、三度扇いで田の中心に倒す。すると漁村の青年が裸になって竹の奪いあいを行なう。その争奪の有様は勇壮だ。その竹を持ち帰り船霊に祀りお守りにするためで、田植祭りが海の祭りに変化するのである。竹取り神事が終わると御田植神事が始まる。お囃子やささら方による田楽の中で、早乙女たちは田植えを始め、途中一同で若布の肴で小宴を行なう。最後に練り踊る踊込みで伊雑宮一の鳥居を目指す。この神事は重要無形民俗文化財である。

志摩国一の宮
伊射波神社 いざわじんじゃ

多紀理比売(たぎりひめ)

〒517-0021　三重県鳥羽市安楽島町1020　(JR・近鉄鳥羽駅タクシー15分、徒歩25分)
TEL 0599-25-4354

　鳥羽駅より車で約15分。伊射波神社は加布良古太明神として古くから親しまれ崇敬されてきた。時間があれば参道口から40分ほどかかるが、のんびり歩くのもいい。氏子の人たちで整備された山の田に囲まれる狭い参道を三つほど山を越えると海岸堤防に出る。石畳の古道を約280m登ると鎮座地（標高86m）である。人里離れた神域に海風が木々に吸われ参道で流した汗を収めてくれる。ここは海に開かれた海の女神の杜(もり)である。加布良古崎(かぶらこみさき)の大浜の海に向かって立つ鳥居の先が菅島(すがしま)である。
　椎(しい)や楠(たぶ)の巨木に覆(おお)われた境内には、昭和51年(1976)造営の本殿・拝殿は、平成13年(2001)秋、新たに造営され御遷座された神明造の本殿・拝殿と、昭和31年(1956)再建された籠堂(こもりどう)がある。昔から籠堂で大漁の祈願や修行をする人がいた。鳥居前から原生林を割った岬へ遊歩道がある。古歌に詠まれた麻生の浦の海上が望め、ここには加布良古崎を領有する領有神(うしはく)が祀られている。
　御鎮座は明らかではないが、海の道から稚日女尊(わかひめのみこと)を加布良古崎に祭祀(さいし)したことに始まり、志摩国(しまのくに)の海上守護神として古代の人々から崇敬されてきた。志摩国一の宮、志摩太明神(だいみょうじん)、加布良古太明神(かぶらご)と呼ばれ、「かぶらこさん」の愛称で通っている。延喜式神名帳(えんぎしき)の志摩国答志郡(とうしごおり)、粟島坐伊射波神社二座名神大社(あわしまにいますいざ)、同島の坐神乎多乃御子神社一座(いますかむをたのみこ)の三座が登載され二見松下(とうさい)(いそべ)に祀(まつ)られている。安楽島(あらしま)の旧名は粟島で、安楽島から磯部(いそべ)へかけて粟島と呼んでいた。伊射波神社二社の一社は、磯部の内宮の別宮である。

　御祭神は稚日女尊・伊佐波登美尊・玉柱屋姫命・狭依姫命を祀る。伊佐波登美尊を主祭神とする伊射波神社の本地は安楽島の二地で平安時代後期に加布良古崎に遷宮された。跡地は発掘調査され『鳥羽贄遺跡』と報告されている。伊射波登美尊は倭姫命が天照大神の御魂を伊勢国内宮に鎮座させた折り、奉迎して鎮座に尽された。玉柱屋姫命は天日別命の子、狭依姫命は宗像三神の一柱の市杵島比売命の別名で厳島神社の御祭神である。加布良胡岬に風の凪に通じる梛の木を神木として植え、宇志波那流神として祀られた。古代には二礼四拍手一拝の参拝形式としていた。

　内宮摂社神楽歌に「志摩国知久利ヶ浦におはします　悪止赤崎・悪止九所の御前には　あまたの船こそ浮んだれ　艫には赤崎乗りたまふ　舳には大明神乗りたまふ。知久利ヶ浦の具の実を、誰が食ひそめて御饌に参る　知久利七所悪止九所の大明神　加布良古の外峰に立てる姫小松　沢立てる松は千古のためし、加布良古の沖の汐ひかば、宮古へなびけ我もなびかん加布良子の大明神に遊びの上分を参らする請玉の宝殿」とある。海岸には優れた石が多く持去ると神罰が当たると恐れられ、代石を置くか必ず返すといわれ今も守られている。安政元年(1854)11月の大地震と大津波、火災によって古文献等は焼失・流失してしまった。11月23日に勤労感謝祭・大漁祈願海上安全祈願祭が行なわれる。

東海道

尾張国一の宮
真清田神社 ますみだじんじゃ

祭神 天火明命(あめのほあかりのみこと)

〒491-0043　愛知県一宮市真清田1-2-1　(名鉄・JR尾張一宮駅徒歩10分)
TEL 0586-73-5196

「毛織物の一宮」で有名な東海道線尾張一宮駅から徒歩10分ほど北に行くと真清田(ますみだ)神社がある。市街の本町通り正面の目抜きに位置している。織物の街にふさわしく、鳥居の両側にも織物を売る店が軒(のき)を連ねている。神社を中心にして発達した町で、濃尾盆地の氾濫原の中の三角洲の自然堤防地域の一角に位置している。古くから周囲には土塀をめぐらし、境内の面積は約3万平方m(9千坪余)ある。ここは馬道具の飾立場であるとともに、出店を設けて門前市をなし今日も続いている。

　真清田(ますみだ)神社は『延喜式』には名神大社として真墨田神社と記載されている。この名は木曽(きそ)川の流域に沿った灌漑(かんがい)用水による水田地帯として、真墨田、真清田の名となった。木曽川下流の南岸の尾張平野の中心部で、古くから木曽川の流域は河川交通など文化の形成に大きな役割をしてきた。

　祭神は天火明命(あめのほあかりのみこと)と萬幡豊秋津師比売命(よろずはたとよあきつしひめのみこと)を祀る。火明命は、詳しくは天照国照彦火明命(あまてるくにてるひこほあかりのみこと)、または天照国照彦火明櫛玉饒速日尊(あまてるくにてるひこほあかりくしたまにぎはやひのみこと)という。『日本書紀』によると、瓊々杵尊(ににぎのみこと)と大山祇神(おおやまずみ)の娘木花開耶姫(このはなのさくやひめ)との間の子として生まれた。みごもった時、皇孫は、「いくら天神の子でも一晩で妊娠することができようか。私の子ではないのではないか」と疑った。木花咲開耶姫は恥じて出入口のない部屋をつくって、「もし他の神の子なら死産になりましょう。天孫の子であったら、必ず丈夫に生れましょう」と、産室に入り火をつけ産室を焼いてしまった。その炎の出はじめのとき生れたのが火酢芹命(ほのすのせりのみこと)、火の盛んなときに生

れたのが火明命、次に彦火火出見尊である。また、天忍穂耳尊と高皇産霊尊の娘の万幡姫との子にもなっている。火明命の母神万幡豊秋津師比売命は本殿脇に服織神社として祀っている。天照国照彦天火明命の御子「天香山命、大和国高尾張邑より当地に来りて建国の基を定め、この地を尾張の国と名付け、父君天火明命の神霊を祀られた。時に神武天皇33年」という。この地を開拓し尾張氏の祖神になった。尾張という意味は土地を開墾することだという。木曽川の流域を開拓して開かれた。火明命と母神の万幡豊秋津師比売命は農業神と機業の神を表わすもの。

神社の古い社殿は尾張造という特有な形式であったが、昭和20年(1945)の戦災で失ってしまった。現在のものは昭和32年(1957)以後再建で、拝殿、祭文殿、渡殿、本殿を連接した新しい真清田造の華麗雄大な社殿である。摂社の服織神社は昭和40年(1965)に造営された。境内に神明社、天神社、犬飼社、愛鷹社、愛宕社、厳島社、秋葉社、須佐之男社、稲荷社、三八稲荷社、伝教杉、貫之桜などがある。鎌倉時代に順徳天皇が崇敬され、多数の舞楽面を奉納され、重要文化財として残されている。例大祭は桃花祭といわれ、旧暦の3月3日の桃の節句に行なったのが、明治になり太陽暦に改め4月3日になった。桃の節句に因む厄抜い神事で、御輿渡御につづいて多数の形代馬および警護の騎士がその前後に供奉し、流鏑馬を行なう。7月第4日曜の前後5日間は「おりもの感謝祭一宮七夕まつり」で日本三大七夕の一つである。

東海道

尾張国一の宮
大神神社 おおみわじんじゃ

大物主神（おおものぬし）

〒491-0914　愛知県一宮市花池 2-15-2　(名鉄・JR 尾張一宮駅徒歩 15 分)
TEL 0586-45-5846

尾張国（おわりのくに）には真清田（ますみだ）神社のほかに、一宮といわれた大神（おおみわ）神社がある。いまは一の宮を称したことも忘れ、土地の人に「大神神社」と聞いてもなかなか答えがない。さらに尋ねると「薬師寺のところにある神社ではないか」というので訪ねると「式内社　大神神社」の石碑が立っていた。名鉄電車の名鉄一宮駅で名鉄本線と尾西線が分かれ、尾西線観音寺駅と本線の間に位置している。旧地名は大和町宮地花池であるから大和国一の宮の大神神社と関係がある。

真清田神社の西南にあたる一宮市の花池にある薬師寺の隣りにあった。薬師寺は排仏毀釈前に神宮寺であったのであろう。人は忘れ、歴史も変遷し風化するが、古代の神の鎮座地や神社を消すことはできない。ことに鎮座地に創建された時、ご祭神、由緒と、地理的位置などから考古学出品や遺跡より、確かな日本の古代を探る鍵が秘められている。

『延喜式』の尾張国には 121 座、名神大社 8 座ある。真清田神社のある中嶋郡に 30 座あって名神大社は三座あるが、真清田神社・大神（おおみわのかみのやしろ）神社・太（おおかみのやしろ）神社である。そのなかの太神社は太の「ゝ」が無くなり大（おお）神社と呼んでいる。大神神社は名神大社で一の宮になってもおかしくない神社であるが、時代の盛衰の中に忘れられる存在になったのは惜しい。

祭神は大物主神（おおものぬし）で、大和国一の宮の大神神社 (三輪明神) も同じ祭神である。『日本書紀』に大物主神は大己貴神（おおなむち）の別名であるとしているが、尾張連の始祖を祀る真清田神社は天照国照彦火明命（あまてるくにてるひこ）を

祭神としている。大物主神は、この天照国照彦火明櫛玉饒速日尊(くしたまにぎはやひのみこと)と同一神であるところからみて真清田神社と関係が深いのではないかとも考えられる。

境内は5610平方m(1700坪)ある。『和名抄』に、この地は美和とある。古くは美和郷といい、昭和27年(1952)に神社が提出した神社明細書にも創建は不明として「美和族、当地に移り、その祖大物主神を祀る。当地を美和の庄という」と記している。この地は杉の木が繁茂し、土地の人から霊地として崇(あが)められてきた。大和の三輪明神も杉を御神木としている。

尾張一宮市の南にある清洲町の西に美和町(みわ)があるが、これも美和郷だったと思われる。そうすると、三輪族は相当に広い地域を勢力化においていたのである。

時代は下って天正12年(1584)に浅井田宮丸の戦乱で、大神神社の本殿などの建造物が灰塵になってしまった。この時に神輿(みこし)が真清田神社に難を避けている。当時の神域は8町余もある大社と伝わっているが、この灰塵で記録が消滅したために、盛んであったことなど不明になったままで、一宮としての存在を人々から忘れられてしまったのは残念なことである。現在、大和町於保(おお)2410番地の大神社の宮司が兼務奉仕している。

名鉄 島氏永駅から西に300m ※御朱印を頂く場合は事前に連絡をとるのが望ましい。

東海道

三河国一の宮
砥鹿神社 とがじんじゃ

大己貴神 おおなむち

〒441-1231　愛知県豊川市一宮町西垣内2（JR飯田線三河一宮駅徒歩5分）
里宮　TEL 0533-93-2001　FAX 0533-93-7888

東名高速道路の豊川インターでおりて、南に行くと豊川稲荷、反対の北の方角に車で5分も行くと砥鹿神社で、豊川の流れのそばにある東海地方の総鎮守の神であるが、もともとは本宮山を御神体山とする古代信仰の形式を継承する神社である。

本宮山は三河湾に面してそびえる円錐形の美しい姿をした山で、千年杉や檜が生い茂る神聖な霊地として古代からの自然信仰の対象であった。山に神が降臨し、その山そのものが神の宿る場所として、古代の人々は畏敬の心で聖地として崇めてきたのである。

海抜789mの頂上には大己貴命を祀る。大己貴命は大国主命の名で知られる国土を開拓した国津神である。奥宮には社殿のほかに社務所や参拝者の休憩所があって宿泊もできる。千年の御神木の杉の大木、山頂は神域としてことのほか空気が清浄である。

大国主神は「大黒さん」の名で親しまれ、その優しい福徳が澄んでいる大気に和やかさを加えているようだ。奥宮の末社に岩戸神社がある。「国見岩」の名のある大岩石は、古代の磐座である。神の宿る場所として神聖なところ、聖域として修行の場であったこともある。

神社のしおりには「奥の院岩戸神社」と書いてあるが、奥の院という名称が神仏習合時代の名残りをとどめている。神社と寺院は平安時代に神仏習合時代を迎え、明治の排仏毀釈まで長い習合の歴史がある。

本宮山の山頂一帯は、「国見岩」の名がしめすように、眺めは素

晴らしい。三河平野をはじめ伊勢志摩・知多・渥美半島から浜名湖、富士山、アルプスの連山まで一望することができる景勝地である。ここは愛知県立自然公園に指定されてツツジの花園丸山をはじめ、全山が植物の宝庫である。

　本宮山の山頂から里宮に移った砥鹿神社は、大己貴命を御本殿に祀り、摂社二宮に事代主命を祀っている。「大黒さま」と「恵比須さま」である。三宮には建御名方命の「お諏訪さま」をお祀りしている。祭神は大国主神は、別名を大己貴神・葦原醜男・八千矛神・顕国玉神などの数多くの名をもっている。

　大国主神は少彦名神と力を合わせで国づくりをされた。「おれたちの造った国は、はたしてよくできているだろうか」と少彦名神に問われると、「できたところもあるし、できないところもある」と少彦名神は言われた。この二柱の神の相談は深い意味があると言われている。その後、少彦名神は熊野の御碕で常世国に去られた。大国主神は一人で国の中のまだでき上っていないところを造り上げた。その国土を天つ神に国譲りをしたのである。それを拒み諏訪に入った建御名方命を摂社に祀り、大国主神の親子神を一つの場所に祀って、古代からの国造りの事を秘めているのではないだろうか。

　三河は太平洋岸の海人族が信濃国へ入り山の人になった道で、「諏訪さま」がここに祀られているのも意味があり、諏訪から天竜川を下ったという伝承もある。「お火焚祭」が1月15日午後から行なわれる。

東海道

遠江国一の宮
小国神社 おくにじんじゃ

大己貴命

〒437-0226 静岡県周智郡森町一宮3956-1（天竜浜名湖鉄道遠江一宮駅タクシー10分）
TEL 0538-89-7302　FAX 0538-89-7367

「秋葉路や、流れも清き太田川、遠州森町よい茶の出どこ」といわれた火防の神・秋葉神社の参詣路が通る森町の西北に小國神社がある。

東海道新幹線の掛川駅から天竜浜名湖鉄道に乗り、遠江一宮駅で降りる。約4kmの県道と、遠州森駅から山越しで約3kmの観光道路を結ぶ地点である。また、新幹線掛川駅からタクシー利用で40分である。

由来によると、欽明天皇16年(555)2月18日に本宮山に御神霊が出現し奇瑞があったので、天皇は勅使を派遣して社殿を造営し正一位の神階を贈られたという。それまでは、現在の神社から北約6kmの本宮山が御神体山として崇められ、山頂には奥磐戸神社が祀られている。奥磐戸の名の示すように磐座がある。祭神の大己貴命の荒魂を祀るという磐境信仰の形態を残し、古代信仰をいまに伝えている。1月6日が例祭である。本宮山は字のごとく本宮で、遠江国の中央にあって国中を一望、ことに南の天竜川が遠州灘に注ぐ景色はすばらしい。また、小國神社というのは、出雲の大本宮に対する遠江国の美称であるともいわれている。

祭神の大己貴命は、大国主命・大物主神・国作之大神・大穴牟遅神・宇都志国玉神ともいわれ日本の国土を開いた国津神の本流である。国土開発福徳縁結び・山林農業医薬の知徳剛健の守護神と崇敬され、御神徳が極めて高い神である。

『延喜式』には遠江国周知郡には並小社の3座が記載されている中の小國神社である。神社では、古来より願い事を待つ意味の許当

麻知神社とも、願事のままに叶う意味の事任神社とも言う固有の別名があると言っている。また、佐野郡の4座の中に己等乃麻知神社があるが、小國神社という名はない。この佐野郡の己等乃麻知神社は、掛川市日坂に鎮座する事任八幡宮のことである。

境内は広く99万平方m(30万坪)もあって、樹齢800年以上の勅使参道跡の杉並木をはじめ、巨大な神代杉が林立し、宮川の清流のある神域は、国津神の開いた古代の風が感じられるとともに、今日、森林環境をよく残し維持されている。神の森として古代から畏敬されてきた結果である。

江戸時代の社殿は、明治15年(1882)の再度の大火によって消失してしまった。現在の建物は、明治19年(1886)に再建されたが、それ以前の規模からみると、社殿は3分の1に縮小されている。文武天皇の大宝元年(701)の春に里宮がひらかれ勅使が奉幣し、このとき12段の舞楽を奉奏した。4月18日の例祭日に一番近い土・日曜日に奉奏されるこの舞楽は国の重要無形民俗文化財に指定されている。摂末社は70社もあったといわれ、明治15年(1882)の火災後は本社および八王子社に祀られていたが、近年復興した。天宮神社・大洞院・蓮華寺・蓮増院などは小國神社の縁故により創建されたとも伝えられている。これらの寺院は神仏習合時代の神宮寺・別当寺で、明治初期の排仏毀釈によって分離された。

東海道

遠江国一の宮
事任八幡宮 ことのままはちまんぐう

己等乃麻知姫命・息長足 姫命・誉田別命・玉依姫命

〒436-0004　静岡県掛川642(東海道新幹線掛川駅タクシー10分)
TEL　0537-27-1690　FAX　0537-27-0596

小夜の中山は、昔の東海道での難所で、古道の傍に伝説として名高い「夜泣石」があった。古道は金谷宿と日坂宿を結ぶ山手を通る嶮しい道である。

西行法師の「年たけてまた越ゆべしと思ひきや命なりけり　小夜の中山」と新古今集にでている小夜の中山を越えると、西麓は日坂宿である。国道1号線は、旧東海道の北側を通り、小夜の中山もトンネルで通過してしまうので難所ではなくなった。東海道53次で日坂宿から次の掛川宿まで1里29町(約7km)、掛川に下って行くと左側に「式内社事任八幡宮」の森が見える。

掛川バイパスを日坂ICで下りて、下り坂を気持ちよく走ってしまうと、見落として通過してしまうので注意したい。

八幡宮の境内は広く、樹齢約千年の大杉や大楠など樹木が茂り石垣に囲まれている。参道から社殿まで行くと神域は静かである。喧騒な自動車の走る音の中にあって、神域の森のもつ意味は大きい。この環境を神に誓って護っていかねばならない。

遠江国一の宮として、小国神社と事任神社の名がみえる。『延喜式』の遠江国佐野郡（今の小笠郡）四座の中の己等乃麻知神社が現在の事任八幡宮に当たる。貞観2年(860)従五位下に叙せられている。己等乃麻知媛命は、『藤原氏本系帳』によれば、興台産命の妃で、天児屋根命の母にあたる神である。櫛真知命のように卜兆、占いによって事を知る神で、願い事をまつ、事の葉のまま叶う、という意味が「己等乃麻知」や「事任」の言葉にこめられている。『十六夜

日記』には「ことままの社」と出ている。

　己等乃麻知神社は、日坂駅の西外れにそびえる本宮山の中腹に鎮座していたが、坂上田村麿の東征(807)の際に現在の地に社殿を造営された。さらに康平5年(1062)源頼義が石清水八幡宮を勧請してから己等乃麻知神を祀る神社が、幕府の守護神信仰から八幡宮を称して八幡神社になった。八幡宮の祭神は普通には、仲哀天皇、息長足姫命(神功皇后)、誉田別尊(応神天皇)の三方であるが、事任八幡宮では、仲哀天皇はなく、玉依比売命の三座を配している。

東海道

　玉依比売命は海幸・山幸の物語で登場する海神の娘の豊玉姫の妹で、八幡三神の仲哀天皇、神功皇后、応神天皇より古い神である。願い事の叶うという己等乃麻知神、事任の神は、古代から当時の人々の信仰と関心を集める要素があり、近隣や遠方よりの信仰厚く今でも変わらない。慶長(1596〜1615)のころ、一宮の小国神社の祀官小国家と事任八幡宮の祀官誉田家とは親戚関係にあり、事任神社の修復時に御神体を小国神社に一時お移ししたことがある。許当麻知社、事任神社が別名として用いられている。また、9月中旬の例大祭では、町内の屋台が練り、神輿渡御や浦安の舞が披露されるなど3日間もかけて開催される。古代の神々は時代の変遷の中に何か真実を伝える手がかりを残してくれている。交通の激しい国道1号線沿いの社に、遠い古代の息吹が感じられた。

駿河国一の宮
富士山本宮浅間大社 ふじさんほんぐうせんげんたいしゃ

木花開耶姫（このはなさくやひめ）

〒418-0067　静岡県富士宮市宮町1-1 (JR 身延線富士宮駅徒歩15分)
TEL 0544-27-2002　FAX 0544-26-3762

東海道線富士駅から身延線で富士宮駅で下車、徒歩10分のところに全国1千300余の浅間神社の総本宮の浅間大社がある。以前は富士山本宮浅間神社と呼んでいたが、総本宮らしく昭和57(1982)年3月社名を変更して富士山本宮浅間大社と呼ぶようになった。

　浅間大社の神域は5万6100平方m(1万67000坪)に及び本殿背後の東北方に当たるところに神立山がある。ここから豊富な清水が湧出して流れ、神域に湧玉池をつくっている。広大な富士山の雪解け水なので、夏でも凍みわたる冷たさで国の特別天然記念物に指定されている。湧玉池の水は御手洗川のゆるやかな流れ、神田川となって市内を流れている。

「天地（あめつち）の分れし時従（ゆ）、神さびて高く貴き、駿河（するが）なる富士の高嶺（たかね）を、天（あま）の原ふりさけ見れば、渡る日の隠（かく）ひ、照る月の光も見えず、白雲も行きはばかり、ときじく雪は降りける。語り続き、言ひ続ぎ行かむ。富士の高嶺は」(317)と万葉歌人山部赤人（やまべのあかひと）が詠（よ）んだ富士の高嶺を御神体とする浅間大神（あさまのおおかみ）を祭神としている。この神は木花之佐久夜毘売命（このはなのさくやひめのみこと）である。姫の命は、伊予国一の宮の御祭神・大山祇（おおやまずみ）神の子で天孫瓊々杵尊（ににぎのみこと）の皇后（こうひ）になった神である。社伝によると孝霊天皇の御代、日本書紀によれば紀元前290年頃に当たるが、富士山が噴火し鳴動常なく、人々は逃散して国中が荒れ果てた。その後、垂仁（すいにん）天皇3年(前27)に浅間大神を山足の地に祀り山霊を鎮めたのを起源としている。

　日本武尊の東征の時、駿河国で賊徒の野火にあったが富士浅間大神に祈念し難をのがれ、賊を征伐すると山宮の地に浅間大神を祀られた。大同元年(806)、坂上田村麻呂が平城天皇の勅により、山宮の南約6kmの現在地に社殿を造り遷座した。以来全国1千300余に及ぶ浅間神社の総本宮として全国的に崇敬を集める東海の名社となった。『延喜式』に駿河国富士郡三座のうち名神社に列している。駿河国一の宮として勅使の奉幣・神領の寄進に預かった。武家の崇敬も篤く源頼朝は神領を寄進し、北条義時・足利尊氏は社殿を修営し、武田信玄・勝頼父子は宝物をや社殿を造修した。現在の本殿・拝殿・楼門は、慶長9年(1604)徳川家康の寄進にかかり、本殿は浅間造と称する二重の楼閣造りで国の重要文化財に指定されている。富士山の神を浅間大神というが、富士山と同じく噴火する長野県と群馬県にまたがる浅間山も浅間で、伊勢の朝熊山も「あさまやま」である。麓に朝熊神社があるが、古代では神体山として畏敬されてきたものと思われる。古代では発音が主で、これに後から渡来してきた漢字を当てたものである。富士山8合目から上は山頂の奥宮の境内地で、神体山として神聖地となり、数々の霊場行場がある。毎年開山期の7、8月には30万余の登拝者でにぎわう。春の大祭での神事流鏑馬式、秋の大祭での山車・お囃子は「富士宮ばやし」といい県の無形文化財に指定されている。宝物に室町末期狩野元信(1476〜1559)作と伝わる「富士参詣曼荼羅図(重文)」がある。

東海道

伊豆国一の宮
三嶋大社 みしまたいしゃ

大山祇命・事代主命

〒411-0035　静岡県三島市大宮町2-1-5　(JR東海道新幹線三島駅徒歩15分)
TEL 055-975-0172　FAX 055-975-4476

　三嶋大社は、三島駅から徒歩で10分のところにある。東海道53次の三嶋宿は箱根峠を越える麓宿で、三嶋大社の社前町として栄えてきた。町の中央に位置する5万平方m(1万5000余坪)の神域は鬱蒼とした森に囲まれ、まさに東海道一の名大社にふさわしい雰囲気をもっている。境内には1200年の樹齢を保つといわれる神木「金木犀」が9月上旬と下旬の2回、薄黄色の小花が満開となる。そのふくよかにただよう香気が、昔より2里四方(8km)にもおよぶと言われ、国の天然記念物に指定されている。

　祭神は大山祇命・事代主命の2柱を総して三嶋大明神と称する。神大山祇神は瀬戸内の大三島にある伊予国一の宮大山祇神社の祭神大山祇神と同じで、その神の娘が木花開耶姫で富士山本宮浅間大神である。事代主命は俗に「恵比須さま」と呼ばれ、大国主神、またの名を大己貴神、「大黒さま」の御子で、庶民から親しまれている神様である。

　御祭典は8月16日(古くは旧8月中の酉の日)をはじめとして、正月7日に斎行され静岡県無形文化財にも指定されている特殊神事の田祭など、年間115回を数える。

　三嶋大社の創建は明らかではない。しかし、造島・地震活動の活発な伊豆の地に鎮座し、古より富士山火山帯根元の神・伊豆国魂の神・国土開発の神として朝廷の崇敬厚く、その程は『文徳実録』『三代実録』等の古史に、三嶋神の神階について、文徳天皇嘉祥3年(850)の従5位上を初めとし、仁寿2年(853)に従4位下と累進

し、貞観10年(868)に従3位となった。伊豆国には『延喜式』の式内社が92座あって、名神大社が5座、伊豆七島に24座も数えられ、その筆頭に仰がれている。

中世以降は武家の信仰を一心に集め、ことに伊豆の蛭ヶ島に流されていた源頼朝は深く三嶋大社を崇敬し、源氏再興を祈願し旗揚げをする。戦勝をおさめた頼朝は、ひとえに三嶋大明神の加護によるものとして神領の寄進を行なった。そして鎌倉幕府を開いてから幕府の守護神として日本総鎮守とした。

社殿は文治3年(1187)以降、810年間に26度の造営が行なわれている。現在の建物は嘉永7年(1854)11月4日の東海大地震で倒壊したときに復旧した。安政5年(1858)から着手された造営は、大鳥居、本殿、幣殿、拝殿、舞殿、神門、総門など約10年を費やして慶応2年(1866)に完成したものである。宝物館には国宝「梅蒔絵手箱」をはじめ、平成6年(1994)に重要文化財に指定された三嶋大社矢田部家文書592点と源頼家筆の「般若心経」などが展示されている。

伊豆七島の三宅島には三嶋大神が住んだと伝える三島神社が祀られ、年に一度、神津島の天上山に神々が集まり会議を開いたので神集島と書いた。また后神阿波神、第1王子物忌奈乃命もこの島に祀られている。三嶋大社は伊豆七島と古代から関係の深いものが感じられる。

東海道

甲斐国一の宮
浅間神社 あさまじんじゃ

木花開耶姫(このはなさくやひめ)

〒405-0056　山梨県笛吹市一宮町一宮1684 (JR中央本線山梨市駅バス20分)
TEL 0553-47-0900

　勝沼から石和(いさわ)にかけて、山あいから笛吹川ににいたるまでブドウ畑がつづく。ブドウをはじめカキやモモなどの果実シーズンになると観光客でにぎわう。中央線山梨市駅より南へ6km、バスで約15分のところに浅間神社がある。桃の花が咲く頃は、あたり一面桃色となって、ことのほか美しい。

　浅間(あさま)神社は、駿河国一の宮の浅間大社(せんげんたいしゃ)と同じく、木花開耶姫命(このはなさくや)を祭神としている。由緒によると「第11代垂仁天皇8年(前22)正月、初めて神山の麓に鎮祭する」とある。現在のところより東南約2km余り上流、山宮川の水源になっている神山である。神山は名の示すごとく御神体山である。山宮川の清流は笛吹川に流れ、笛吹川は釜無川と合流し富士川となる。清和天皇の貞観(じょうかん)7年(865)12月9日、3柱の内、木花開耶姫1柱を現在の地に遷祀したので、神山の麓の元宮は摂社山宮神社として、大山祇命(おおやまずみのみこと)、瓊々杵命(ににぎのみこと)の2柱の神を祀(まつ)っている。社殿は春日造(かすがづくり)、檜皮葺(ひはだぶき)で重要文化財に指定されている。

　『日本書紀』の天孫降臨と木花開耶姫のところでは次のように物語っている。高皇産霊尊(たかみむすび)は、神聖なふとんで皇孫天津彦彦火(あまつひこひこほ)瓊々杵尊(ににぎのみこと)を覆(おお)いかぶせて地上に降らせられた。皇孫は、そこで天磐座(あめのいわくら)を離れ、また天八重雲(あめのやえたなぐも)をおし分けて、その威厳によって道をおし分けきりひらいて、やがて日向の襲(そ)の高千穂峯(たかちほのたけ)に降臨された。天浮橋(あめのうきはし)から渚(なぎさ)のある平地に降り、荒れたやせた土地の丘つづきのところを国を求めて歩かれ、鹿児島県の野間岬(のま)に到着された。ここ

に事勝国勝長狭と名のる人がいたので、皇孫は、「国があるかないか」と尋ねられると、「ここには国があります。どうかごゆっくりお遊びくださいませ」とお答え申し上げた。それで皇孫はここに滞在された。この国に鹿葦津姫、別名を神吾田津姫またの名を木花開耶姫という一人の美人がいた。皇孫はこの美人に尋ねられて、「おまえはだれの子だ」と仰せられると、「私は天神が大山祇神の女をめとられて生まれた子です。私の姉に磐長姫がおります」と答えた。

皇孫は「お前を妻にしようと思うがどうか」と言うと、「父の大山祇神にお尋ね下さい」と。大山祇神は2人の娘に飲食物をもたせて皇孫にたてまつった。姉の磐長姫の方は醜いと思い帰され、木花開耶姫の方を美人と思い召された。召されなかった磐長姫の方は皇孫にのろいをかけられた。「妹の生む御子の命は木の花のように散り落ちるだろう」。一説には「この世の青人草は木の花のようにうつろいやすく、命おとろえよう」と言った。木花開耶姫は一夜で妊娠されたが、天孫は疑ったので戸のない産屋をつくり、なかにこもって誓いをされ「私のみごもった子が天孫の子でなかったら、必ずその子は焼け死に、反対に天孫の子であったら火がそこなうことはできないでしょう」といい、その産屋に火をつけて焼いてしまわれた。立ちのぼる煙のさきから生まれた子が火酢芹命で、隼人らの始祖である。次に熱をさけて生まれた御子が彦火火出見尊、次に生まれたのが火明命で、尾張連たちの始祖である。この三柱の御子が生まれた。

東海道

相模国一の宮
寒川神社 さむかわじんじゃ

寒川比古命・寒川比女命

〒253-0106　神奈川県高座郡寒川町宮山3916　(JR相模線宮山駅徒歩5分)
TEL 0467-75-0004　FAX 0467-75-0071

JR東海道線茅ヶ崎駅で相模線に乗り換えて、宮山駅で下車、右へ約5分のところの森の中にある。茅ヶ崎駅や小田急線本厚木駅からもバスが出て約25分で寒川神社前である。近くには富士山の東麓山中湖から発する相模国第1の相模川が流れる。上流を桂川、下流を馬入川と呼ばれる全長120km、相模湾に注ぐ。

　神橋を渡ると鬱蒼と茂る樹木に覆われ、神門を入ると拝殿、流造の本殿がある。境内は4万7140平方m(1万4285坪余)である。往古の神領は、藤沢・茅ヶ崎・寒川・海老名におよぶ広大な土地を占めていた。寒川比古命・寒川比女命の男女2神を祀る。古代より寒川大明神、寒川大神とたたえられてきた。神社のすぐ西に相模川が流れているが、この川の治水の神、水の神として寒川大明神は、相模国の開拓神として古代から崇められてきた。本殿裏の「難波の小池」で雨乞いをすると、慈雨が降るといわれ、古くから信仰されている。1月2日の追儺祭(鬼やらいの儀式)は、午後8時からはじまり、社頭や近隣の燈火をことごとく消して、宝物数えの行事の後、神職社人が太刀・金木を帯びて拝殿に進み、追儺板を数百度打つてから、太鼓の音にあわせ「難波の小池」と高唱しながら社殿を3周して終わり、邪気災厄をはらう。神前に供えた黒木の弓・葦の矢は災難厄除のお守りとして参拝者がこぞっていただいている。

　鎌倉時代の『吾妻鏡』には、一宮佐河大明神の名がある。源頼朝以来関東武士の信仰が厚かった。武田信玄もことのほか信仰し

たという。神社の由緒には、『総国風土記』によると、雄略天皇(456〜79)のときに幣帛を奉納したという。以後、桓武天皇の延暦7年(788)5月をはじめとして奉幣、勅祭を行なわせているのは、相模国をはじめとして、東の国人らとの関係を深めようとしていた行為ではなかろうか。

相模国の『延喜式』式内社は13座あって、名神大社は寒川神社1座だけである。

社殿造営の記録は、聖武天皇の神亀4年(727)、天平神護元年(765)にみられる。その後、承和元年(834)、治承3年(1179)に建てかえられている。現在の社殿は平成9年(1997)のもので、本殿の正面が西南方に向かっている。これは江戸(東京)よりみて裏鬼門に当たっているので、神社建築では外に例のない特異な存在として知られている。このことからして、方位除の神様として八方除の御神徳で有名である。5月5日の国府祭には、中郡大磯町国府神揃山の祭場へ神輿が渡る。一宮のほか二宮の川勾神社、三宮の比々多神社、四宮の前鳥神社、平塚八幡宮の五社が参集して行なう。一宮から五宮までが残っているのは珍しい。古式の「座問答」は神奈川県無形民俗文化財に指定されている。例祭日は9月20日で、19日の前日祭には武田流司家の奉仕による流鏑馬神事が執り行なわれる。

東海道

相模国一の宮
鶴岡八幡宮 つるがおかはちまんぐう

応神天皇

〒248-0005　神奈川県鎌倉市雪ノ下2-1-31　(JR横須賀線鎌倉駅徒歩10分)
TEL 0467-22-0315　FAX 0467-22-4667

横須賀線鎌倉駅からはなれ、やや南北にのびている若宮大路は由比ケ浜から大臣山まで、滑川の沖積平野に南北に一直線に造られた参道で、今も往時の面影を色濃く残している。若宮大路の中心に土をもり、その回りに葛石という石を配したのが「段葛」と呼ばれる参道で、二ノ鳥居から三ノ鳥居まで残っている。

『延喜式』の相模国は、13座あるが、そのうち名神大社の寒川神社は一の宮である。鎌倉期以降に於ける八幡宮の位置付けを考えると、当然に一の宮級の格式を備えていたと思われる。

鶴岡八幡宮は、康平6年(1063)、奥州を平定した源頼義が由比郷鶴岡の砂丘に石清水八幡宮(京都府)を勧請して祀ったことにはじまる。この社は由比の元八幡といわれていた。永承元年(1046)に源頼信が奉納した告文に、源氏の遠祖は八幡大菩薩とするくだりがあるが、この事から源氏は八幡神を代々祖先神として崇めていたことが伺える。それで頼朝も頼義の勧請した鶴岡八幡宮を守護神とした。桓武平氏、清和源氏といわれ平氏桓武天皇、源氏は清和天皇の後裔と系図をつくっているが、後の世の作成であろう。治承4年(1180)に頼朝が現在の場所に元八幡から遷座して鶴岡若宮と呼んだ。建久2年(1191)3月に社殿が焼けたので、大臣山の中腹を削り、上宮を建て本宮とした。従来の社殿の場所に下宮を造営して若宮とし、本宮、若宮を中心とした上下両宮の姿が整った。頼朝は京都の内裏になぞらへて鶴岡八幡宮を鎌倉の中心にし、東側に幕府を置いた。

段葛から三ノ鳥居を通り、太鼓橋の左右に配された赤橋を渡る。左右に源平池がわかれ、東の源氏の池は白蓮と三の島、西の平家の池は赤蓮と四つの島がある。源氏の三は産につうじ、平家の四は死につうじるという意味をもたせている。石灯篭のならぶ参道は旧鎌倉街道の流鏑馬馬場を横切り下拝殿(舞殿)に出る。若宮の回廊で頼朝が義経の愛妾靜御前に舞いをさせたとう故事に因み、後に静御前が舞を舞ったと言われる場所に舞殿が建てられた。鎌倉幕府の記録『吾妻鏡』には、この時の様子が記され、歌舞をした静御前の態度を誉めたたえている。下拝殿の右奥に下宮の若宮があるが、本殿・幣殿・若宮の拝殿のある権現造で、二代将軍徳川秀忠により修造されたものである。平成8年(1996)若宮と上宮(本殿)が国の重要文化財に指定された。

若宮の東側に将軍実朝が中国から苗をとりよせて育てた柏槇の古木がある。別当公暁が将軍実朝を暗殺した「隠れ銀杏」の木を左に見ながら石段を登ると、本宮である。楼門の奥に徳川家斎が造営した権現造の社殿がある。本宮の石段の上から振り返って見ると、若宮大路が一直線に由比ヶ浜にのびて、周りを山に囲まれている鎌倉の地形や町並みが一望できる。宇佐八幡宮から勧請された京都の石清水八幡宮からさらに、勧請されたのであるから、祭神は同じく応神天皇・比売神・神功皇后である。本宮の回廊の一部は宝物殿になっている。西側の丸山稲荷は地主神で、その室町中期の和様造は、境内では最も古い建物である。境内には頼朝・実朝の霊を祀る白旗神社や鎌倉国宝館などもある。

東海道

武蔵国一の宮
氷川神社 ひかわじんじゃ

須佐之男命・大己貴命・稲田姫命

〒330-0803　埼玉県さいたま市大宮区高鼻町1-407(JR東北本線大宮駅徒歩15分)
TEL 048-641-0137　FAX 048-647-1213

大宮駅の東には南北に中山道が通じ、その南に氷川神社の第1の朱の鳥居がある。ここから約2kmの並木の参道が続く。杉や松、欅と、時代の変遷とともに参道の並木も変わってきたが、大宮駅から歩いて10分ぐらいのところにこれだけの参道があるのは貴重なものである。大宮の市街地が参道に侵入しようとねらっているように見られるが、武蔵国一の宮の神が、参道の緑を守ってきた。市街地化が進んでも緑の参道を保護しなくてはならない。参道が岩槻街道に交差しているところに第2の鳥居がある。第3の鳥居をくぐると神域で、大宮の駅の近くの繁華街に広びろとした清々しい森があることは、ご神徳の賜というべきである。境内を行くと朱の神橋を渡る。美しい朱塗りの楼門と回廊が、まわりの緑に映えて目に入る。京都の上賀茂・下鴨神社の建造物とよく似て、美しさが並び称されている。社記によると、孝昭天皇3年(前473)の創建と伝える。祭神の須佐之男命、稲田姫命、大己貴命の三柱の神を祀る。須佐之男命は出雲からはじまり、国土に建国した神であり、妃の稲田姫命は大己貴命の母神である。古東京湾は埼玉県の所まで湾入し、河川の河口であり浦和の地名が残るように浦であった。その浦に臨む台地に古代神が祀られ、氷川は出雲の簸川に通じる。ここは見沼をひかえ東西南北に展開し、交通の便もよく肥沃の土地であった。

『日本書紀』に成務天皇5年(135)9月、国郡に造長を立て、県邑に稲置を置く。とあるが、このときに出雲族の兄多毛比命が武蔵の国造となり、氷川神社を奉崇した。

武蔵国は大化元年(645)に国郡の制が施行されてから設けられた。武蔵国の国府は東京都府中市に置かれた。武蔵国は初め毛国の中に含まれていたので東山道にあったが、宝亀2年(771)に東山道から東海道に移されている。このころに相模国からの道が開けて西南日本の勢力が東国に浸透していったものと思われる。崇神天皇の世に官幣が奉じられ、景行天皇の世に日本武尊が参拝して東夷鎮定を祈願したと伝えている。聖武天皇の世に、武蔵国一の宮となり、醍醐天皇の世に制定された『延喜式』神名帳に名神大社と載る。治承4年(1180)源頼朝が土肥実平に命じ社殿を再建している。寛文7年(1630)に徳川氏は阿部豊後守を奉行として社頭の整備社殿の建立をしている。明治15年(1882)9月2日に正遷宮を行なった。昭和15年(1940)7月16日に本殿、拝殿、幣殿、舞殿、楼門など正遷宮を行なった。

東海道

　特殊神事の大湯祭は延宝年間(1673～1681)の社記に大湯祭の文字が見えている。俗に十日市というが、実は11月30日から12月9日までを前斎といい毎夜かがり火を焚いて祭事を行ない、10日に本祭、この日には百取膳という海川山野の種々のものを供え荘重典雅な祭典を行ない、11日には後斎奉仕する。12日間の大祭である。祭礼の日には大己貴命(大国様)と少彦名命(恵比寿様)の御影の福神札と福熊手が授与されるので、参拝者が先を争ってこれを受ける。大国市、酉の市、熊手市と呼んでいる。氷川神社を名のる神社は大宮を中心に埼玉県に160余社、東京都、神奈川県下を含めると、約280社が数えられる。

武蔵国一の宮
氷川女体神社 ひかわにょたいじんじゃ

稲田姫命・三穂津姫・大己貴命

〒336-0916　埼玉県さいたま市緑区宮本2-17-1(JR東浦和駅バス8分徒歩10分)
TEL　048-874-6054

JR北浦和駅東口からタクシーか、JR武蔵野線東浦和駅からバスで芝原小学校前で下車、徒歩10分、見沼氷川公園前に氷川女体神社の森がある。『延喜式』名神大社の武蔵国一の宮氷川神社と同じく、男女二神の古代自然信仰、陰陽の信仰を留めるとともに、いまは少なくなってしまった鎮守の森の原風景が残され、暖かくつつんでくれてほっとする雰囲気がある。

　かつては広大な見沼を見渡す景勝の地にあって、南面する台地の端に位置して原始林に覆われていた。見沼は御沼であり、神沼であった。古代は海がこの辺まで入りこんで、やがて沼になったのであろう。見沼に突き出るように古代祭祀場跡が保存され、境内の社叢だけを残されて、あとは見沼氷川公園になっている。見沼は寛永7年(1630)頃に、大宮台地東南部の浸蝕谷を利用して潅漑貯水池にした。さらに徳川吉宗の時代、紀州からよんだ土木家井沢為永に命じ干拓させた。広大な見沼田圃になり、見沼代用水がつくられた。享保7年(1722)、三段の閘門を設けた見沼通船掘を完成させた。1914年のパナマ運河開通より約200年前である。

　鎮座地の付近の地名は三室という。三室は御室であり「ひむろ」と呼んでいたのであろう。奈良国立博物館の北向かいに氷室神社がある。春日山麓の吉城川の上流に氷の貯蔵庫を設け、神を祀ったのが始まりという。氷川もひであり、氷で、また、氷のひは火にも通じ、出雲の簸川も関係がありそうである。崇神天皇(前97～30)の勅により出雲国杵築大社、今の出雲大社を移し、350軒の

社領寄進により、当地に祀られたと、明和4年(1767)の「武州一宮女体由緒記」にある。そうなると出雲の簸川と近くなる。

祭神は奇稲田姫命で、配祀は三穂津姫命、大己貴命である。奇稲田姫命と須佐之男命、三穂津姫命と大己貴命と女体社と男体社の関係にある。見沼を見渡す大宮の高鼻に氷川神社(男体社)と三室に女体社とがあって、その中間地に氷王子社がある。今の大宮市片柳の中氷川の中山神社である。海が深く湾入する古東京湾に古代人は、この三つの地点に宿る神を氷川大神とし崇め、男女神信仰を伝えたものと考えられる。

由緒によると、天武天皇4年(676)、国司任命の制度を定めたとき、氷川女体神社の神主佐伯朝臣国造を足立郡の郡司に兼任させている。さらに持統天皇の世には勅納の大般若経が寄せられ、以後、正月8日には読経したと記されている。鎌倉時代から将軍をはじめ武門の信仰が厚く、徳川家康は社領50石を寄進している。文化財収蔵庫があって武蔵野の正倉院ともいわれる。境内地の社叢を学術参考林として樹木・下草を調査した結果、暖地性広葉樹と春秋110種余の下草が自生して、古来からの状態を自然な姿で生息していることが判明した。昭和40年(1965)に境内地を天然記念物に指定し、とくにチヨウジカズラは花の咲く北限である。ここは浦和の地名を裏付ける暖地性海岸植物がある貴重なところでもある。

江戸時代に『一宮巡詣記』13巻を著し、元禄16年(1703)に69歳で没した橘三喜の墓が、神社の近くの武笠神主家墓地内にある。

安房国一の宮
安房神社 あわじんじゃ

天太玉命(あめのふとたま)

〒294-0233　千葉県館山市大神宮589　(JR内房線館山駅バス白浜線30分)
TEL 0470-28-0034　FAX 0470-28-0438

JR内房線館山(たてやま)駅から南へ約10kmの吾谷山(あづちやま)の麓に安房神社が鎮座している。安房(あわ)・阿波(あわ)・淡路(あわじ)と呼ぶ「あわ」の発音の地名は、黒潮の潮流に乗った古代海人族のルートにあたる。

「千葉県は北は下総、中を上総、南を安房という三つの国からできているが、同じ県でありながら三つとも方言が違う。ことに安房国(あわのくに)は徳島県の阿波から移住した人々の開いた地で、海人族的な海洋部族の影響を受けた人々が住んでいる。地名の安房はむしろ阿波からとったことばである」と、樋口清之著『日本人の知恵の構造』(講談社)のなかにもある。

養老(ようろう)2年(718)、女帝の元正(げんしょう)天皇のとき、能登(のと)・安房(いわき)・石城・石背(いわせ)の4国が置かれた。その後天平(てんぴょう)13年(741)には安房国を上総国に、能登国を越中(えちゅう)国に合わせた。天平宝字(てんぴょうほうじ)元年(757)に能登・安房国をまた独立させている。能登・安房国は海に突出た半島で、親潮・黒潮にあらわれている地で、海に生きる海人族の根拠地でもある。

安房神社の社殿は、吾谷山を背にした暖性植物の樹林に囲まれて海岸には面していないが、自然林の中の囲まれている神域は、黒潮のはこぶ潮風によって暖かさを感じる。

海上から目につく吾谷山は、かっこうな海人族の目標であった。吾谷山の上に立てば、太平洋を一望でき、水平線上に富士山、大島の御神火(ごじんか)の煙が見える雄大な眺めが展開する。裏山一帯の森は、鳥獣類の保護区域に指定され、渡り鳥の安息地として鳥の楽園で、

県立館山野鳥の森である。

祭神は上の宮に天太玉命、天比理刀咩命、斎部（忌部）の五部の神、下の宮に天富命を祀る。天太玉命と経津主の父親は神武天皇の傘下に入ることになり、阿波一国を賜って四国地方を押さえた。経津主の子の天富命は、神武天皇の後半になって勅命を奉じ、阿波国の斎部を率い、この地の布良港に上陸したことが由緒に記されている。阿波の斎部というのは、朝廷でお祭りをするときの儀仗兵のようなもので、それを率いてきたので安房郡と名づけ、祖先神の天太玉命を祀る社を創建し、安房社と称したとある。

天太玉命は『日本書紀』のなかの天照大神が天岩戸に隠れたとき、八咫鏡をかける真坂樹を根ごしに抜いてきた神である。高皇産霊尊は、「余は天津神籬と天津磐境をつくり、余の子孫のために浄境を設けた。天児屋根命と太玉命は葦原中国に降り、余の子孫のために設斎して奉仕せよ」と言われている。天津神に国土を返上して幽界の神事を司る大己貴神に対し、紀伊の忌部、五部の祖先神、手置帆負神を作笠者、彦狭知命を作盾者、天目一箇神を作金者、天日鷲神を作木綿者、櫛明玉神を作玉者と定め、太玉命にその弱肩に太たすきをかけ、天孫に代わって大己貴神を祀らせることをいわれている。粟国（阿波）、紀国の忌部とあるが、どちらも黒潮の海人族の拠点である。

東海道

安房国一の宮
洲崎神社 すのさきじんじゃ

天比理刀咩命(あまのひりとめのみこと)

〒294-0316　千葉県館山市洲崎1344　(JR内房線館山駅バス30分)
TEL 0470-29-0713(愛宕神社兼務 0470-33-2800)

館山駅から洲の埼(すさき)灯台・安房白浜行のバスで洲の埼灯台で下りる。道路は北から南に通じて周囲にはお花畑が散在し、灯台のある洲崎には鉈切(なたぎり)洞窟がある。道を海岸の方に下ると洲崎神社のある御手洗山(みたらし)の森が左に見え、右は海岸である。土地では「すのさき」と呼んでいる。神社の前の道路をへだてて鳥居が海に向かって立っている。遥か沖には大島の御神火(ごじんか)の煙が見え、目を転じると三浦半島が見える。その海は黒潮の流れる太平洋である。

社殿は御手洗山の中腹にある。御手洗山は古代から斧(おの)を入れたことのない自然林であるが、御神体山として古代信仰の聖域となっていたからで、極相林の典型的なものとして千葉県天然記念物に指定されている。神域であるから自然林が保存されてきた。高い石段を登って行くと社殿である。参拝して背後を振りかえると太平洋の壮大な風景が展開している。

『古語拾遺』に洲崎神社の始祖天富命(あめのとみのみこと)が勅命を奉じて東国に出発したとき、祖神の心霊として天比理刀咩命(あめのひりのひめのみこと)の御遺髪を持ってきた。経津主尊(ふつぬしのみこと)(天日鷲)の子の天富命が阿波の忌部を率い、洋上を黒潮の東流のままにすすみ房総半島の洲崎の磯浜(いそはま)、布良港(めら)に上陸した。上陸すると第一に祖神天比理刀咩命の御遺髪、5尺のおかもじを御神体にして、経津主尊の父太玉命(ふとたまのみこと)、ともにして天比理刀咩命の二神を洲崎に鎮め祀(まつ)ったと伝えている。祭神の天比理刀咩命の「五尺のおかもじ」という御遺髪は容器に納められて本殿の奥深く奉蔵されている。「この御遺髪は誠にみずみずしい黒髪であって、

これを延べれば丈、まさに5尺余、神気こもり漂いて拝者をして神厳崇高な念慮にうたれざるをえない。あたかも眼前に神神にまみえまつり、3千年の古代と現代が直結して、神代人の血潮の鼓動が我が身に脈うち相い通じるの感じがひしひしと胸に迫る」と神社で解説している。地方氏族が祖先神を祀る正しい意味での氏神社の性格を伝承する貴重な神社である。

東海道

　経津主は父神太玉尊とともに神武天皇の橿原造都に部族を率い、宮殿の造営、神宝を製作し、傘下に入り、阿波一国を賜って西に渡って四国を押さえた。神武天皇時代の後半、経津主の子の天富命は忌部を率いて安房に渡り、祖先神を祀り、麻殻を播殖して安房国を開いた。この太玉尊を祀ったのが安房神社である。四国の阿波の名をとって安房と名づけた。阿波の忌部というのは、朝廷の祭祀のときの儀仗兵のようなものであるが、古代海洋航海にたけていた海人族でもあった。海人族は黒潮や親潮の潮流にのり、岬を見て、岬から岬へと新たなる天地を求めての航海をしていった。洲崎神社の鳥居が海に向かっていることは、それらのことを物語っているのではないだろうか。

　社殿は、延宝年間(1673～80)の三間社流造の装飾の多い江戸中期の特色をもった建物である。伝承芸能の洲崎踊は鹿島の「事触れ」に由来するとされ、鹿島踊、弥勒踊と区別され、この地区だけに残されている。8月20日前後に開催される例祭と初午に奉納舞される。

＊御朱印をいただくときは事前に連絡を入れてください。

上総国一の宮
玉前神社 たまさきじんじゃ

玉埼神（玉依姫命）

〒299-4301　千葉県長生郡一宮町一宮3048　(JR外房線上総一宮駅徒歩8分)
TEL 0475-42-2711　FAX 0475-42-6922

　JR外房線の安房鴨川行で上総一宮駅を降りて、西南500mのところの小高い丘に玉前神社がある。宮之台と呼んで、大小20本余の天然記念物「槇の群生」がある。古代では太平洋を見渡せるところに位置していた。丘の北側に、西の笠森鶴舞県立公園から一宮川が東へ太平洋に注いでいる。

　九十九里浜の南に位置する一宮海岸は海水浴で知られる。海岸まで約3kmもあるが、古代は幾つもの潟があった。九十九里平野は潟を開拓したものである。黒潮の流れに洗われる南九州、南四国、南伊豆、南房州は黒潮文化圏に属する。上総国も上総から分かれた安房国とおなじく古代より海を渡って文化が移入されてきた。

　玉前神社の祭神は玉埼神を祀る。『延喜式神名帳では玉埼神と』記しているが、海幸・山幸と豊玉姫の物語にでてくる海神の娘の豊玉姫の妹、玉依姫命である。この神々は対島から鹿児島、宮崎県、そして上総へと海を渡って伝承を残している。まさに古代は海を越え、親潮、黒潮の潮の流れを知りきって、その沿岸に伝承を伝えているのは壮大である。

　木花開耶姫命と皇孫天津彦彦火瓊瓊杵尊の間に生まれた彦火火出見尊が失った釣り針をもとめて海神の宮に行ったとき豊玉姫をめとられて3年も滞留した。しかし、望郷の念はやまなかったので、海神の許しをえて帰還された。そのとき豊玉姫は妊っていた。豊玉姫は約束したとおり、妹の玉依姫をともない風波をおかして海辺にきた。お産の時になって産屋をのぞいてはいけない。と天孫に言っ

たが、天孫は我慢できなくなってそっとのぞいてしまった。すると豊玉姫は竜に化身して、生まれた子を茅(かや)につつんで海の道を閉じて海の故郷に帰ってしまった。竜ともワニに化身したとも伝えられて

いる。しかし、妹の玉依姫を陸にとどめて、生まれた御子を養育させた。鵜茅葺不合命(うがやふきあえずのみこと)で、後に伯母の玉依姫を妃とされて四柱の男子を生んだ。第四子が神日本磐余彦尊(かむやまといわれひこのみこと)の神武天皇である。この物語は、海神の女、豊玉姫と玉依姫と天孫との関係をしめし、鵜茅葺不合命(うがやふきあえずのみこと)を祀る南九州の日南市にある鵜戸神宮と同じ黒潮の流れにある上総(かずさ)との地理的な関連をみることができる。

東海道

　境内は8580平方m(2600坪)ある。表参道入口の第2鳥居は文化3年(1806)で明神形石造である。社殿の中段前に第3鳥居がある。社殿は貞享(じょうきょう)4年(1687)の建築で、正面は大唐破風、流れ入母屋権現造、本殿・幣殿・拝殿と連なり塗換黒漆である。向拝高砂(こうはいたかさご)の彫刻は左甚五郎(ひだりじんごろう)の作といわれている。日本武尊にちなむ「井華水」と呼ばれる白鳥の井戸がある。また、口伝により継承されている千葉県の無形民俗文化財指定の「上総神楽(かずさかぐら)」や、浜降り神事で歴史のある「上総十二社祭」があることでも有名だ。9月10日の鵜羽神社お迎え祭、13日の例大祭に続き、神々を奉じた9基の御輿(みこし)が九十九里浜の南端釣ヶ崎(つりがさき)祭典場に集う様は圧巻。黒潮と関係する祭りで、「裸まつり」ともいわれる勇壮な海の祭礼である。

下総国一の宮
香取神宮 かとりじんぐう

経津主大神(伊波比主命)

〒287-0017　千葉県香取市香取1697　(JR成田線佐原駅タクシー10分)
TEL 0478-57-3211　FAX 0478-57-3214

JR成田線佐原駅前から車で約10分、佐原市街を東を流れている利根川とその水郷地帯を望む高台に鎮座している。境内は12万2100平方m(3万7千余坪)の広さである。老杉が鬱蒼として茂り、森厳の気は古代に生きている時空を超えさせてくれる思いがする。参道から総門に至る。その左側の細い道の奥に末社押手稲荷社がある。その奥に「要石」がある。元禄13年(1700)に本殿と共に建造された朱塗りの楼門がひときわあたりの緑に映える。楼門の前には黄門桜がある。また水戸の徳川斎昭は、「恵ある風にしられていちじるし　香取の宮の花の盛りは」と詠んでいる。

社殿は本殿、幣殿、拝殿が相連なる権現造の様式で国の重要文化財に指定されている。国宝の海獣葡萄鏡は中国隋時代の作品で、奈良の正倉院と伊予国一の宮大山祇神社にある御鏡とともに日本三銘鏡の一つで、宝物館に展示されている。創建は香取神宮のしおりによると、宮柱は神武天皇18年(前643)と伝えている。祭神は、経津主大神またの名を伊波比主大神と呼んでいる。経津主神は磐裂根裂神の子神の磐筒男・磐筒女の御子神と『日本書紀』に記される天津神の系神である。

経津主神は武甕槌神とともに国土平定の功績者で、国津神の大国主神から国土を力で譲渡され、これに従わずに諏訪にはいった建御名方神を従わせるため東に進

んだ武神である。この神々が香取・鹿島に定着したことを証明する最古の文献は大同2年(807)に書かれた『古語拾遺』である。

それによると「往古、尚この地方、ただよえる国にして、地震多きが故に国家鎮護のため、香取鹿島の大神この石を鎮めた」と伝える。総門の左に行ったところにある石である。この石は何の石であるか分からないが、古来から尊重されてきた石である。要石に鎮められたのは、ここは古代の聖地の御座石であったと考えられる。または、国津神系の原住民の祖霊ではないかともいわれている。

奈良時代に勢力と権力を増強した藤原氏は、神護景雲2年(768)鹿島の神を三笠山に奉じその後、香取の経津主神と枚岡から天児屋命、伊勢から比売大神の四神を迎えて、春日大社を創建し、平城京の東の春日山の麓に造営して、藤原氏の祖先神として祀ったのである。香取神宮は東国一の宮と称せられ、下総国一の宮というのは近代の呼び方であるという。

森林の中にある香取は、桜の名所でもある。境内の奥に桜の馬場があるが、ここには数百本の桜の樹木があって桜の花見どきには大勢の人で賑わう。ここは境内の裏山に当たるが、ここからの眺めはすばらしく、茶店の上に展望台が設けられている。関東平野にそびえる筑波山の美しい姿、そして鹿島山、香取ケ浦、潮来十六島など、水郷の風光が一望のもとに収められる。今は利根川の堤防が長く広がっている。

東海道

常陸国一の宮
鹿島神宮 かしまじんぐう

武甕槌命（たけみかづち）

〒314-0031　茨城県鹿嶋市宮中2306-1　(JR鹿島神宮駅徒歩10分)
　　　　　　　TEL 0299-82-1209　FAX 0299-82-1625

　東京駅八重洲南口から約30分毎に鹿島神宮駅までの高速バスがでている。水郷筑波国定公園の中で西は水郷北浦を境として水郷潮来に隣接している。駅から徒歩で約10分、広大な森の神域が鹿島神宮である。大鳥居を入ると千古の老樹が茂り、昼なお暗く、神境に身が清められる感がする。祭神は武甕槌大神である。

　鹿島台地は、東に黒潮の流れる鹿島灘、西は北浦・霞が浦で古代の水運の要地にある。ここには多数の石器が出土し、貝塚があった。縄文時代の土器も出土して古代の拠点であった。

　神宮略記によると、武甕槌神は出雲国を中心として出雲族を従え、東に進んで諏訪氏の一族を定め、なお進んで関東に出て、鹿島を本拠にして、追われて東北に勢力を維持した蝦夷に対し鎮撫した。鹿島の地はその拠点であったことを物語っている。

　茨城県には、武甕槌神を祭る神社は410社もあって、県の北には鹿島神社、鹿島御子神社が数多くあるのは北方にその勢力が及び、また神宮を中心として環状に100余の古墳が存在することは鹿島の神を祖先神とする氏族が繁栄したことを物語っている。

　神武天皇は、東征で思わぬ窮地に陥られたが、武甕槌神の「ふつのみたまの剣」によって救われた。この神恩に感謝して神武天皇元年(前660)に勅祭されたのが創建と伝えている。社殿を中心に丹塗りの楼門、廻廊が相対して、老杉の緑にうつり神厳の中に心静まる美しさがある。徳川2代将軍秀忠によって元和5年(1619)に再建されたものである。本殿の裏に鏡石（かがみいし）がある。何の石かはあき

らかではないが、古来より大切に
保存されてきた石で、要石と対を
なす。香取神宮にも要石があるが、
これらの石には、古代からの伝説
がある。

東海道

　神門を通ると、裏参道で、巨木
の老杉の並木道である。奥馬場と呼ばれ五月の御田植祭には
流鏑馬の神事が行なわれる。鹿島神宮の樹林地帯は照葉樹林の北
限で、サルオガセ、フウランなどの南限をなして六百余の植物が繁
茂している。やがて奥宮である。徳川家康が慶長10年(1605)本宮
として建て、ここに移したもので、本社殿と共に国の重要文化財に
なっている。奥宮から北へ行くと御手洗池で、木々の天蓋の下から
霊泉が一昼夜に2千4百石も湧出する。奥宮の左の細い道を行く
と要石である。神宮の由来には、「大神の御座石で神見石とも解し、
地震を起こす大ナマズの頭を押えるとも、また、ここを中心に西北
に扇形をなす要の地とするなど、古来幾多の伝説を秘める。

　この石は掘れば掘るほど末太く、広く果てしなしという記録もあ
る。」国譲りに従わなかった諏訪の建御名方神を従わしめて、さら
に進んで鹿島の地を圧えた武甕槌神は、先住勢力を要石にとじこ
めたのではないだろうか。常陸帯信仰にみられるように日の出を迎

える東に方位
する鹿島の神
には、いのち
の出立、出発
の御神徳があ
る。これを「鹿
島立ち」とい
い、この春最
大の鹿島立の
大祭が「祭頭
祭」である。

	年	月/日
近江国 建部大社	-	/
美濃国 南宮大社	-	/
飛騨国 水無神社	-	/
信濃国 諏訪大社・上社	-	/
信濃国 諏訪大社・下社	-	/
上野国 貫前神社	-	/
下野国 二荒山神社	-	/
下野国 日光二荒山神社	-	/

東山道

東山道

古代の東山道（とうざんどう）は、畿内から東への道を開いた東海道の海の道に対して、山道である。中央政権が確立してからその勢力圏は東海道、東山道によって東に求められた。畿内から近江・美濃・飛騨・信濃・上野・下野・武蔵・陸奥の8カ国にわたっていたが、奈良時代になって陸奥から出羽国に延長して、日本で一番長い道となったけれども、当時の道路級数では東海道とともに中路で、山陽道のように大路でなかったことから、畿内の政権は西を向いていたことになる。東山道は江戸時代になってから中山道と名が変わっだが、東西を結ぶ幹線道路の山道であることには変わりはない。東山道の神は『延喜式』によると382座ある。その内に名神大社は32座である。東山道の一宮と東山道の神をみると次の通りである。

近江国（おおみのくに）　式内社　155座、内名神大社　13座
　　建部大社　日本武尊（やまとたけるのみこと）

美濃国（みのくに）　式内社　39座、内名神大社　1座
　　南宮大社（なんぐう）　金山彦命

飛騨国（ひだのくに）　式内社　8座
　　水無神社（みなし）　水無神

信濃国（しなのくに）　式内社　38座、内名神大社　7座
　　諏訪大社（すわ）　建御名方神・八坂刀売神（たけみなかた）（やさかとめの）

上野国（かみつけの）　式内社　12座、内名神大社　3座
　　貫前神社（ぬきさき）　経津主神・姫大神（ふつぬし）

下野国（しもつけの）　式内社　11座、内名神大社　1座
　　二荒山神社　豊城入彦命（とよきいりひこのみこと）

東山道は近江からはじまるが、近江は古来から「近淡海」「さざなみの淡海国」といわれるように、日本最大の湖の琵琶湖をもって、湖上の道として北陸への道につかわれていた。日本列島のほぼ中央に位置する近江は先土器時代から東日本と西日本の境を占める地域であり、表日本と裏日本の文化の接点である。表日本と裏日

本の言い方は間違いで、古代では今の逆であった。日本海側、太平洋側と言った方が適切である。

畿内からの東国へ東海道の伊賀国一宮敢国神社に金山姫命を祀り、東山道では近江国の隣国、不破関を越えた美濃国一宮南宮大社に金山彦命を祀っている。金山彦、姫の男女神は、鉄などの技術と関わりのある氏族の祖先神で、鉄器・鉄剣をつくる技術をもった人々がこの地にいた。畿内から東国を征討するには近くに武器を造る集団が住んでいることは都合がいい。だから金山神はこの地に鎮座していたとも考えられる。美濃は歴史の上でもつねに東国への前進基地となり、東西の回廊地帯の役割をになわされてきた。

美濃国の奥は飛騨国で山の中である、この国の山は、日本海と太平洋の分水嶺で、日本海側から出雲の国津神系の氏族が入り、東山道からは天津神系の中央の勢力が入った。日本の分水嶺になるところに水主の神を祀る飛騨国一宮水無神社がある。北斜面は日本海側の気候で、冬は灰色の雲がたれ、長い冬ごもりの生活を強いられるが、峠一つ越す南側は太平洋気候に恵まれ、気候に代表される南北の差異は人文的な対立にまで発展する。

海のない信濃国は、日本の屋根といわれる飛騨・木曾・赤石の大山脈と富士・乗鞍火山帯の火山がそびえ立ち、自然環境の厳しさと多様性に富んだ山国である。この地に大国主神の子の建御方神は、国譲りに不服をもって諏訪に来て独立国をなしていたところである。その勢力圏は上野、下野国に延びて大物主神、事代主神を祀る神社が多く残されている。それでは天津神系は困るので、大国主神から国譲りをさせた経津主神を諏訪に送り何等かの妥協をし、豊城入彦命の天孫の神が中央勢力とともに入り、地元と同化し信濃国の神に祀られる過程がみられる。

東山道は西から東への山道であるが、東西の道を南北にたち切る中央構造線の糸魚川＝静岡線がある。中央構造線のつくる谷は大きな道ではないが、曲がりくねった南北の道である。塩の道であり、歩荷の道であり、鰤の道である。

東山道

近江国一の宮
建部大社 たけべたいしゃ

日本武尊 やまとたけるのみこと

〒520-2132　滋賀県大津市神領 1-16-1　(JR 東海道本線石山駅徒歩 20 分)
TEL 077-545-0038　FAX 077-545-2438

　滋賀県大津市のところで琵琶湖(びわこ)から瀬田川(せたがわ)が流れている。東海道新幹線で瀬田川を渡ると、有名な瀬田の唐橋(からはし)が見える。JR 石山駅から唐橋を渡る。この辺りは近江の国府や国分寺が置かれたところで、古い歴史を残す瀬田町は、東へ街道の家並みが続き、それを過ぎると境内約 3 万 3000 平方 m(約 1 万坪)の建部大社がある。旧街道は東海道と東山道が一緒になって草津宿の追分(おいわけ)で分かれるが、奈良時代の東海道は伊賀国(いがのくに)から伊勢国(いせ)へ通じていた。畿内からは、近江国(おうみ)、美濃国(みの)へと東山道が通じていたので、東山道の最初の一の宮は近江国の建部大社である。

　天智天皇(てんち)が 667 年に都として大津宮を造営し、湖南がその中心として栄えた。それも壬申の乱(じんしん)により都は、荒廃してしまう。天智天皇は何故に都を湖南に置かなければならなかったのか、百済援助(くだら)のため出兵した日本は白村江(はくすきのえ)で破れ、その防衛対策として都を近江に置いたと考えられる。日本海から琵琶湖を渡り瀬田川を下り難波へも通じる交通の要路であることを考えればうなずける。

　琵琶湖の湖北には縄文土器などが多く出土しているが、湖南にも瀬田川鉄橋の湖底から縄文土器が発見され、縄文時代から弥生時代、古墳時代と地理的な条件をそなえていた瀬田は要(かなめ)の地であった。

　『延喜式』では近江国には 155 座もあって、その中で大社 13 座で、建部大社は名神大社の一つである。ちなみに東山道神(とうせんどうのかみ)は 382 座ある。建部大社の周囲には日吉大社(ひえ)・三井寺(みい)・石山寺(いしやま)などの有名な社寺があって観光地として賑わっているが、近江一の宮は静かである。

祭神は本殿に日本武尊、相殿に天照皇大神、権殿に大己貴神を祀る。日本武尊は『日本書紀』によると、布多遅比売命を妃とされた。妃の父は近江安国造である。御子は稲依別王、足仲彦天皇(仲哀)、布忍入姫命、稚武王である。兄の稲依別王は、犬上君・武部君の始祖であると伝える。その氏神建部大明神は崇敬を集めた。

日本武尊は父景行天皇の命により、わずか16歳にして熊襲を討ち、さらに東国に夷を平定し、32歳にして伊勢の能褒野で崩御された。景行天皇は尊の死をいたく嘆かれ、御名代(皇室の私有地)として建部を定めたのが建部の起源である。景行天皇46年(116)により日本武尊が妃とともに住まわれたその神崎郡建部の郷に、日本武尊の神霊を奉斎したのが草創である。のちに天武天皇4年(676)が近江国の国府のあった瀬田の現在地に移し、近江一の宮として崇めた。『平治物語』に永暦元年(1160)3月20日、源頼朝が14歳にして伊豆に流される折りに参篭したことが記されている。建久元年(1190)、源氏再興の宿願成って上洛の際に参拝し感謝を捧げている。宝物の木造女神坐像と附小女神坐像3体と、文永7年(1270)銘の石灯篭1基は重要文化財に指定されている。また、8月17日に催する船幸祭は大津三大祭の一つである。

東山道

美濃国一の宮
南宮大社 なんぐうたいしゃ

金山彦命(かなやまひこのみこと)

〒503-2124　岐阜県不破郡垂井町宮代1734-1　(JR垂井駅徒歩20分)
　　　　　TEL 0584-22-1225　FAX 0584-22-1225

東海道線垂井駅は新旧の二つの駅に分かれている。この付近から鈴鹿山脈にかかるので、勾配が急なために上り線と下り線が別のところを走っている。濃尾平野は、木曾川・長良川・揖斐川がつくる穀倉地帯で、中山道も東海道線・東海道新幹線・名神高速道路も東から美濃平野を通り抜けると、鈴鹿山脈が迫る。その初めの山、南宮山の麓に南宮大社がある。

垂井駅から約800mである。南宮山は不破山とも呼ばれ、美濃の仲山の名で万葉集や古今集に詠まれている。海抜420m、円錐形の美しい山容で、神が降臨し宿る御神体山として信仰されてきた。山頂の奥宮には子安の神が祀られているが、この付近には古代祭祀遺跡がある。『延喜式』には仲山金山彦神社の名で記帳され、美濃国の名神大社にあたる。後に美濃国の国府が置かれ、その南に位置するところから南宮大社と呼ばれるようになった。

由緒によると、金山彦命は神武天皇当世の時に金鵄をたすけて霊験を現わしたので、不破郡府中の地に祀ったのが創祀と伝えている。後に崇神天皇の世に美濃中山の麓に奉還したという。祭神は金山彦命で、相殿に彦火火出見尊、見野尊を祀る。崇神天皇の御代に美濃中山の現在の地に奉遷された。金山彦命を祀る全国3千社の総本宮である。

金山彦神は伊邪那岐命、伊邪那美命の御子神で、天照大神の兄神にあたる。あまねく金宝を司る守護神であり、陰陽五行の金神の御神徳を具えている。相殿の彦火火出見尊は瓊々杵尊の御子神で、

山幸を司られ、農耕の守護神である。見野尊は国常立尊についであられた神で、美濃国の国魂と仰がれる大神である。

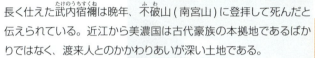

神功皇后の本貫地(出身地)は、南宮山に隣接する息長で、皇后に長く仕えた武内宿禰は晩年、不破山(南宮山)に登拝して死んだと伝えられている。近江から美濃国は古代豪族の本拠地であるばかりではなく、渡来人とのかかわりあいが深い土地である。

壬申の乱の時、天武天皇が吉野より伊勢国に入り、美濃国の南宮大社に祈願し、祀司の宮勝木実は味方して不破の関門を破って戦勝の緒を開き、天皇はここで即位された。その行宮を社殿に奉献されて厚く奉載された。境内の西方の奥、徒歩5分に元神宮寺がある。宮処寺と呼ばれ、神仏習合時代の最初にできた神宮寺といわれ、社殿は寛永以来、300余年の朱塗りの建物である。正面に楼門を構え、これを主軸に南北廻廊があり、本殿は入母屋造の白木に古式を残し、入母屋造の妻入に向唐破風を付けた朱塗の拝殿、宝形造の高舞殿、勅使殿、御輿舎など社殿楼堂合わせて50棟もある。整然と美わしく配建された調和美は南宮造と称される名建築である。特殊神事として2月の節分祭大的神事、5月5日の例大祭御輿渡御は妃神金山姫命の御旅神社へ御幸式がある。11月8日はふいご祭といわれ、金の総本宮に坐す祭神をたたえる盛大な祭典である。

東山道

飛騨国一の宮
水無神社 みなしじんじゃ

水無神
〒509-3500 岐阜県高山市一之宮町5323 (JR高山本線飛騨一之宮駅徒歩5分)
TEL 0577-53-2001　FAX 0577-53-2535

　岐阜から富山へ通じるJR高山本線で、飛騨一之宮駅から徒歩5分のところの老杉の森の中に水無神社がある。水無は、「みなし」と呼ぶ。水無は水成しの意味で、水主(みずぬし)のことである。
　標高1529mの位山(くらいやま)の山頂を境として、南に流れる水は飛騨川となり太平洋へ、北に流れる水は神通川となって日本海へと流れる分水嶺をなしている。川の水源である位山(くらいやま)を水主の神の坐す霊山と仰ぎ、古代信仰の御神体山としてきた。今は奥宮が祭られている。この山にはイチイの大原生林が繁っている。飛騨の名産品イチイ細工の原木になるものである。飛騨文化の中心をなす高山市街から南西に位置する一之宮町は、肥沃な北東部の宮盆地を囲んで、さらに西南にのびて重なる位山山地で二分されている。東の乗鞍岳(のりくら)において飛騨山脈より分岐して、西に伸びる位山山脈は宮峠で、南北文化の関門をなしている。位山の西南から流れる宮川の清流は、北上して高山市を流れ神通川となる。神社の前を流れる宮川の水は砂れきの下を潜流して水が無いように見えるので、水無川、水無瀬河原、鬼川原などと呼ばれてきた。
　祭神は、御年神の外14柱を水無大神と称する。摂末社に飛騨国中の産土神(うぶすなかみ)88社を鎮祭している。水無神社の創立の年代はわからない程古いが、御年神という神は農耕(作神)の神である。
　古代日本海方面を開拓した出雲系の国津神の神々たちは神通川を遡って、古川・高山盆地を中心とした飛騨(斐太)の国を開いていった。位山はその中心となる神の宿る山であり、古代の人々の聖

地であった。国津神系の人々によって祭られた御神体山も、やがて稲作文化をもつ天津族の移入によって、飛騨の神として御神体山として仰ぎながら、その麓に、農耕の祖神の御年神、水主の神を鎮座したのであった。

位山は国際スキー場として、頂上周辺はなだらかな丘陵形をなすスロープが展開し、樹氷が美しく輝くイチイの木の原始林をぬっての大滑降は、スキーヤーの醍醐味を満喫させるスキー場であるが、心して自然を見ると、その形態を今に伝える古代に遡らせてくれる。

神社の由緒によると、「その後、第13代成務天皇(131〜190)の御代、尾張の祖神天火明命(あめのほあかりのみこと)10世の孫神、大八椅命(おおやはしのみこと)が始めて飛騨国造(ひだのみやつこ)に任ぜられてより、出雲文化が天孫文化(太平洋方面)に移行した」とある。第16代仁徳天皇の代、両面宿儺(りょうめんすくな)(顔も手足も2つある怪人)追討の勅命を奉じ、武振熊(たけふるくま)が飛騨国に入国した際、先帝応神天皇の霊を奉祀したことより水無八幡と称したという。聖武天皇のとき、国造の高市麿が上奏して飛騨一宮と崇(あが)められるようになった。延喜式内社は飛騨国には8社がある。社殿は昭和10年(1935)に造営されたものであるが、壮麗な拝殿に老杉古檜が天に向かい覆い繁って、飛騨の山々を吹き抜けてきた空気が、森厳な気を一層たかめている。境内には天然記念物の「大杉」や伝説のネジノ木がある。社宝に左甚五郎作と伝えられる神馬がある。特殊神事に無形文化財の神代踊(踊り子)、鶏闘楽(鳥毛打ち)、獅子舞(伊勢神楽)がある。

東山道

信濃国一の宮
諏訪大社上社 すわたいしゃ　かみしゃ

建御名方神・八坂刀売神

本宮／〒392-0015 長野県諏訪市中洲字宮山1 TEL 0266-52-1919　(JR茅野駅タクシー20分)
前宮／〒391-0013　長野県茅野市宮川2030　TEL　0266-72-1606

諏訪大社は、諏訪湖の南北に上・下二社、その間隔は約10km、上社は前宮と本宮、下社は春宮と秋宮とから成って鎮座する変わった形の神社である。諏訪郡内全域に60有余社の摂末社を数え分布している。また、北は北海道、南は九州鹿児島県まで全国に勧請された御分社の数は1万有余にも達する。昭和23年(1948)に諏訪大社と改称した総本社である。

創建詳らかではないが、1千500年から2千年前といわれ、最古の神社の一つに数えられる。『延喜式』に信濃国に48座、大7座、小41座がある。諏訪郡2座で南方刀美神社の名で諏訪大社はその第一の名神大社で、御祭神は建御名方神と妃の八坂刀売神を祀る。建御名方神は出雲から諏訪に来て留まり、八坂刀売神も妹の八坂入姫命やその一族を率いて、夫神の諏訪での国造りに協力した。後に神裔といわれる神氏によって奉斎されたもので、神氏は諏訪氏の一族である。

　JR中央線上諏訪駅から東南へ6km、原生林に抱かれて上社本宮が鎮座している。社殿の四隅に御柱と呼ぶ大木が建ち幣殿、拝殿、片拝殿が横に並び、本殿を欠く等社殿の配置に独特の形を備えている。本宮は諏訪造の代表的なものである。境内のほぼ真中に東御宝殿、西御宝殿がある。本宮で最も大切な御殿で、寅年と申年毎に交互に建替えがなされ遷座祭が行なわれる。どんな干天の日でも最低三粒は水滴が落ちるといわれ、七不思議の一つになっている。本宮は建造物も四社の中で一番多く残っている。この配

置でもわかるように本殿というものがなく、奥の木立ちの中が神域で神体山をお祀りするという大きな特徴をもっている。

天正10年(1582)織田信長の兵火のため、山中に逃れた御輿(みこし)の他は焼失した。その後再建され、最古の建物は慶長13年(1608)に徳川家康の寄進した四脚門、別名を勅使門である。

上社前宮は本宮の東約2km離れたJR茅野(ちの)駅からバスで5分のところに鎮座している。境内の大半を占める広場を神原(ごうばら)といい、大祝の居館である神殿(ごうどの)と付属する建物が軒を連ね、上社の祭祀の中心であったが、室町時代中頃に神殿が移転され、現在では祭典に必要な建物だけになった。神原の中心をなす諏訪大神の幸御魂(さきみたま)、奇御魂(くしみたま)を祀る内御玉殿(うちみたまでん)は、一部天正13年(1585)の旧殿の材を使い昭和7年(1932)に建造された。前宮本殿は内御玉殿から200mほど上段で、古くは神殿に属したお社で御祭神が最初に居を構えられ、諏訪信仰発祥地と伝えられている。建御名方神が諏訪の地を悠久の神居と定められ、信濃の山々に囲まれ諏訪湖の水に恵まれた地に、強固に守り固めた。とくに歴代の朝廷をはじめ、東関第一の軍さ神、勝負の神、武家の守護神として武門武将から崇められて戦国時代には日本第一大軍神と称された。隣国甲斐(かい)の武田信玄(しんげん)はとくに「お諏訪さま」を信仰し、合戦の度毎に戦勝祈願をし、武田家の護り神と崇め、社殿の造営や社領の寄進をした。

東山道

信濃国一の宮
諏訪大社下社 すわたいしゃ しもしゃ

建御名方神・八坂刀売神
<small>たけみなかたのかみ　やさかとめのかみ</small>

春宮　〒393-0000　長野県諏訪郡下諏訪町193　TEL 0266-27-8316　(JR下諏訪駅徒歩10分)
秋宮　〒393-0000　長野県諏訪郡下諏訪町5828　TEL 0266-27-8035

秋宮

JR中央線下諏訪駅から北西へ約1kmに春宮、そこから東へ1kmの位置に秋宮があり、旧中山道の下諏訪宿に鎮座している。下諏訪宿は、温泉で賑わった峠の麓宿で、西は塩尻峠を越えて木曾街道である。下社春宮の社頭からまっすぐ800m延びる道路は春宮の専用道路であった。かつて大祝金刺一族をはじめ武士たちの流鏑馬の馬場だった。御手洗川の下馬橋は室町時代の建立だが様式は鎌倉時代のもので、遷座祭の御輿はこの橋を渡る。大鳥居は万治2年(1656)の建立といわれる。神楽殿と拝殿、左右片拝殿及び御宝殿の配置は秋宮と同じである。御宝殿は上下社共に三間四方で、方三間の神明造である。下社では寅年と申年に左右の宝殿遷座祭が行なわれ、他に半年毎に春宮と秋宮の遷座祭が行なわれる。御宝殿奥の御神木は杉の木で、秋宮はイチイの木が祀られる。

　下社秋宮は旧中山道と甲州街道の分岐点に鎮座している。正面に大きなネイリの杉と呼ばれる樹齢800年の御神木がある。神楽殿は身長1m70cmの日本一の青銅製狛犬を両脇に従えている。御社殿は二重楼門造の拝殿と左片拝殿及び右片拝殿が横並びする。これらの建物は安永10年(1781)の落成である。御宝殿は新しい方を神殿、古い方を権殿と呼ぶ。御宝殿の奥が御神座とも相殿ともいわれ、御神木を祀る下社で最も重要な場所である。上社の御神山に対して、下社は御神木を御神体としてお祀りする古代祭祀の形式を残している。　諏訪の神は、諏訪大明神、南方刀美神、諏訪南宮法性上下大明神などと称えられ、御諏訪様とも崇められて、親しまれてきた。

上社下社には、神宮寺をはじめ多くの寺院があった。明治の神仏分離で、その関係がわからなくなった。諏訪湖の御神渡は昔から名高い。湖面に張った氷が一夜の中に中央部の当たりから2分して、幅1mばかりの盛あがりが上諏訪から下諏訪へかけ、長さ約5.5kmできる。その線に沿って土手のように氷が堆積する。土地の人たちは、諏訪明神が湖上を渡って下社の女神のところに通われた跡として、それを極めて神聖視している。古代の男女2神の信仰が御神渡にうかがえる。氷の盛りあがりの方向によって、その年の豊凶を占い、その状況を朝廷や幕府に報告していた。氷った湖上の人馬の往来は、御神渡がすんでからである。

　御射山祭は8月26、27、28日の3日間行なわれ、穂屋祭とも呼ばれている。上社の東方約15kmの八ケ岳山麓の原野は祭神の狩猟地、下社は武居入りの御射山社で、青萱の穂で小屋を造り、穂屋と名づけ、そこに2歳の幼児を参拝させる。古来の儀によって無事成育の健勝祈願をする。式年造営御柱大祭は寅申相当年に上社は八ケ岳、下社は霧ケ峰の中腹から周囲3m、長さ16m余、重さ12トンものモミの「おんばしら」を2千人余で曳行し、境内の四隅に建て替える神事である。「諏訪大明神絵詞」によると、桓武天皇の世に信濃国をあげて祭典や造営が行なわれたことが記されている。延暦20年(801)桓武天皇より征夷大将軍をうけた坂上田村麻呂は、諏訪の神に祈願し7年目に式年造営を約束したという。寅と申の年の4月(山出祭)、5月(里曳祭・下社遷座祭)、6月(上社遷座祭)に行なわれる御柱祭は、これを起源とするといわれている奇祭である。

東山道

上野国一の宮
貫前神社 ぬきさきじんじゃ

経津主神・姫大神

〒370-2452　群馬県富岡市一ノ宮1535　（上信電鉄上州一宮駅徒歩10分）
TEL 0274-62-2009

JR高崎駅から上信電鉄一の宮駅下車徒歩10分。富岡から国道254号線を西へ一の宮駅の近くの右側の高台に貫前神社がある。石段を登り、朱塗りの大鳥居をくぐると総門に出る。境内は約8万5800平方m(2万6000坪)の広さで、北斜面の森林の中に本殿がある。総門より下り参道になっているのも珍しく例のない神社の配置である。総門からの石段の下に美しい極彩色の楼門や社殿が緑の森に映えて眺められる。

『延喜式』には上野国に12座、大3座が記帳され、甘楽郡の名神大社である。外2座は赤城神社、伊加保神社(伊香保)である。毛野国は古墳が多く1万をこえるという。崇神天皇の皇子豊城入彦命の子孫の上毛野君が上野国の豪族であった。西上州には物部姓の磯部氏や渡来人がいた。社伝により祭神は経津主神と姫大神である。経津主神は磐筒男、磐筒女二神の御子で、武甕槌命と共に出雲国の大国主命と協議し国譲りをさせた神で斎主命ともいう。姫大神は不詳であるが、綾女庄の養蚕機織の守護神と考えられる。物部姓磯部氏が碓氷郡東横野村鷺宮に大和の石上神宮の祭神布都御魂剣を奉斎した。次いで南の鏑川沿岸に至り、北に妙義山、南に稲含山から秩父連山、西に神津荒船山の見える蓬ヶ丘綾女谷に安閑天皇元年(531)社を定めたと伝わる。また天武天皇2年(674)に初度の奉幣があった。

　神道集によると上信国境の笹岡山に鉾を逆さに立てて、その先に御座した神で抜鉾とも抜鉾とも呼ばれ、物部氏およびその一族

の崇敬神である経津主神と甘楽郡内に古くから居住していた渡来人の崇敬神である貫前神が古くから混同され、二神一社形式として扱われてきた。抜鉾神社と貫前神社の名が明治以前の文献にみられる。鏑川流域を開いた渡来人たちは養蚕をしていた。ここに物部氏の系統の磯部氏が入った。

　清和天皇の貞観元年(860)に震筆の額を賜った。武家時代になると地方豪族や武家が格別に崇拝した。また、奥方をはじめ女性からも女神信仰も篤かった。社殿は寛永12年(1635)徳川3代将軍家光が願主となり造営したものを、元禄11年(1698)5代将軍綱吉が大修理したものである。江戸初期の総漆塗の建造物で拝殿、楼門、東西の回廊は同時代の建築である。外見は春日造だが内部が2階建てとなる貫前造という特殊な構造で重要文化財に指定されている。日光廟を完成する技術の過程の中で、同じ手法を用いた建造物が造られたが、貫前神社もその一つである。

　本殿裏に樹齢約1200年の杉の神木がは藤原秀郷が平将門の乱のときに戦勝祈願をし、自分の年齢の数の36本の杉を植えて奉納し、現在その1本が残っていて、一名藤太杉といわれている。西の門内は式年遷宮祭の御仮殿敷地、東の門内は神仏習合時代の僧堂敷地で、観音堂跡、三重塔跡、鐘楼跡などがある。不明門内にある鳥居は勅額鳥居と称え、昔き遥か南方の田島字鳥居の地にあったと伝える。社宝も多く、約2千年前の唐鏡、白銅月宮鑑ほか2面(国重文)をはじめ、歴代天皇肖像画や祭祀神事用具などが残されている。また、御戸開祭や鹿占神事など年間71もの行事が、昔ながらに行なわれている。

東山道

下野国一の宮
二荒山神社 ふたあらやまじんじゃ

豊城入彦命 (とよきいりひこのみこと)

〒320-0026 栃木県宇都宮市馬場通り1-1-1（東武鉄道東武宇都宮駅徒歩7分）
TEL 028-622-5271

JR東北新幹線宇都宮駅から1km。東武鉄道宇都宮駅からは500mの市内中央部に二荒山神社がある。二荒山と書いて「ふたあらやま」と呼ぶ。日光にも二荒山神社があるが、これは奈良時代末期に下野国(しもつけのくに)の僧勝道(しょうどう)が男体山(なんたいさん)の男体山の山中で修行をし、男体山の神霊を祀(まつ)って二荒権現とした。二荒(ふたら)を音読すると「にっこう」なので日光権現と呼ばれるようになった。

二荒山神社が現在の臼ケ峰地に移ったのは、承和(じょうわ)5年(838)である。ここは市街地の高い岡の上にあって全市を一望に見渡せ、関東平野から遠く富士、筑波(つくば)、加波山(かばさん)などの山々を見ることができたが、今はビルに囲まれている。もと宇津宮明神といい、源頼朝(よりとも)の崇敬をうけた。歴代宇都宮氏の庇護があったが、後世になって二荒権現の分祠ができて有力になった。祭神は崇神天皇の子豊城入彦命(とよきいりひこのみこと)である。天皇は兄の豊城命を四道将軍の一人として、東国を治めさせ上毛野君(かみつけのきみ)、下毛野君(しもつけ)の始祖となった。孫の彦狭嶋王(ひこさしまのきみ)は東山道15国の都督に任じられ、曾孫の御諸別王(みもろわけのきみ)は善政を施した。『延喜式』に下野国11座、内の名神大社1座が二荒山神社である。

仁徳天皇(にんとく)(313～399)の世に豊城入彦命の4世の孫奈良別王(ならわけのきみ)が下毛野国造(しもつけのくにのみやつこ)とし、都より下られた。そのとき、現在下之宮になっている荒尾崎の地に祖先神の豊城入彦命を鎮祀され、合殿に大物主命(ことろぬし)、事代主命(まつ)を祀られた。下之宮の地は二荒山神社の発祥の聖地として重要なところとしている。合殿に国津神系(くにつかみ)の大物主命、事代主命を祀られたのは、関東に国津神系の氏族が多かったからでは

と思われる。二荒山神社は宇都宮明神の名で古くから多くの崇敬を集めている。

崇神天皇48年(前50)に天皇が豊城命と異母弟活目尊のいずれかに皇位を継承させようと、それぞれ夢占いをさせたことが『古事記』『日本書紀』にある。

「おまえたち二人の皇子に対する慈愛は等しい。どちらを皇太子としたらよいか見当をつけることができない。それぞれ夢を見てほしい。私は、その夢で占いをしたい」と告げた。二人の皇子は川で水を浴び、髪を洗い、お祈りをして眠った。夜がほのぼのと明けようとするときに、兄の豊城命は夢の言葉を天皇に奏上した。

「自ら御諸山に登って東の方に向かい8回槍を突き出し、8回刀を空に振る夢を見ました」弟の活目命は、「自ら御諸山の峰に登り縄を四方に引き、粟を食べる雀を追う夢を見ました」と、その結果、天皇は、「兄は東方だけに向かっていたので、東国を治めることに適している。弟は四方を臨んでいたので位を継ぐよう」と言われた。活目命を皇太子とされた。後の垂仁天皇である。

社殿は戊申戦争の戦火で焼けてしまい、明治10年(1877)に再建された。宝物に国の重要美術品の三十八間星兜、鉄製の狛犬がある。宇都宮氏一族の歌集「宇都宮打聞新式和歌集」10巻1冊が市の文化財に指定されている。

東山道

下野国一の宮

日光二荒山神社 にっこうふたらさんじんじゃ

大巳貴命、田心姫命、味耜高彦根命

〒 321-1431　栃木県日光市山内 2307（JR・東武日光駅バス 10 分西参道下車）
TEL 0288-54-0535　FAX 0288-54-0537

　JR・東武電車日光駅からバスで、大谷川の清流を渡り、神橋を左に見て西参道で下車、老杉の覆い茂る参道から東照宮表門を西にすすむと二荒山神社である。日光国立公園の中にあって「日光をみずして結構というなかれ」といわれるほど、世界に誇る自然美・建築美・芸術美の調和させている。平成 11 年、東照宮をはじめとする一帯が世界文化遺産に登録された。

　二荒山というのは、2484.4m の男体山の別名である。神護景雲元年（767）から補陀洛山（現在の男体山）へ勝道上人（735〜817）が登頂に挑み、延暦元年（782）に 3 度目で成功した。これを空海は『性霊集』のなかに勝道の体験を記念して一文を草した。

　大谷川に架かる神橋は、勝道上人が男体山を開山しようとしたとき、大谷川の急流を渡ることができず、神仏の加護を求めたところ、深沙大王が現れ、手に持った二匹の蛇を投げて橋とし、その上に山菅が生えて渡したと伝えられる。山口県岩国市の錦帯橋、山梨県大月市の猿橋とともに日本三大奇橋のひとつである。頂上に奥宮、中禅寺湖畔に中宮祠を造営した。別宮として神橋の北 200m に本宮神社、東照宮の北東に滝尾神社が建立された。祭神は大巳貴命、田心姫命、味耜高彦根命の三神を祀り、三社権現と称した。勝道上人が開山の許しとし山の守護神とし、太郎山、女峰山に遥拝所を建立した。男体山の山霊を祀ったもので二荒権現の「ふたら」は補陀洛からきたもので、観音の浄土から命名されたという。二荒は音読されて「にっこう」とよばれるようになった。二荒権現はその後、日

光権現とよばれ、山中の本宮と大谷川の景勝をのぞむ新宮とが分立した。ここは中世を通じて天台系修験の中心地であった。戦国時代に衰えたが江戸時代初期、天海(1536〜1643)の庇護をうけて復興し、やがて新宮の隣接地に東照宮が創建され、神主・寺僧が両社を兼務していた。日光の地が天下の名勝地となると、男体山登拝もさかんになった。明治の神仏分離令で二荒山神社・東照宮および輪王寺の二社一寺が分離された。

現在の社殿は元和5年(1619)に徳川二代将軍秀忠が再建したもので、本殿・唐門・拝殿・鳥居・神橋・各別宮・中宮祠などの建物は重文に指定されている。本殿瑞垣の外にある青銅製の灯篭(重文)は、高さ約2.3mで正応5年(1291)に鹿沼権三郎入道教阿と清原氏女の奉納銘がある。多数の刀傷が縦横に残り、俗に「ばけ灯篭」といわれる。例祭は4月17日、俗に弥生祭といって13日から5日間行なわれる。ほかに1月4日の武射祭、8月1日から7日までの奥宮登拝祭がある。山頂に男体山と赤城山の神が争った伝説を伝える太刀が、赤城へ向けて立ててあって、ここから古鏡や古甕が発掘されたものが神社に保存されている。

国宝の「備州長船倫光」の銘がある大太刀が宝物にある。裏に貞治5年2月 日(1366)の年紀がある。

東山道

	年	月/日
陸奥国　都々古別神社（八槻）	-	/
陸奥国　都々古別神社（馬場）	-	/
陸奥国　石都々古和気神社	-	/
陸奥国　志波彦神社・鹽竈神社	-	/
出羽国　大物忌神社	-	/

陸奥

古代大陸や半島から銅器・鉄器の先進文化をもって渡来してきた氏族たちによって、縄文時代へと時代は大きく変化していった。氏族たちの中から勢力をもつ豪族がでて、朝鮮半島や中国と同じような統一した国ができ、畿内に中央政権が確立していった。その勢力は五畿、七道と拡大への道をとっていった。やがて、その目指すところが東国に向かう。東海道・東山道・北陸道の行きつくところは陸奥、「みちのおく」である。

「みちのおく」は西南日本からみて道の奥である。

東北は都にとって道の奥であるけれども、日本列島の夜明けとともに文化を開いてきたところで、先土器時代から縄文時代にかけての優れた数多くの出土品が、それを物語っている。

『延喜式』にある陸奥国の神社は100座、出羽国の神社は9座。その内、名神大社は両国で17座である。一宮と祭神は次の通りである。

陸奥国(むつのくに)　式内社　100座　内名神大社　15座

都々古別神社(八槻)(つつこわけ)	味耜高彦根命(あじすきたかひこねのみこと)
都々古別神社(馬場)(つつこわけ)	味耜高彦根命(あじすきたかひこねのみこと)
石都々古和気神社	味耜高彦根命(あじすきたかひこねのみこと)
塩竃神社(しおがま)	塩竃神

出羽国(でわ)　式内社　9座　内名神大社　2座

大物忌神社(おおものいみ)	大物忌神(おおものいみ)

古代の東北は都からみて、「みちのく」「みちのおく」と呼ばれていたが、中央政権からみて奥でも、未だ知られざるものとしての奥であった。史書にも5、6世紀の東北のことはほとんど触れられていない。だからといって、東北は未開のところではなく、縄文文化を継承する豊かな資源に恵まれたところであった。

『延喜式』の神社は、そこに記載されているのは、それ以前の創建の神社である。陸奥国には100座、出羽国を合わすと、

109座もの古い神社があったことになる。その中でも名神大社といわれるのは、陸奥国で15座、出羽国に2座もあって、その名を郡別に上げると、

　　陸奥国は白河郡、都々古別神社。苅田郡、苅田嶺神社。宮城郡、志波彦神社、鼻節神社。色麻郡、伊達神社。信夫郡、東屋沼神社。牡鹿郡、零羊埼神社、拝幣志神社。桃生郡、日高見神社。生方郡、多珂神社、会津郡、伊佐須美神社。安積郡、宇奈己呂和気神社。柴田郡、大高山神社。宇多郡、子負嶺神社。

　出羽国は飽海郡、大物忌神社、月山（つきやま）神社である。

　東海道・東山道と北陸道からの道が会った会津の伊佐須美神社は二宮である。武内宿禰の東北視察によって報告された蝦夷の「日高見国」は桃生郡、日高見神社として、その名を残している。

　縄文時代は1万年といわれ、縄文土器の文様から見ても未開の文化ではなく、芸術性が高く評価されていることをみても、これらをつくった人々の心の豊かさが想像される。縄文時代の東国は豊かであった。北からの渡り鳥も多く、暖寒流の交わる海は、魚介類も豊富で、自然の恵みに満たされた楽天地であった。ここにも大国主神の国土開発の仕事がすすんでいる。大己貴神の子神である味粗高彦根神、大物忌神、塩竃神などが陸奥国・出羽国一宮の祭神として祀られているが国津神系の神々である。

　奈良・平安時代になると、「みちのく」の豊さに目をつけ、渡来の先進文化から得た力、鉄剣で武装した軍団を東北へ送り、その軍団を構成する人間は東国の人たちであった。夷をもって夷を制する蝦夷征伐がはじまる。西南日本の東北への侵略である。畿内から東海道の鈴鹿関、東山道の不破関、北陸道の愛発関からは関の東、即ち関東であった。それから柵が置かれ、柵から西には蝦夷は入らないという協定で、巧妙にその柵は東北へと移行されている。これが蝦夷征伐で、平安朝になるとこの攻撃が激しくなるし、その抵抗も負けてはいない。東北制圧の拠点になった多賀城の近くの塩竃神社は東北鎮護の神として知られているが、後にそうなったものと考えられる。

陸奥

陸奥国一の宮
都々古別神社 (八槻) つつこわけじんじゃ やつき

味耜高彦根命

〒963-5672　福島県東白川郡棚倉町八槻大宮224(JR水郡線近津駅徒歩10分)
TEL 0247-33-3505

新幹線新白河駅からJRバスで磐城棚倉駅、JR水郡線で近津駅下車、国道118号線を徒歩10分、常陸街道沿いにある。土地の人は馬場にある都々古別神社と間違わないよう八槻都々古別神社と呼んでいる。奥州近津大明神都々古和気神社、近津中ノ宮といわれ、茨城県久慈郡大子町の下野宮の近津下ノ宮とともに近津三所明神という。とくに水戸徳川水戸家の崇敬するところであった。近津の集落はかつて門前町として栄えたが、いまは無人駅である。

　大化改新(645)によって東北地方は道奥国として正式に諸国のうちに編入された。7世紀末になると陸奥国と改められた。その後、養老2年(718)、浜通りの地方と常陸国の6郡によって石城国が建てられ、中通り地方の4郡と会津郡とによって石背国が建てられた。しかし、この二国は数年にして廃止された。いったんは陸奥国から石城国・石背国として離脱したものの、ふたたび陸奥国に編入され、陸奥国の関門としての性格を決定した。平安初期の『延喜式』には陸奥国は100座が記帳されている。奈良時代から平安初期にかけて蝦夷征伐を国の方針とし、東征に力をいれていた時代である。日本武尊の東奥鎮撫のため出征のとき、味耜高彦根命を地主神として都々古山に鉾を建てて御親祭せられたのが創始である。都々古山は一名建鉾山といい、古代祭祀場の磐境であった。現在の白河市表郷三森にある。

　関東奥羽の鎮圧とともに、みちのくの古い国の神や地の神を畏敬し尊崇をすることにより、宣撫につかっていたことが祀られた神

社の数に示されている。北関東から東北に入った農耕文化を暗示しているようである。この100座の式内社のなかに名神大社は15座もあり、「白河郡名神大社、都々古和気神社」とある。旧正月六日には、拝殿を舞台に県無形民俗の御田植祭が行なわれる。八槻、馬場の両都々古和気神社は、陸奥国一の宮と称え、創立伝説由緒も同様のことを伝え、いつ、いずれを分祀したものか詳らかではない。明治になって八槻、馬場の両都々古別和気神社は国幣社列格になった。そのときに和気に「別」の字を当てられた。

祭神は大国主神の子の味耜高彦根命が主神で、『日本書紀』には味耜の耜は「耜」の字である。この神は都々古和気神とも称される。相殿に日本武尊を祀っている。この地方の領主結城氏・佐竹氏の崇信をうけてきた。元和8年(1622)、丹羽長重が幕命により築城し、寛永元年(1624)入部して以来8家16代にわたって譜代大名が転封をくりかえしたが、崇敬を受けてきた。

神社の前の常陸街道に沿う奥に、代々の宮司八槻家がある。敷地21,450平方m(6500坪)の武家屋敷で、大門・玄関のついた書院は江戸時代初期の建築といわれる。水濠・土塁をめぐらし、うしろの山には空濠がつくってあった。中世には西南の高台に、修験道の別当大善院があって勢力をもっていた。長享2年(1488)には修験道本山派聖護院門主道興が来遊して短冊(県重文)を残している。

陸奥国一の宮
都々古別神社 (馬場) つつこわけじんじゃ ばば

味耜高彦根命（あじすきたかひこねのみこと）

〒963-6131 福島県東白川郡棚倉町棚倉字馬場39(JR水郡線磐城棚倉駅徒歩10分)
TEL 0247-33-7219

東北新幹線新白河駅からJRバスで磐城棚倉駅（いわきたなぐら）で下車、駅から西へ徒歩10分ぐらいのところにある。樹齢数百年の樹木がそびえる森の中に都々古別神社が鎮座している。神域の神の木として大樹が今日にいたるまで生きてきた。境内は2万3100平方m(7000坪)、度々の風害により大木の損傷が見られるが多くの古木が茂る。森の中には神門、拝殿など広壮な造営で、東北の古社のたたずまいを見せている。

平安初期にできた『延喜式』には陸奥国は、100座が記帳され、奈良時代から平安初期にかけて蝦夷（えぞ）征伐を国の方針とし東征に力をいれていた時代である。100座の式内社のなかに名神大社は15座もある。「白河郡名神大社（しらかわこほりみょうじんたいしゃ）、都々古和気神社（つつこわけみのじんじゃ）」とあるが、明治になって国幣社列格のときに、和気に「別」の字に当てられた。それ以前には、奥州近津大明神都々古和気神社、近津上ノ宮といわれ、棚倉町八槻が中ノ宮、茨城県の下ノ宮とともに近津三所明神と称し、水戸徳川家が崇敬していた。景行天皇(71～130)御代、日本武尊（やまとたける）が東奥鎮撫のときに、西白河郡表（おもてこう）郷村三森（みもり）の都々古山に鉾を立て、国津神（くにつかみ）の味耜高彦根神を関東奥羽の地主神として祀ったのが創始と伝えられている。鉾（ほこ）を立てた山は、またの名、建鉾山（たてほこやま）である。この地には古代祭祀場の磐境（いわさか）がある。縄文時代から古代人が神の降臨する場とした聖地である。祭神は大国主神の子の味耜高彦根命（あじすきたかひこね）が主神で、『日本書紀』には味耜の耜は「耜」の字である。この神は都々古和気神とも称されている。相殿に日本武尊を祀っている。

大同2年(807)、坂上田村麿は伊野荘に都々古和気神を遷座して社殿を造り、相殿に日本武尊を配祀した。伊野荘は棚倉城跡のあるところで、坂上田村麿の蝦夷征伐軍の最前線は、久慈川を逆のぼり北上していったのである。都々古和気神社は平安中期より久慈川・社川・阿武隈川流域の人々の信仰をあつめ、北郷24ケ村にわたって神領地をもっていた。

棚倉破砕帯の北端にある久慈川および支流根子屋川の岩石段丘を利用して、寛永元年(1624)、丹羽五郎左衛門長重が幕命により棚倉城(亀ヶ城)を築城した。城地は都々古和気神社の境内にかかったため、城の北西1kmにある段丘上の馬場に都々古和気神社を移した。都々古和気神社は代々の領主である結城氏、佐竹氏の崇敬を受け、応永年間(1394〜1428)足利義満の造営、その後、文禄年間(1592〜94)に豊臣秀吉の命で佐竹義宣が造営した旧社殿を解体移築し、社領地を加増し、翌年の寛永2年(1625)年に遷座した。現在の社殿は、桃山時代の手法がよく残されている。都々古和気神社は棚倉以北西白河東部の鎮守であった。南部の鎮守である近津村の八槻都々古和気神社と相対した。徳川氏は代々の先規により神領朱印状を贈った。向背正面の額は松平定信の筆によるものである。明治の国幣社列格の太政官符に「別」の字を用いられ、以来それに従っている。例祭は9月12日で、国幣社列格前は旧八朔であった。

陸奥

陸奥国一の宮
石都々古和気神社 いわつつこわけじんじゃ

味耜高彦根命(あじすきたかひこねのみこと)

〒963-7858 福島県石川郡石川町下泉296 （JR 水郡線磐城石川駅徒歩10分）
TEL 0247-26-7534

東北新幹線新白河駅からバスの終点磐城石川で下車、北須川に臨む通称「八幡山」の上にある。社殿の東側は三芦城の本丸跡である。延喜式内社で、古代から山岳信仰の聖地だ。神域に祭祀遺跡という磐境(いわさか)が点在し、この社も陸奥一の宮として記録にある。町には母畑(ぼばた)・猫啼(ねこなき)などの温泉もあり、日本三大鉱物産地としても名高い。

永承(えいしょう)6年(1051)、源有光が八幡太郎源義家の安倍氏追討軍に加わって功績をあげ、義家の代官となって石川の地を賜った。康平6年(1063)に石川に移り、名も石川有光となり、治暦(じりゃく)2年(1066)9月19日、石清水八幡宮の分霊をいただき石都々古和気神社に合祀した。このときからこの日を大祭日とし、山頂より御神体が馬場町御仮屋に下り7日間例祭が930有余年間、古式で行なわれてきた。（現在は9月11日から15日）。石川氏は25代528年間、石川城（三芦城）にあったが、秀吉に城を取り上げられた。祭神は味耜高彦根命(あじすきたかひこねのみこと)を主神に大名牟遅命(おおなむち)(大国主命)・誉田別命(応神天皇)の三柱である。『日本書紀』によると、天照大神は、天稚彦(あめのわかひこ)に命じて、「豊葦原中国(とよあしはらなかつくに)はわが御子が君主たるべき国である。しかし暴悪な邪神たちがいる様子だから、お前がまず行って平定せよ」と言われ、天鹿児弓(あめのかごゆみ)と天真鹿児矢(あめのかごや)を渡された。天稚彦は中国(なかつくに)に降りたが、そこの国神の娘をめとって住みついてしまい、8年も復命しなかった。天照大神は思兼神(おもいかねのかみ)を召されて天稚彦の帰って来ない様子を尋ねられた。思兼神は計略に従って雉(きじ)を派遣して様子をうかがわせた。雉は天稚彦の門前の湯津杜樹(ゆつかつら)の梢にとまって鳴いて、「なぜ、

8年もの歳月がたっているのに復命しないのだ」と問うた。国神の天探女(あめのさぐめ)が、雉(きじ)を見つけて「鳴声のにくらしい鳥が木の上にとまっています。射殺しておしまいになるのがよろしいでしょう」と言った。

天稚彦は天神から賜った天鹿児弓と天真鹿児矢をとって射殺してしまった。その矢は雉の胸を貫いて天神のもとに達した。天神は呪言されて、「もしこれが天稚彦の邪心によるものならば、必ずこれに当たって死ぬだろう。邪心がなかったなら無事にまぬがれるだろう」と言い矢を地上に投げかえされ天稚彦の胸に命中した。天稚彦の妻子は天上から降りてひつぎをもって天上に喪屋をつくり、号泣した。天稚彦の親友の味耜高彦根神(あじすきたかひこねのかみ)は、地上より天にのぼって喪を弔って号泣した。ところが天稚彦の妻子は、彦根神がよく似ているので夫が生きているものと思い取りすがった。味耜高彦根神は立腹されて、「親友が死んだからおれは弔いにやって来たというに、なんでおれを死人と間違えるのだ」と言われて十握剣を抜いて喪屋をきり倒した。喪屋は地上に落ちて山となった。これが美濃国の喪山(もやま)である、と。

時に、味耜高彦根神の姿が光かがやいて、二つの丘二つの谷にわたって照り映えた。そこで喪に集まった人々は歌を歌った。また、味耜高彦根神の妹の下照姫が歌ったとも伝えられる歌は、「天なるや 弟織女(おとたちばな)の 頚(うな)がせる 玉の御統(みすまる)の 穴玉(あなたま) はやみ谷 二渡らす 味耜高彦根」この歌は夷曲(ひなぶり)と名づけられている。

陸奥

陸奥国一の宮
志波彦神社・鹽竈神社 しわひこじんじゃ・しおがまじんじゃ
鹽土老翁神 しおつちおぢのかみ

〒985-0074　宮城県塩竈市一森山1-1 (JR東北本線塩釜駅徒歩10分)
TEL 022-367-1611　FAX 022-365-5530

　JR東北本線海岸線塩釜駅まで約25分、塩釜港、松島への観光ルートのなかにある。塩釜駅から表参道、本塩釜駅から裏参道で、いずれも社頭まで徒歩約10分。鹽竈神社の近くには、東北の拠点である多賀城や陸奥の国府が置かれていた。海と陸の要路を占める地点にあって陸奥の鎮護、陸奥国一の宮、総社の役割を果たしていた。塩竈市は鹽竈神社の門前町であり、陸奥国府の外港として発展した。

　境内は約28ha(約8万5000坪)の神域で、多羅葉・冬山椒・紅羊歯・松島笹など他に見られぬ珍しい植物がある。天然記念物の「塩釜桜」は800余年前の堀河天皇の御製に詠まれている樹である。『延喜式』巻第26の主税式に「鹽竈神を祭らふ料壱万束」とあり、破格の祭祀料を授かった。境内には宮城郡4座のうち、名神大社2座の一つ志波彦神社がある。仙台市の冠川に沿う岩切村の北岸に祀られていた。この地は東の多賀城に近く、蝦夷征伐の志波道の起点にあたっていた。神体は巨大な化石という。志波は岩をさしている。明治4年(1871)に国幣中社となったが社地が狭く、そのため鹽竈神社に奉遷した。原地は八坂神社があり、その摂社に祀られている。昭和13年(1938)に現在の社殿を造営して遷座した。

　鹽竈神社の祭神は、鹽土老翁神を別宮、武甕槌神を左宮、経津主神を右宮にと三神を祀る。塩土老翁神は『日本書紀』には、天孫降臨で皇孫天津彦彦火瓊瓊杵尊を地上に下らせられたとき、吾田の長屋の笠狭碕に到着されると、事勝国勝長狭と名のる人がいて、「こ

こには国があります。どうかごゆっくりお遊びくださいませ」と言い、皇孫はここに滞在された。ここで木花開耶姫命を迎えることになるのだが、事勝国勝長狭のまたの名が鹽土老翁神である。

海幸山幸物語で、山幸の彦火火出見尊が、海幸の兄神の釣り針をなくしてしてしまい、いくらさがしても見つからない。別に新しい釣り針をつくって返そうとしても兄神は承知せず、もとの針でなければ受け取らないと催促され、困り果てて海辺をさまよっていると、鹽土老翁神に出会った。

鹽土老翁神は「なぜこんなところで悲しんでおられるのか」と尋ねられた。事の次第を話すと、老翁は心配なさるな、と言って、目のない篭をつくり、この中に彦火火出見尊を入れて海に沈めた。これから綿津見神の宮に行く物語がある。鹽土老翁神は全国に製塩の法を伝え、ここに鹽竃神を祀り、製塩をはじめたものと考えられる。塩釜市本町にある御釜社は末社の一つで、老翁が塩を焼いたという円形の平たい釜が安置されている。

社殿は伊達家4代、綱村が元禄間(1688〜1704)の末に造営計画し、5代吉村が宝永元年(1704)竣工したものである。表参道から高い石段を登ると塩釜の家並みと塩釜港が見られ、江戸時代に石巻とならんで仙台藩の重要な商漁港の面影が感じられる。祭は3月10日の帆手祭、4月25日の花祭、7月10日例祭の塩釜祭は、御釜社の古式神事によった神塩を神饌にすることから祭りがはじまる。12月1日の嘉津良比祭がある。

陸奥

出羽国一の宮
大物忌神社 おおものいみじんじゃ

大物忌神

吹浦口ノ宮　〒999-8521　山形県飽海郡遊佐町吹浦字布倉1　TEL0234-77-2301
蕨岡口ノ宮　〒999-8314　飽海郡遊佐町上蕨岡字松ヶ岡51　TEL0234-72-2552

　日本海沿を走るJR羽越本線で酒田から北の象潟へ向かうと、庄内平野が続くその先に海抜2236mの鳥海山が見える。吹浦駅下車、徒歩5分のところに吹浦口ノ宮がある。蕨岡口ノ宮とともに鳥海山の登山口である。吹浦口ノ宮も蕨岡口ノ宮も里宮で、山頂の本殿に祭神の大物忌神を祀っている。鳥海山は「出羽富士」の名がある名山である。吹浦と象潟の海岸から山岳観光道路ブルーラインで5合目まで車で登れる。海辺よりそびえたつ美しい山容とは別に、古代の人々にとって噴煙を巻上げ、暗雲をただよわせ、大地を揺るがすなど天変地異をもたらす恐ろしい山であり、昔から畏敬の山、山霊が宿る尊い山であった。神が降臨された山頂の聖地に神祠を造り平穏を祈り、朝夕の美しい山容に古代の人々は生きる喜びを感じたのであった。里宮は神霊を拝する聖なる場所に置かれた。

　東海道・東山道をすすんだ西南日本の勢力は、東国を治め陸奥国に入り、北陸道から越の国にすすんだ勢力と会津で合い、日本海岸を北にすすみ先住民を追いやった。この地方は蝦夷地、化外の地と呼ばれ中央の威力が及ばなかったが、和銅5年(712)、越の国より田川、出羽の2郡、陸奥国より最上、置賜の2郡を分離し出羽国が設置された。

　欽明天皇25年(564)、飽海岳(鳥海山)上に征夷の神、農耕守護神の大物忌神が鎮座され、貞観4年(862)官社に列した。大物忌神は、倉稲魂神、豊受姫神と同神といわれており、農耕を司る神であるといわれている。その名は『続日本後記』(833)に初見され、両所大権現、両所大菩薩と称されていた。蝦夷を攻める西南日本

の勢力が、この山に宿る古代神を征夷の神と巧みに同化したとも考えられる。征夷大将軍阿部比羅夫が水軍を率いて、斉明天皇4年(658)に蝦夷を討ったときに中央のすすんだ文化がやっと入り開拓がすすめられてきたが鳥海山の山霊への敬意は変わらなかった。和銅5年(712)9月、越の国より田川・出羽郡、10月に陸奥国より最上・置賜郡を分離し、4郡で出羽国が新たに設置された。征夷大将軍坂上田村麿が、奥羽2国で蝦夷征伐に活躍した延暦21年(802)から、鳥海山霊大物忌神への信仰が隆盛になってきた。これは農耕文化が出羽国に浸透してきたものと考えられる。『延喜式』の出羽国9座のうち名神大社が2座ある。陸奥国の100座にくらべると少ないのは西南日本の勢力の浸透が遅れたからであろう。名神大社の2座は大物忌神社と月山神社である。一の宮が定められるとき大物忌神社が撰に預かった。

平安時代から山岳信仰が盛んになり、吹浦口ノ宮は鳥海山は神仏習合の霊地として栄えた。鳥海山の山頂に鎮座する本殿は海抜2237m、20年毎に建替える式年造営の制になっている。山頂からの眺めはすばらしく、庄内の田園が眼下に開け、目を山容に転じれば、蔵王・月山・岩手山・早池峯山・岩木山・駒ケ岳など奥羽の山々を見渡せる。海上に目をやると飛島・佐渡島・男鹿半島の雄大な景観が見られる。

陸奥

		年	月/日
若狭国	若狭彦神社・若狭姫神社	-	/
越前国	氣比神宮	-	/
加賀国	白山比咩神社	-	/
能登国	気多大社	-	/
越中国	高瀬神社	-	/
越中国	気多神社	-	/
越中国	雄山神社	-	/
越中国	射水神社	-	/
越後国	彌彦神社	-	/
越後国	居多神社	-	/
佐渡国	度津神社	-	/

北陸道

北陸道

古代の北陸は東アジア世界に向きあう日本の表の顔をもっていた。いま、北陸は裏日本と呼ばれているが、当時は表日本であった。黒船以来、それまで外国のなかった大平洋側が表日本になった。日本海は、日本だけの海ではない。古く東アジアの人々にとって未知なる世界への国際交流の内海であった。朝鮮半島の人々も、沿海州の人々も、中国東北地区の人々との共有の海であった。東アジアの世界から多くのものを学びとってきた古代日本にとっては「母なる内海」で、その文化の糧を吸い取る役割をしていたのが北陸である。

北陸道は律令期における畿内の貴族がつくり上げた地域区分である。かつての北陸道は七カ国、日本海に面して背後には白山・立山・飯豊山・朝日岳と、高山が屏風のように連なり、嶮岨な山塊が横たわっている。幅は狭く、斜めに長く、平野の奥行きは浅い。『延喜式』にある北陸道の神は322座で、その内の名神大社は14座である。国々の一宮とともにあげてみると次の通りである。

若狭国　式内社　32座　内名神大社　3座
若狭彦神社　若狭神

越前国　式内社　126座　内名神大社　8座
氣比神宮　気比大神

加賀国　式内社　32座
白山比咩神社　菊理媛

能登国　式内社　33座　内名神大社　1座
気多大社　大己貴神

越中国　式内社　34座　内名神大社　1座
高瀬神社　大己貴神
気多神社　大己貴神・奴奈加波比売命
雄山神社　伊奘諾尊・天之手力男命
射水神社　二上神

越後国（えちご）　式内社　56座　内名神大社　1座

　　彌彦神社（やひこ）　天香山命（あめのかぐやま）

　　居多神社（こた）　大己貴神

佐渡国（さど）　式内社　9座

　　度津神社（わたつ）　五十猛神（いそたける）

　北陸道の一宮に祀（まつ）られている祭神は、大己貴神の国津神系で占められている。日本海の親潮の影響を受けて潮流にのった海上のルートが重要になっている。出雲との交流が多いのもこのためである。黒潮からわかれて日本海に入る対馬（つしま）暖流は三つの流れがある。山陰から北陸沿岸を洗うものと、隠岐の西でわかれ、沖合いを能登から佐渡で合流するもの。対馬の東で北に流れ、朝鮮半島南部沿岸から日本海の中央部を東に、男鹿（おじか）半島で合流するものと三つの潮流である。海の大河というべき流れは対馬海峡から津軽海峡に抜けるのに約2カ月かかる。この潮流を古代人は知っていた。この海のルートによって自然と文化にさまざまな影響を与えたことを知らねばならない。

　越前国の気比神宮、能登国の気多大社、越中国の気多神社は大己貴神（おおあなむち）を祀っているが、それらの神社の位置するところは、海上交通の古代に於ける主要なところを占めている。加賀国の白山（はくさん）信仰は「白山（しらやま）さん」の呼び名で全国に2700余の白山社が散らばっている。大陸半島から渡って来た騎馬民族の末裔が、白山信仰をもたらした説や源氏の末孫が、全国に白山神を祀ったともいわれ、全国に白山社が多い。白はシロでも城山という地名が全国に千をくだらない程あるが、日本では漢字は当て字で発音が主であるところからすれば城山は白山である。江戸時代の古地図を調べれば、ほとんどが白山、白耶麻、白やまの字になっている。

　越中、越後国には一宮が複数以上数えられるが最初は、「越（こし）の国」一つであったのを畿内の勢力がおよぶようになり、国が前、中、後に分割されていった。その時の地域の勢力範囲が分かれて一宮も変わったり、総社も一宮としての扱いをうけたのだろう。

北陸道

若狭国一の宮
若狭彦神社・若狭姫神社 わかさひこじんじゃ・わかさひめじんじゃ

若狭神

若狭彦神社 〒917-0243 福井県小浜市龍前 28-7 TEL 0770-56-1116 （JR小浜線東小浜駅徒歩 25分）
若狭姫神社 〒917-0241 福井県小浜市遠敷 65-41 TEL 0770-56-1116

　JR小浜線東小浜駅より南へ約2kmの竜前の長尾山の麓に、上社の若狭彦神社がある。小浜駅からバスが出ていて、上社前で降りるとすぐである。下社の若狭姫神社は駅から上社に行く手前、約500mところにある。上社の境内は、社殿が瑞垣に囲まれて神門の中に本殿の大きな屋根の上には千木をのせている。神木の夫婦杉がそびえているのがすぐ目にはいる。夫婦の2本の幹が根においてピッタリと密着している。夫の木は35m、婦の木は30mの高さで男女2神の信仰の神社にふさわしい。

　北陸道は若狭国から始まる。『延喜式』には北陸道の神社は352座、うち名神大社は14座ある。若狭国は32座、名神大社は3座、若狭比古神社2座で1座は若狭姫神社である。若狭国の名は四道将軍の大彦命の後裔の稚桜部臣荒蠣命が国造になったので、その稚に由来するといわれている。小浜市下根来白石の鵜の瀬は、遠敷川の清流が巨巌に突当たって淵をなしている。この巨巌の上に、先ず若狭彦神、次に若狭姫神が降臨されたと伝える。この南方150mに創祀の社と言われる白石神社がある。その後、永久鎮座の地をもとめて若狭国を巡歴されたあとに、霊亀元年(715)9月10日に竜前に若狭彦神社が鎮座され、その6年後の養老5年(721)2月10日に遠敷に若狭姫神社に鎮座した。上、下に分かれての鎮座は深き幽契がある。祭日は上社が10月10日、下社が3月10日である。下社境内能舞殿前に目通2.20mの招霊の木がある。

　若狭彦神は、彦火火出見尊、若狭姫神は豊玉姫命という。若狭

彦・若狭姫神が彦火火出見尊・豊玉姫命の夫婦神と同一神になったのは、若狭地方に勢力をもっていた和朝臣が彦火火出見尊・豊玉姫命を氏族の祖先神として斎き祀ったことに始まる。天長6年(829)に和朝臣宅継が神主になっているのもこのためであるといわれている。上社下社をあわせ遠敷明神、あるいは若狭一の宮遠敷上下宮とも、遠敷神社とも呼ばれてきた。白石明神・鵜の瀬明神と言われていたが、豊玉姫命が遠敷に遷座してから遠敷明神と言われるようになった。鵜の瀬と呼ぶ神社が飛地境内地で椿が群生し小浜市の天然記念物に指定されている。

　鵜の瀬の淵は奈良東大寺二月堂の若狭井の水源と伝えられている。遠敷明神の名は平安時代の『東大寺要録』(1106〜34)にあるのが初見であるという。天平勝宝4年(752)2月、実忠僧正が行法を修し、神名帳を奉読して神々を勧請したところ、遠敷明神だけが遅参した。そのお詫びとして閼伽水を献上することを約束した。それで二月堂修二会の香水は、修二会初夜の終わりに、閼伽水を鵜の瀬の霊域から東大寺二月堂の若狭井へ水を送ると伝えられている。鵜の瀬は若狭彦神社の送水神事の斎場で、東大寺二月堂の裏手に遠敷神社が祀られているのはそのためである。明治4年(1871)7月、神社の国家管理制度が発足したときに若狭彦神社・若狭姫神社と別々に国幣中社として同格になったが明治20年(1887)代になって若狭彦神社に包括された。

北陸道

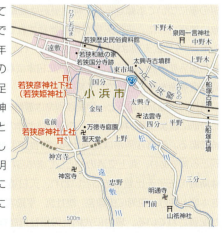

越前国一の宮
氣比神宮（けひじんぐう）

伊奢沙別命・日本武尊・応神天皇・玉妃命・武内宿禰命

〒914-0075　福井県敦賀市曙町 11-68　（JR 北陸本線敦賀駅徒歩 15 分）
TEL 0770-22-0794　FAX 0770-22-0786

JR 敦賀駅から北に 1.5km のところ、近江と越前国に通じる北国街道に面して、青松の茂る広い森がある。緑の神域に日本三大鳥居の一つである総朱塗りの大鳥居が目に入る。この鳥居は正保 2 年 (1645) の建造で、笠木の上に屋根を冠せた両部鳥居の形式で重文になっている。境内は 3 万 7135 平方 m(1 万 1253 坪) で大鳥居から参道を行くと中鳥居がある。木造朱塗りで寛保 3 年 (1743) に若狭国小浜藩酒井忠用の再建によるものである。本殿は慶長 19 年 (1614) 造営の国宝であったが、戦災で焼失してしまった。

『延喜式』に越前国に 126 座あって、敦賀郡 43 座の中に氣比神社名神大社七座とある。これは仲哀天皇御即位の始め当宮にて軍国の事について祈願せられ、神功皇后は勅命により氣比神宮に行敬に神祭された。応神天皇が再度参拝されていることから、大宝 2 年 (702) 文武天皇は勅して当宮も修営された。このとき仲哀天皇・神功皇后を本宮に合祀して四社の宮に日本武尊・応神天皇・玉妃命・武内宿禰命を奉斎したので 7 座になった。

氣比神宮略記によると、伊奢沙別命は霊験ある神として古代からこの地に鎮まり祀られている。この神が主神の氣比大神・氣比大明神である。伊奢沙別命は筍飯大神・御食津大神と称えられ食物を司どる神であり、海上交通の神として崇められてきた。氣比大明神は新羅の王子天比鉾であるといわれ、天日鉾と関係がある。本殿を本宮と呼び、四周に東殿宮・総社宮・平殿宮・西殿宮の四社の宮が配置されている。境内に式内社の摂社角鹿神社と大神下前神社

が鎮座されている。角鹿神社の祭神は都怒我阿羅斯等命で任那の王子である。崇神天皇のときに気比の浦に上陸して貢物を奉じた。天皇は氣比神社の祭司としてこの地を治めさせたのである。敦賀の

地名は、都怒我阿羅斯等命の名の角鹿に因るもので、渡来氏族によって開かれたことを語っている。都怒我阿羅斯等命の政所跡が角鹿神社と伝えられている。

　大神下前神社は、明治以前には氣比神宮のすぐ北東の天筒山の山麓に鎮座していたものを遷座した。祭神は大己貴命で氣比大神四守護神の一つといわれているが、本来は出雲から能登にかけての国津神の勢力圏で、天筒山は神体山であったと思われる。日本海の海岸線が敦賀で東西性から南北性に変わるところに位置している。そのために潮流もここで流れが変わるので、古代人の航海と渡来氏族の移動と定着にそれが関係としたと思われる。敦賀は渡来氏族の上陸地点であり、定着者が多かったと思われる。氣比神宮の祭神を考えるとこのことを考えさせられる。市内には白城神社・信露貴神社など新羅の渡来氏族の祖神を氏神として祀る神社が多い。例祭は氣比の長祭として有名で境内は露店や見世物でにぎわう。9月2日宵宮祭、3日神幸祭、4日例大祭、5日より10日まで後祭、15日の月次祭でおわる。3日の神幸祭には鳳輦以下7区の御輿が市中を渡御する。

北陸道

加賀国一の宮
白山比咩神社 しらやまひめじんじゃ

菊理媛（くくりひめ）

〒920-2114　石川県白山市三宮町二105-1（北陸鉄道石川線加賀一宮駅徒歩10分）
TEL 0761-92-0680　FAX 0761-92-0933

北陸本線金沢駅から車で約30分。あるいはJR西金沢駅前から北陸鉄道に乗り、加賀一の宮駅下車徒歩約10分のところにある。「しらやまひめ」神社と呼んでいる。手取川の清流に臨む参道は春は桜、秋は紅葉の名所である。さらに歩めば老杉が茂り、古欅（けやき）の樹木に囲まれた神苑に霊気が感じられる。

　白山神社は全国2700余もあり、その総本社として根強い信仰をあつめている。古代より「越（こし）のしらやま」といわれ、富士山や立山とならんで日本の三名山と仰がれる白山を御神体山として、霊峰白山を遥拝する神社である。古代遥拝所の神地は船岡山にあったが、応神天皇28年(297)に手取川の河畔に遷座した。霊亀（れいき）2年(716)、川の流れで社地が崩壊するので東南の安久涛（あくど）の森に再び遷座したが、文明（ぶんめい）12年(1480)、大火で本殿が炎上したので三宮の現在地に遷座し、3回かわったことになる。

　白山は石川・岐阜県にまたがる休火山で海抜2702mの高き峰をもつ山で、古代より霊山として一切の入山を許さなかった。僧泰澄（たいちょう）が霊亀2年(716)船岡山の妙法窟に篭もり「まだだれも登らぬ雪の峰白山には必ず霊神あらん。我登山して顕応を乞わん」と祈願すると貴女が現われ「西の川の深淵に行って結界荘厳（けっかいしょうごん）せしめよ」と言って隠れてしまった。泰澄が安久涛の淵で修行すると、紫雲がただよい雲の中に貴女を拝し霊感をえて登頂することができた。貴女こそ白山大神である。養老（ようろう）元年(717)泰澄36歳であった。御前峯の頂上に奥宮があるが、泰澄の登頂した翌年の養老2年(718)の創

建であると伝えられている。その後、天長9年(832)に加賀・越前・美濃の馬場から登山路ができて神宮寺が定められた。加賀馬場は白山寺、越前馬場は平泉寺、美濃馬場は長滝寺である。

　奥宮の祭神「しらやまひめ」の大神を中心にして伊弉諾尊・伊弉冉尊と大己貴命・大山祇神を祀る。

　白山社総本社は菊理媛神を祭神にしている。菊理媛神は『日本書紀』にある伊弉諾尊・伊弉冉尊が黄泉平坂で戦うようになったとき、伊弉諾尊は、

「はじめ妻のことを悲しみ忍んだことは私が弱かったのだ」と言われた。そのとき伊弉諾尊は「私と貴方は、もう国生みをおわりましたからには、どうして、もう一度現世に生きる必要がありましょうか。私は黄泉国に留まりたく存じます。貴方と一緒に地上に参ることはできません、との事でございます」と申し上げた。このとき、菊理媛神も申し上げることがあった。伊弉諾尊はそれを聞いておほめになった。やがて無事に伊弉諾尊・伊弉冉尊は黄泉平坂を境にして互いに去っていかれた。菊理媛は伊弉諾尊に何を話したのかは不明である。菊理媛はこのときだけしか登場していない。

北陸道

　全国に白山大神を信仰する人々が数多くいる。自然を神とする原始信仰をもつ人々が、神は山の神であり、山の神は女性であると畏敬する人たちが白山信仰を全国に広げていったと思われる。

能登国一の宮
気多大社 けたたいしゃ

大己貴神（おおなむちのかみ）

〒925-0003　石川県羽咋市寺家町ク-1　(JR七尾線羽咋駅バス10分)
TEL 0767-22-0602　FAX 0767-22-5515

JR七尾線羽咋(はくい)駅下車、バスで10分、に気多大社がある。能登半島の首根っ子に位置し、近くに妙成寺(みょうじょうじ)、南の海岸は能登千里浜が延び、北へ行くと能登金剛(こんごう)の巌門(がんもん)の名勝地である。境内は約3万3000平方m(1万坪)の原始林の中にある。「入らずの森」と、いわれ、樹齢300～500年広葉樹が自生し、古代から人の入れない禁足地となって神奈備(かんなび)がある。

　鳥居を入ると、正面に神門がある。社殿の多くの建造物は重要文化財である。神門は桃山時代の手法を伝えている切妻造の四脚門。拝殿は承応3年(1654)、加賀藩の名大工山上善右衛門の作風を残しているという江戸初期の入母屋造(いりもやづくり)である。拝殿の左手の鳥居を入ると若宮神社本殿で、永禄12年(1569)再建の一間社流造(ながれづくり)、彫刻手法などに簡素美をもつ室町時代の特徴を伝えている。本殿は加賀百万石の総力を挙げて造営した江戸中期の流造である。本殿の右手に白山社本殿があるが、本殿と同じ江戸中期のものである。本殿を中心として右に白山社、左に若宮神社が並んでいる。その背後が3万3000平方m(1万坪)の社叢である。

　能登国は『延喜式』に33座ある内の名神大社で、祭神は大国主神(おおくにぬし)で知られている大己貴神(おおなむち)を本殿に祀っている。若宮は、大己貴神の子、事代主神(ことしろぬし)を祀る。世にいう恵比須さまである。大国(だいこく)さん(大黒)、恵比須さんを祀る国津神(くにつ)の直系である。大国さまが、出雲国から越の北島へきて、七尾市鵜浦町(なぬら)の神門島(かどしま)に着かれたとき、土地の御門主比古神(みかどぬしひこ)が、鵜(う)を大国さまに献じた。この神事を伝え

る御祭りとして「鵜祭」が伝わり、金春流の謡曲「鵜祭」はこの祭りからきている。鵜祭は、神門島の鵜崖で捕えた新鵜を鵜捕部が捧持して、12月16日の午前3時に大前に放ち、新鵜が自らお参りする神秘の祭りである。例大祭は4月3日で、大国さまの国土経営の大業達成を祝う祭りで、式中に大国さまが邑知潟の大蛇を射止められた「蛇の目神事」の古式が行なわれる。邑知潟は邑知潟平野になっていて、その平野を七尾線が走っている。

「入らずの森」は千古斧鉞を入れない神奈備である。中央に巨石で囲まれた古代祭祀の奥宮があって、神がこの巨石に降臨する古代信仰の形態を伝えている。古代からの自然をそのまま継承しているところに古代人の智慧が感じられる。森は主として椎・たぶ・やぶ・肉桂などの暖地性の常緑濶葉樹の巨木や、下草には、珍しい植物が繁茂して、自然のままの植物群落が見られる。日本でもまれな北陸地方唯一の植物群落が見られる。自然保存の貴重な存在で、神の力がいかに偉大であるかが、自然が破壊されて行く現在強く思われる。しかし、日本海の潮風や害虫による被害が確認され、最近ではこの森を守るために神木の種を集めて栽培し、植樹がはじまった。　森の背後に民俗学者で歌人だった折口信夫父子歌碑がある。神仏習合時代には、神社は神宮寺が采配をして、別当職が設けられていた。気多大社の別当職は、正覚院で、重文の藤原中期の阿弥陀如来像をはじめ神仏両式の仏像仏具を伝えている。外に地蔵院、薬師院、不動院、延命院、明王院、長福院の各院が奉仕してきた。

北陸道

越中国一の宮
高瀬神社 たかせじんじゃ

大己貴命(おおなむちのみこと)

〒932-0252　富山県南砺市高瀬291　(JR城端線福野駅バス5分)
TEL 0763-82-0932　FAX 0763-82-3204

JR北陸本線高岡(たかおか)駅から城端線で30分の福野(ふくの)駅で下車し、井波(いなみ)行のバスまたはタクシーで約5分のところに高瀬神社がある。飛騨の山々に連なる緑の八乙女(やおとめ)山を背景にした砺波(となみ)平野の南部にある。境内は1万7000平方m(5150坪)あって、樹齢数百年の古杉が茂っている。神社のある高瀬一帯は、須恵器(すえき)・土師器(はじき)などの土器や「和銅開珎」の銅銭などが出土する地帯である。古代の越中国の中心の一つであった。神社の正面を南へ500mほどのところに昭和47年(1972)国指定となった高瀬遺跡公園がある。平安初期の荘園(しょうえん)の事務を行なった荘所の遺構として保存されている。当時の民家の遺構とは明らかに違う、主殿を中心として脇殿2棟を持つ古代地方官衙(かんが)風を示す掘立柱の堂々とした配列群を見ることができる。当時この地方にあったと推定される東大寺領「杵名蛭荘(きなひるのしょう)」の比定地の一説とされている。近くには大学寮勧学院田跡(かんがくいん)と伝えられている塚がある。神社の境内には蛍川が流れ、古代から船便による物資の運搬をした旅川も近くを流れている。井波(いなみ)町から東約4kmに風光明媚な庄川峡がある。

越中国は礪波郡、射水(いみず)郡、婦負(ねい)郡、新川(にいかわ)郡の4郡で現在の富山県にあたる。天武天皇の御代(672～686)に越国を三分した後、越乃中津国(こしのなかつくに)といわれ分離統合を経て天平宝字元年(757)に現在の範囲になった。万葉の歌人、大伴家持(おおとものやかもち)が国司として赴任したのもこの頃(746～751)である。

高瀬神社は『延喜式』神名帳に礪波(となみ)郡7座の筆頭神社として記

載されている。由緒によると、御鎮座は神代のことであるが、また景行天皇の御代であると伝えている。天武天皇のとき勅使が派遣されている。正史には二上神(射水神社)と共に高瀬神として頻出し、神階昇叙の実態からも8世紀末からすでにその神威は国家的に認識されていた古社である。高瀬神社の主祭神は、大国主命の名で知られている大己貴命を祀っている。配祀神は天活玉命と五十猛命である。

　現在の本殿は昭和17年(1942)から数ケ年の計画で建立が始まったが、基礎工事が終了した昭和20年(1945)終戦を迎え国費建立が中止された。しかし崇敬者有志の方々から多額の浄財や樹齢数百年の銘木が寄進され昭和22年(1947)に流造の本殿、翌年入母屋造の拝殿、更に昭和62年(1987)に唐破風の向拝が竣功し、御鎮座2千年の歴史を偲ぶ御社殿の竣功を見るにいたった。本殿の西側の功霊殿には砺波地方から出征され戦場に散華された護国の神、また地方開拓の功労者6千4百余柱が祀られている。本殿は高瀬神社の旧本殿を移築したもので、天保7年(1836)の建造。地元の伝統工芸井波彫刻が施され文化財の指定を受けている。井波彫刻は真宗大谷派の巨刹、瑞泉寺が明和7年(1770)頃再建のとき京都からきた大工師匠を師祖とし、全国的に有名な欄間・獅子頭などの産地となっている。

北陸道

越中国一の宮
気多神社 けたじんじゃ

大己貴神・奴奈加波比売命
おおなむちのかみ ぬなかわひめのみこと

〒933-0116　富山県高岡市伏木一宮1-10-1　(JR氷見線伏木駅徒歩20分)
TEL 0766-44-1836

　JR高岡駅から氷見線で越中国分駅で下車したところ、伏木港を望む二上山の東麓の有明の岡に気多神社が鎮座している。神社の東南は富山湾を隔てて立山の勇姿と相対し、風光雄大なる眺めを展開している。西は、すぐに海抜259mの名山・二上山が連なっている。付近は紅葉橋・渋谷・夫婦岩・奈呉浦・有機海などの景勝地が散在している。陸から海を見ての景観と違って、日本海の海上に出て眺めて見ると、紺碧に白波がくだけ遥かに神々しい山容の越の国の立山・加賀の白山の、頂きに雪をのせた山々が連なる。

　古代海人族は、そこに神の降臨を仰ぎ、航海の目標であり、その安全を祈る信仰の山であった。伏木は富山湾の南西にある古くから開かれた河口港で、日本海側の優秀な港の一つである。河口付近で庄川と小矢部川が合流し射水川と称していたが、明治になって庄川の河口を東につけかえた。昔から庄川の舟運と日本海航路の重要な湊として栄えてきた町である。伏木の湊の背後の段丘上に、奈良時代の越中国の国府があったところである。天平18年(746)から天平勝宝3年(751)まで、万葉集の大部分を編集した大伴家持が越中守として赴任して館に住んでいた。二上山を見て大和の二上山を偲んでいたと思われる。国分寺の礎石も発見されている。

　『万葉集』に「射水川い行き廻れる、玉櫛笥二上山は、春花の咲ける盛に、秋の葉の匂へる時に出で立ちて、振り離け見れば、神からや、そこば尊き。山からや、見が欲しからむ。皇祖の裾曲の山の渋谷崎の荒磯に、朝凪ぎに寄する白波、夕凪ぎに満ち来る潮の

いや益しに絶ゆることなく、古ゆ今のをつつに斯しこそ、見る人毎にかけて忍ばめ」(3985)、この地で家持が詠んだ数多くの歌の一つである。

　二上山は古代の御神体山で、山の神は二上の神である。山麓には『延喜式』の越中国の唯一の名神大社射水神社が鎮座していたが、明治8年(1875)に高岡市古城に遷座された。越中国が能登国とともに一国であったころは、羽咋鎮座の気多大社が国中で第一の神であった。元正天皇の養老2年(718)に越中国を割って能登国を分国した。羽咋鎮座の気多大社は能登国一の宮となり、気多大社から勧請としたのがこの神社で、勅命により越中国一宮と定めたと由緒で伝えているが、その勧請の年は定かではない。祭神は気多大社から勧請したのであるから大己貴神で、奴奈加波比売命と夫婦神を祀っている。相殿にはその御子事代主命と加賀国一宮の祭神菊理媛命を命を祀り、能登を含めた越の国を拓いたのは国津神であることを物語っている。

　大国主神への親しみは、仏教が渡来してからもインドからの七福神の中の大黒さんを重ねて、「大国さん」といって庶民の中にいまも生きている。社殿は寿永2年(1183)木曾義仲の挙兵による兵火にあい、再建されたが天文年間(1532～55)の上杉謙信の兵火で再び焼失した。加賀藩主前田利常が再建し、現在の本殿は、こけら葺、三間社流造で、正面に一間の向拝がついて、木組みの割りあいが大きく、雄大な風格がある。永禄年間(1558～70)の室町時代の特徴あるものとして重要文化財に指定されている。

北陸道

越中国一の宮

雄山神社 おやまじんじゃ

伊奘諾尊・天之手力男命

峰本社 〒930-1418 富山県中新川郡立山町立山峰1　TEL076-492-0993
中宮祈願殿 〒930-1406 富山県中新川郡立山町芦峅寺2　TEL076-482-1545
前立社殿 〒930-1368 富山県中新川郡立山町岩峅寺1　TEL076-483-1148

峰本社・中宮祈願殿・前立社壇の3社を合わせて雄山神社と称する。前立社壇は富山駅から富山地方電鉄上滝線で大川寺公園で下車し常願寺川の清流に架かる立山橋を渡ると右手の森に鳥居が見え、表神門を入ると前立社壇がある。神仏習合時代は立山大権現前立の社として立山寺、通称岩峅寺と称した。

中宮祈願殿は、富山地方鉄道立山線千垣駅で下車、タクシーで2kmほど行くと芦峅寺集落にある。明治初年まで立山大権現大宮若中宮寺と一体の霊地で、通称芦峅寺と称した。神仏分離令で雄山神社祈願殿と称する。岩峅や芦峅は里宮・山麓中宮として年中の祭礼を執り行なっている。江戸時代は夏になると立山講の人々が全国から参詣し、岩峅寺38坊・芦峅寺24坊がその宿坊となり立山に登拝した。

立山連峰は富山県の東にあり南北に連なる。その中央が雄山であり別山・浄土山を合わせて立山三山と称し信仰の中心である。富山から美女平をへて、弥陀ケ原・室堂・黒四ダムと長野県大町に抜けられる雄大なる山岳風景が展開する立山アルペンルートが開かれている。富山側の中心となるのが室堂平の室堂である。自然保護センター・室堂ターミナルがあって雄山に参詣するための宿泊所がある。旧参篭宿泊所(室堂)は享保年間(1716～35)に建てられた五

間に十間の堂があるが現在展示館となっている。雄山山頂へは徒歩2時間を要する。

雄山の神は、雄山の絶頂に祀られている。古来から立山権現と称され信仰を集めてきた。山頂に峰本殿・社務所があり7月から9月まで峰本社が開かれる。古来から富士山、白山とともに日本の三霊山と崇められてきた。祭神は伊邪岐命・天之手力雄命を祀る。手力雄神は天の岩戸に天照大神が隠れられたとき、再び世に迎えた雄雄しい神である。

「皇神のうしはき　います新河の　その立山に・・・」を始め多く万葉集にも詠まれている。

雄山神社の開山縁起によると、大宝元年(701)に越中国司佐伯有若の嫡男有頼少年が、白鷹に導かれ熊を追って岩窟に来たところ、「我は濁世を救わんがため、この山に現われ、あるいは鷹となり、熊となり、汝をここに導きしは、この山を開かんがためなり」という雄山大神のお告げを受けた。有頼少年はその神示により、修行を重ね受戒して慈興と名のり、山上山下に壮大な社堂を建立した。麓の芦峅寺には佐伯有頼慈興上人を祀る立山開山堂がある。『延喜式』には雄山神の名で登載されている。神仏習合時代の山岳信仰の霊山として富士山・白山とともに日本三霊山として知られている。平安時代中期より修験道の修行場として出羽国の羽黒山・信濃国の戸隠山とともに有名になった。

越中国一の宮
射水神社 いみずじんじゃ

御祭神 二上神(ふたがみ)

〒933-0044　富山県高岡市古城公園　(JR北陸本線高岡駅徒歩15分)
TEL 0766-22-3104　FAX 0766-21-3715

射水神社の創始は太古のことであり年代は詳かではないが、御祭神である二上神は越中国で最高の神階を賜っており、また『延喜式』神名帳では越中国34座の内唯一の名神大社(みょうじん)である。

古来より越中文化発祥の大守護神として崇敬され、越中の国土を守り文化、産業の発揚に力された。伊彌頭(いみず)(高岡市・氷見市(ひみ)・新湊市(しんみなと)・射水郡・福岡町の全域、砺波市(となみ)の一部)の国造が越中に補任すれば先ず、射水神社に参拝し国の安寧と五穀の豊穣を祈願した。伝によれば養老年間(ようろう)(717～23)僧行基が二上山山麓(ふたかみやま)に養老寺を建て、この神を祀り(まつ)二上権現と称した。当時の領域は二上荘67ヶ村、社寺は二上全山にわたり、22万余坪に達したと言われ、越中全土の各戸より初穂米1升奉納の制があり、盛大を極めた。文明7年(1475)9月には、後土御門天皇が二上荘領家職の土御門三位の綸旨(りんじ)を下し、先例があるので二上社の造営に越中国棟別銭の使用を承認した。二上社が二上荘の鎮守であり、越中国全域に及ぼす伝統的な神威を保持し続けたことがわかる。承平年間(931～38)、天正年間(1573～92)の兵火により悉く烏有に帰し、社僧の宿坊に残るは3ヶ寺となった。

慶長15年(1610)、加賀藩主前田利長(としなが)により社殿再建され、社領及び一山を付し、藩の祈祷所として保護を受けた。また、越中一円に初穂米奉納の制が再興され明治3年(1870)まで続いた。翌年国幣中社に列格し、明治8年(1875)、高岡城本丸跡の現在地に遷座した。明治10年(1877)二上の旧地に地元住民の希望を入れて分社

が置かれ、戦後独立して二上射水神社となった。現在の鎮座地は高岡駅北約700mの高岡古城公園の中にある。明治8年(1875)に指定された約24ha(7万坪)の広い公園は、慶長年間(1596～1615)に前田利長が、高山右近の縄張(設計)によって建てた高岡城跡で、社殿は本丸跡にある。廃城後は城郭、濠をそのまま残して全国では珍しい水壕公園として市民の憩いの場になっている。高岡市は金沢・小松とともに加賀藩の三城下町の一つに数えられていた。

　二上山は高岡駅の北7kmのところにあり標高273mの山で、山麓に小矢部川(射水川)が悠々と蛇行して流れている。周囲に肩を並べる山がないため、実際よりも高く見え富山湾を見下ろし、立山の山々や能登半島を遠望できるすばらしい眺めを展開している。二上山の第一の峯の奥の御前に大山咋神を祀る日吉社がある。第二の峯の前の御前は地主神を祀る悪王子社がある。また前面北の峯の院内社には菊理媛神を祀る院内社、前面西の麓の諏訪社には建御名方神を祀る諏訪社がある。

　山容は秀麗で万葉の歌人大伴家持は、越中国司在任中(746～751)、二上山の美しさを称え、神が宿る山と仰ぎ「射水川い行き廻れる玉櫛笥二上山は、春花の咲ける盛に、秋の葉の匂へる時に出で立ちて、振り離け見れば、神からや、そこば尊き。山からや、見が欲しからむ」と大らかな感情で多くの歌を詠んでいる。古代の人々にとって二上山は生活の中心として、朝な夕なに手を合わせて拝んだ魂の故郷であり、清浄なる御神体山として崇敬したのである。

北陸道

越後国一の宮

彌彦神社 やひこじんじゃ

天香山命(あめのかごやまのみこと)

〒959-0323　新潟県西蒲原郡弥彦村大字弥彦2829　(JR弥彦駅徒歩10分)
TEL 0256-94-2001　FAX 0256-94-4552

　上越新幹線の燕三条(つばめ)駅のホームから見ると、広々とした越後平野がひろがる田園の中に美しい山容をした弥彦山がある。平野にそびえ立つ覘標(さめ)高638mの山でひときわ目立つ存在で、古代より神の山としての信仰を集めてきた。山上には彌彦神社の奥宮が祀られている。万葉集にも「伊夜比古(いやひこ)　おのれ神寂び　青雲の棚引く日すら　小雨そぼ降る」(3883)と詠まれている。また、「もも伝ふ弥彦山をいや登り　登りて見れば　高嶺には　八雲たなびき麓には　木立神　さび　落ちたぎつ　水音さやけし　越路には　山はあれども越路には　水はあれども　此処をしもうべし宮居と定めけらしも」と、良寛(?～1831)が書いている。

　JR燕三条駅から弥彦線で約40分で弥彦駅に至る。駅より西北1kmのところ、弥彦山の東麓の古杉に覆われた森林の中に本殿が鎮座する。境内は約13万2000平方m(4万坪)、背後の弥彦山境内林は約198万平方m(60万坪)の広大なる神域である。一の鳥居から右手につづく神苑は巨木に覆われ、南西隅の鹿苑には数頭の鹿がいる。万葉集に「伊夜比古　神の麓に今日らもか　鹿の伏すらむ皮衣(かはごろも)着て　角つきながら」(3884)と詠まれている。参道を進むと、旧本殿跡と並んで石柵に囲まれた浄域に椎(しい)の大木がある。二の鳥居の前方には随神門が左右に翼をひろげたように見え、その奥に社殿がある。さらに社殿を包むように弥彦山が望まれる。社殿は大正5年(1916)に再建されたもので、三間社造り流造り向拝付(さんけんしゃづくりながれづくりごはい)、銅板葺である。

『延喜式』には越後国56座の中に名神大社1座、伊夜比古神社の名で記帳されている。万葉集に「いやひこの おのれ神さび 青雲の 棚引く日すら こさめそぼふる」と詠まれている。戦前の国幣中社で直江津の居多神社とならんで越後国一の宮である。

御祭神・天香山命は天照大神の曽孫で高倉下命とも申し上げ、天孫降臨に供して紀州熊野に住み、神武東征のときにフツノミタマの剣を奉じて功をたてられた。天皇即位4年(前657)勅を奉じて越後の開拓経営のため弥彦山裏手の野積浜に上陸し、弥彦山東麓に居を定め、この地方を治めたという。御祭神の天香山命が椎の杖を地にさして、「この地が私の住むべき地ならば繁茂せよ」といわれたところに芽を出し、根が張ったという伝承がある御神木である。妃の熟穂屋姫命をはじめ6代の神々を祀る摂末社が境内・境外の各所に鎮座されている。弥彦山頂に祭神の御神廟がある。垣内の円墳の上に二つの小さな石祠があるが、天香山命と妃の熟穂屋姫命が祀られており、ここを神剣峰と呼ぶ。

一方北方の峰を十宝山と呼び御神宝が納められていると伝えられる。神社から御神廟までは3.38キロ、徒歩で1時間半で登れる。

山頂へはロープウェーと弥彦山の南北を結ぶ弥彦山スカイラインがあり、山頂には誰でもが楽に行ける。山頂の東は沃野が広がる越後平野と、それを潤す悠々たる信濃川が流れている。西は日本海の白波が真下に拡がり、海上には佐渡島の雄大な眺めが展望できる。

北陸道

越後国一の宮
居多神社 こたじんじゃ

大己貴神(おおなむちのかみ)

〒942-0081　新潟県上越市五智6-1-11 (JR信越本線直江津駅タクシー10分)
TEL 025-543-4354

JR直江津駅(なおえつ)から日本海岸の西が居多(こた)ケ浜で、古代からの船着場であり、『延喜式(えんぎしき)』頚城郡(くびきのこほり)13座の一つ居多神社があった。慶応2年(1866)の地変で崩壊してしまい、明治12年(1879)に現在地に遷座した。しかし、明治35年(1902)に火災にあい、明治40年(1907)に仮社殿を造り、戦前に造営計画がなされたものの、敗戦で取り止めとなって今に至っている。

　越後国に流罪となった親鸞(しんらん)は、居多ケ浜に着船し上陸した。配流中の親鸞は、浜の波間を染める夕日に感動し、白地に朱色の日の丸を描き、その上に「南無阿弥陀仏(みだ)」の六字の「日の丸名号(しゅじょう)」に、「末遠く法を守らせ居多の神　弥陀と衆生のあらん限りは」の一首をそえて神前に供えて参拝した。祭神の居多(こた)の神とは、大己貴神(おおなむち)のことである。大国主神(おおくにぬし)の名で親しまれ、国土経営の神である。出雲国(いずものくに)から海を渡り越の国の国土経営をした国津神(くにつかみ)であり、越の国の女神、奴奈川姫(ぬながわ)を妃として、子を生んだ。郷津岩殿山の大岩窟が生誕地であると伝えられている。建御名方命(たけみなかたのみこと)は天津神(あまつかみ)に国譲りしたことに従わず諏訪国に行き、諏訪大社の祭神になった神である。配神にこの二方の神を祀り、信越の霊験高い神として祭神と合せて3柱の神は尊崇されてきた。土地神とその地に来た出雲の神とが結ばれて越後国を開拓したことを物語っているが、つねに外来文化を受け入れている形態が日本の歴史でもある。そこから地の者と外来の者の融和と抗争、差別が繰り返されて、この国が造られていっ

たことを知らねばならない。

越の国は越・高志・古志の字が当てられて『日本書紀』の国生み神話に越ノ州とあるのが初見である。越前以北、越後の信濃川河口までを越の国であった。大化以前は高志

深江・頚城・伊弥頭・羽咋・能登・三国・角鹿などの小国であった。なかでも高志が中心をなしていた。崇神天皇の四道将軍のひとり大彦命は高志道に派遣され、その子孫阿倍臣が高志国造に任ぜられている。658年に越国守阿倍比羅夫が粛慎を遠征し蝦夷を討っている。中央政権の勢力がおよんで北進されると、出羽方面から場合によっては津軽・渡島の北海道まで漠然と高志の国、高志道と呼んでいた。越前・越中・越後に分かれたのは飛鳥時代の持統天皇以後である。

貞観三年(861)弥彦の神、居多の神に朝廷は従四位下を贈り、越後国一の宮として崇めている。居多の地は越後国府や国分寺が置かれ、越後国の中心になり、越後文化の発祥地であった。戦国時代は上杉謙信の居城春日山城の城下町として京・大坂に次ぐ栄えをみせていたという。親潮の流れる日本海側は、太平洋航路が開かれるまでは表日本であったことを忘れてはならない。

北陸道

佐渡国一の宮
度津神社 わたつじんじゃ

五十猛神(いそたける)

〒 952-0503　新潟県佐渡市羽茂飯岡 550-4 (佐渡・小木港からタクシー15分)
TEL 0259-88-2030

直江津港から最寄りの小木港までカーフェリーで約2時間半。小佐渡の西南岸にある港町小木港(おぎ)は、両津港(りょうつ)に次ぐ佐渡の門戸である。タライ舟が名物の小木から羽茂川をさかのぼったところに佐渡国一の宮がある。『延喜式』佐渡国九座の第一であるが、佐渡の観光にはあまり紹介されていないのは、観光が大佐渡の方に偏っているからであろう。しかし、訪ねるとさすがに一の宮の風格をそなえている。羽茂川の清流に臨み、妹背山を神域とした古代信仰を継承していることが感じられる神々しい雰囲気である。

　佐渡国は新潟県になっているが、昔は一国であった。新潟の沖にある最大の離島で東北から南西に平行する二条の山脈から成って、越後に面する方を小佐渡といい、背後の山嶺が大佐渡でその中間を国中平野という。東西両端とも湾入していて両津・真野(まの)湾がある。舒明紀(じょめい)に「佐渡島北御名部の磯岸、有粛慎人(みしはせ)」、聖武紀に「天平勝宝四年、勃海国(ぼっかい)使者着」とあることをみると古代に大陸や半島から渡来したり漂着していたことがわかる。粛慎(みしはせ)と中国の古典にみるアジア大陸東北地方の未開民族粛慎(しゅくしん)との関係は不明である。

　『延喜式』に佐渡国は9座、羽茂郡(うも)2座の第一にある。祭神は素戔嗚尊(すさのう)の御子、五十猛命(いそたける)を祀る。またの名は大屋毘古神(おおやひこ)ともいう。五十猛命は造船と航海の技術に優れているところから海を渡る度津(わたつ)の社号を称える。父神素戔嗚尊は高天原を追放され、五十猛命を率いて新羅国(しらぎのくに)に渡り、やがて埴土で船を造り出雲国の簸ノ川(ひ)に来た。五十猛命は多くの樹木の種子を持って筑紫国より国全体

を青山にした。五十猛命は有功の神とも大屋彦神とも称され、妹神の大屋津姫と次の妹、都麻都姫とともに紀伊国一の宮祁曽神社に鎮座しているが、家屋・船などの木材を供給し、植林の神々である。

　文明2年(1470)羽茂川の大洪水で社地が流失し、由緒・縁起・古文書などことごとく失い、別当坊までも被害にあったので、創建などが不明である。現在の本殿は宝永6年(1709)に建てられた。幣殿、拝殿は昭和12年(1937)に台湾阿里山の檜で造営された。例祭には古式による流鏑馬神事が行なわれる。また特殊神事に妹背神楽がある。海神であり、山神である猿田彦神の舞いに始まり、獅子舞と「つぶろさし」の三部からなる舞楽である。古くから羽茂郷に伝承された大神楽の一つ「つぶろさし」と言われ、「つぶろ」は夕顔の容器のことで、この地方の方言で偉大なる男の性器を意味する。「さし」は「さすり」であるから、さすることを言う。舞いは、面をつけ、木製の男根を持って操り、若き生命力をもてあましている偉丈夫の男舞いを中心に、面をつけ竹を割って作った楽器「ささら」を磨いての女舞いが、相手の注意を呼びながら、弱く、しおらしい美女と、面の顔を布で包み、銭太鼓を鳴らしながら肉体美と富を見せびらかそうとする醜女との三人が、恰も三角関係の争い事のごとく、互いに舞いすがり、はじき合うという素朴な原始的なものである。古代日本列島にも潮流に乗ってきた人々がいたのではないだろうかと考えさせられる。また、境内には佐渡植物園があり、漂流植物も含めて種類が多く特異な植物も見られる。

北陸道

		年	月/日
丹波国	出雲大神宮	-	/
丹後国	籠神社	-	/
但馬国	出石神社	-	/
但馬国	粟鹿神社	-	/
因幡国	宇倍神社	-	/
伯耆国	倭文神社	-	/
出雲国	出雲大社	-	/
出雲国	熊野大社	-	/
石見国	物部神社	-	/
隠岐国	水若酢神社	-	/
隠岐国	由良比女神社	-	/

山陰道

山陰道は丹波・丹後・但馬・因幡・伯耆・出雲・石見・隠岐の8国をさし、そのうち丹後国は和銅年間 (708～14) に丹波から分離したものである。その他は大宝令 (701) 時代から定められた。山陰道の諸国は中国および丹波高原の山地から成って、耕地面積はわずかで冬の季節風の影響をこうむり、生活活動はめぐまれない。明治以後、丹波・丹後国の一部を山城国と合わせて京都府にし、丹波国の一部および但馬国は播磨国および摂津の一部とともに兵庫県を、因幡・伯耆国を鳥取県にし、出雲・石見・隠岐国を合わせて島根県にした。山陰道の神は560座ある。うち名神大社は37座ある。山陰道にある国々の一宮と祭神は、

丹波国 式内社 71座 内名神大社 5座
出雲大神宮　大国主命・三穂津姫命

丹後国 式内社 65座 内名神大社 7座
籠神社　彦火明命

但馬国 式内社 131座 内名神大社 18座
出石神社　天日槍命
粟鹿神社　日子坐王

因幡国 式内社 50座 内名神大社 1座
宇倍神社　武内宿禰

伯耆国 式内社 6座
倭文神社　建葉槌命・下照姫命

出雲国 式内社 187座 内名神大社 1座
出雲大社　大国主神
熊野大社　櫛御気野命（素戔嗚尊）

石見国 式内社 34座
物部神社　宇摩志麻遅命

隠岐国 式内社 16座 内名神大社 4座
水若酢神社　水若酢神
由良比女神社　由良比女命

山陰道には出雲神話で知られている出雲国がある関係上、素戔嗚尊を主として、その子の大国主神と、その子神たちというように、古代日本を開いた国津神系の神々たち、即ち出雲系の神々が祀られている神社が多い。今でも陸上交通が便利でない山陰地方に、古代日本を開発した大国主神を中心とする神々の本拠があったのであろうか、神話にある出雲は山陰の出雲ではなく大和国の出雲屋敷だという説もある。しかし、山陰道にある国々は、日本海との海上交通を無視できない。むしろ古代は主であって、陸地より海上の道を考えると、別な発想が出てくる。神話の素戔嗚尊をみると韓国との関係がでてくる。朝鮮半島との交通を物語っているといえる。

但馬国の出石神社に祭られる天日槍は明らかに朝鮮半島から渡ってきた技術集団である。当時の優れた文物を貢物として渡来してきた人々を集約したものが天日槍族である。親潮と黒潮が環流する日本海は、潮流にのれる航路であった。東海・山陽・南海道の海は太平洋で、遠く海原がつづくのにくらべ、山陰道の海は、朝鮮半島や大陸と向かいあって古代交通が開かれ、山陰諸国の方が日本の玄関口であった。

出雲国の熊野大社は神祖熊野大神櫛御気野命を祭神としているが、この神は素戔嗚尊である。ここは日本で初めて燧で火をつくったと伝えられるところである。出雲の熊野と紀伊国の熊野との関係は何であろうか、一般には紀伊国の熊野の方が有名だが、熊野のもとは、出雲の方ではないだろうか、出雲より紀伊国への海上の道によるものと考えられる。最近、海のシルクロードの研究が進んできているが、古代の海上交通が意外と発達していたことに注目しないといけない。

国譲り神話によって大国主神は天津神に国土を譲られて幽界を司ることになった。死の世界に入られたことを言っているのだが、この代償に大きな宮居を杵築に建てて厚く祀る。今の出雲大社であるが、山陰道には古代文化について、さまざまなことを考えさせてくれる源泉がある。

丹波国一の宮
出雲大神宮 いずもだいじんぐう

大国主命・三穂津姫命

〒621-0004 京都府亀岡市千歳町出雲無番地 (JR山陰本線亀岡駅タクシー15分)
TEL 0771-24-7799　FAX 0771-25-3832

丹波高原の東南部の渓流を集めて西に流れているのが保津川(大堰川)である。有名な保津川下りは、亀岡から出発して、嵐山まで水流の急激なところを舟下りする。その保津川下りの舟の乗り場から西北に行ったところに丹波国一の宮の出雲大神宮がある。千年ノ社とも呼ばれている。

古代信仰を今日に伝えている証拠として、神体山の千年山・御蔭山(御影山)がある。この山に神が降臨したという、自然物を信仰の対象とする古代の信仰形態から出発している。この山から御神水が湧出して絶えない。古歌や旧記に記されている千年山は、この山を指すのである。名勝の保津川は后神の三穂津姫の名からきたもので、古くは千年川といっていた。

出雲大神宮の手引きによれば、崇神天皇(前97～30)の時に再興されたという。崇神天皇の時も古いが、その時に再興されたというのだから、創建はもっと古いことになる。明治になって神社制度に定められた祭神は大国主神、三穂津姫命の二座である。
『丹波風土記』の「和銅年中(708～715)出雲国杵築に大国主神(またの名、大己貴命、御蔭大神、三穂津彦大神その他)を遷す。出雲大社是れ也」とある。また、別に説ありとことわり、天津彦根命・天夷鳥命・三穂津姫命の三座を祭神としている。社殿内の「空ノ間」を真中にして、向かって左に三穂津姫命、右に天津彦根命、天夷鳥命同座鎮座。古来よりの例なりとしている。

富士古文書(宮下文書)では、国常立命、三穂津姫命の二座とし、

その一書に「田場の真伊原＝この地を鍬田宮という。これは今の京都府南桑田郡亀岡市の字千歳にある出雲神社の所在地を指すわけである。田羽山の陵も出雲神社の裏山にあるはずである」という。

「現在の祭神は大国主命と三穂都姫命(出雲比女命)であるが、肝腎な国常立命(くにとこたちのみこと)を抜かしたのはよくない。」「神殿に一座の空座があるが、この空座には、国常立命の神霊を祀ったものと思う。」「この神社を大八洲国祖神社(おおやしまくにのみや)と改めてもよい。」「国常立命を豊受大神と含名する。」とある。

社殿の裏「空ノ間」より一直線上に5～6世紀の宮司始祖3代の古墳墓、前方後円墳車塚(くるまづか)がある。俗称では、元出雲(もといづも)といわれているが、『日本書紀』の崇神(すじん)天皇60年(前38)のところに出てくる出雲大神の宮は、島根県の出雲ではなく、この社のことをいうのであろう。出雲大神宮は鎌倉時代からの戦乱で広大なる神領は失われ、由緒も埋もれてしまったので、そのことは定かではない。しかし、兵乱のない島根半島の大社は、国譲りをした大国主神の慰霊の社にすぎない。社殿創立は和銅2年(709)10月21日といい例祭日になっている。60年毎に建て替えが行なわれるが、竣功となると神火(ミタマ)は丹波よりということが信じられている。本殿は三間社流造(ながれづくり)の重文で、神宮寺は明治の神仏分離で出雲区極楽寺(ごくらくじ)に移し、観音像は重文である。鎮花祭の風流花踊は無形文化財である。

山陽道

丹後国一の宮
籠神社このじんじゃ

彦火明命(ひこほあかりのみこと)

〒629-2242　京都府宮津市大垣430（北近畿タンゴ鉄道天橋立駅徒歩20分）
TEL 0772-27-0006　FAX 0772-27-1582

「神の代に、神の通ひし道なれや、雲居に続く天の橋立」と古歌にある天橋立(あまのはしだて)は、JR宮津線天橋立駅の近くである。一の宮へは駅からバスも出ているが、駅の近くの文珠桟橋(もんじゅ)から連絡汽船一の宮行が出ている。汽船に乗ると海上右手の白砂青松の天橋立のすばらしい景色が広がる。12分で一の宮桟橋に着く。上陸すると約100m、真直に籠神社の参道がある。多くの観光客は社前を通り過ぎてケーブルで傘松公園(かさまつ)に行き、ここの展望台から天橋立の景観を展望したり、名高い天の橋立の股(また)のぞきを楽しみ、バスで西国28番札所の成相寺(なりあいじ)に参詣するが、丹後国一の宮にも立ち寄りたい。丹後国には『延喜式内社』は65座ある。名神大社は7座で、籠神社はこの筆頭である。いま奥宮になっている真名井ケ原の磐座(まないがはらのいわくら)に神が降臨したのが始まりで、古代磐座信仰を残している。ここは匏宮(よさのみや)といって豊受大神(とようけ)が神代から鎮座した。奥宮の真名井神社は、別称豊受大神宮、伊勢の外宮元宮である。磐座西座には天照大神・伊射奈岐(いざなぎ)大神・伊射奈美(いざなみ)大神を祀る。崇神天皇(すじん)の時、大和国笠縫邑(かさぬいむら)から天照大神が、この地に遷幸されて4年間鎮座され、吉佐宮(與謝宮とも書く)と称した。垂仁天皇(すいにん)(前29～70)の時に伊勢国伊須須川上に遷座された。これが伊勢神宮のおこりであるという。豊受大神は、雄略天皇22年(478)に至るまで、この地にあって伊勢国度会郡の山田原に遷られた。こういうわけで籠神社は元伊勢宮といわれている。

　大化改新の後、与謝宮(よさのみや)を籠宮(このみや)と改め、彦火火出見尊(ひこほほでみのみこと)を祀った。元正天皇(げんしょう)の養老3年(719)に本宮を奥宮の地から今の地に遷座し、

彦火明命を主祭神として天照・豊受両大神を相殿に祭った。その後、海神、天水分神も併せて祀った。ここで彦火火出見尊から彦火明命に主神が替わってしまったのであろうか。母神は木花開耶姫命で、

狛犬

兄弟神であるが、彦火火出見尊は皇孫となり、彦火明命は海部直を始め、尾張連たちの始祖になられた神である。日本海の丹後と太平洋の尾張・伊勢を結ぶ勢力の発展が感じられる。

　天橋立は古代では神地であった。丹後風土記で伊射奈岐神が、久志備の浜の北の真名井ケ原に天から下りられたときの梯子天浮橋が、大神の寝ている間に倒れたのが天橋立であると伝えている。真名井神社の裏の磐座西座が古代の祭場である。ここは俗に子種石と呼んで天照大神の出生地として伝えている。

　社殿は伊勢神宮と同じ様式の唯一神明造で、勝男木は10本で、千木は内そぎになって古儀がいろいろと伝えられている。古来から30年毎に御造替の制となっている。社頭の狛犬2基は鎌倉時代の重文で、石造の狛犬として日本一の名作といわれている。

　神社のある宮津は、與謝宮の宮の津(渡し)の意味で、日本海の港として古代からの海上交通の要衝であった。江戸時代の帆船交通においては西廻航路の要地を占め、天橋立と対岸の獅子崎や黒岬になだらかにだかれた宮津湾は、風光明媚の地である。

山陽道

但馬国一の宮
出石神社 いずしじんじゃ

天日槍命(あめのひぼこのみこと)

〒668-0204 兵庫県豊岡市出石町宮内99 (JR山陰本線豊岡駅バス25分徒歩10分)
TEL 0796-52-2440　FAX 0796-52-4958

　JR山陰本線の豊岡駅から出石方面行バスで約25分の出石町鳥居橋下車、東へ徒歩10分である。三方を山に囲まれ小京都といわれる静かな町に出石神社がある。出石川盆地の中心にあって、境内は2万1885平方m(6632坪)、東北隅に約990平方m(300坪)の玉垣で囲まれた老樹の茂る禁足地がある。神苑に清水をたたえ、出石の名もここから出ているという。社殿は大正3年(1914)の再建であるが、本殿は三間社流造りで南面し、前面に幣殿と祝詞殿がある。拝殿は舞殿形式で入母屋造りの平入りで蔀戸をつくり、正面の辰砂の屋根と独立した平唐破風出桁の向拝は他に類のない珍しい建築である。

　『延喜式』に但馬国131座の内に大18座ある。名神大社の伊豆志坐神社(いずしにいますかみのやしろ)が8座を占め、祭神は、新羅の王の子、天日槍命(あめのひぼこ)と新羅国から持ってきた8種の神宝を伊豆志八前大神(いずしやまえ)8として祀っている。新羅系式内社の中心に当たり、渡来氏族の活動の根拠地であった。

　『日本書紀』に、崇神(すじん)天皇の第3子である垂仁(すいにん)天皇3年(前27)に、新羅国の王子の天日槍が弟の知巳に新羅国を譲り、一族郎党を率いて播磨国穴粟邑(しきわむら)に上陸し、その時貢献したのが「持て来たる物は羽太(はふと)の玉一箇、足高の玉一箇、鵜鹿鹿(うかか)の赤石(あかし)の玉1箇、出石の小刀1口、出石の矛1枝、日鏡1面、熊の神籬(ひもろぎ)1具、併せて七物(くさ)なり。但馬の国に蔵めて神の物となしき」とある。それに「胆狭浅(いささ)の大太刀」の八つを伊豆志八前大神(いずしやまえ)としている。この中で熊の神籬とは何であろうか。朝鮮建国神話に熊が天神の許しをえて人間の

女性に生まれ、天神の子はこの女性をめとり、壇君(だんくん)が生まれた。壇君が王位をついで朝鮮を建国した。天日槍のもたらした「熊の神籬」の熊は聖なるコマ(朝鮮)の神宮・神社ということになる。朝
鮮語コムは熊を表わしている。熊野神社の熊はコム、コマ(高麗)からきたものと関係があるらしい。天日槍は播磨国穴栗邑と淡路国出浅邑を賜ったが、天皇に「私自ら巡りて、心にかなう地を賜りたく存じます」と申し上げたところ即座にお許しがでたので遍歴の旅に出た。菟道河(うじかわ)をさかのぼり近江国吾名邑(滋賀県近江町箕浦)で暫く住み、若狭(わかさ)国から海路で但馬国に着き、出石郷宮内に住居を定め国土を開発した。鉄鈷山より砂鉄を採り山麓(但東町)で工具を鍛造し、岩山を開き、水利を整えて但馬の穀倉地帯の基礎を築いた。出嶋(いづしま)の人、太耳の女、麻多烏媛(またおひめ)をめとり、多遲間母呂須玖(たぢまもろすく)を生み、家祖の田嶋間守(たじまもり)がでている。

　神功皇后は天日槍命の八代目であるという。天日槍伝説は朝鮮伝来の刀剣文化を人格化したもので、但馬・息長(おきなが)氏に関係が深い。渡来氏族としての天日槍命の素性は、はっきりしている。半島の先進文化を直接持ってきた一族郎党は、須恵器・製鉄・土木工事の技術を移植し、古代社会で優れた鉄の技術集団であった。その活躍した舞台は広く、幾つもの集団がそれぞれの地に定着していったのである。その代表とされるのが天日槍で、渡来氏族として神に祀(まつ)られている。

山陽道

但馬国一の宮

粟鹿神社 あわがじんじゃ

日子坐王(ひのこいますのみこと)

〒669-5125 兵庫県朝来市山東町粟鹿2152 (JR山陰本線和田山駅タクシー20分)
TEL 079-676-2465　FAX 079-676-4903

姫路からのJR播但線と山陰本線とが合う和田山から福知山(ふくちやま)寄り、山陰線が夜久野トンネルをぬけて但馬にはいった町が朝来市山東町(あさごしさんとうちょう)である。交通の要衝で山陰道から多くの道が分岐している。
円山川(まるやまがわ)の支流の粟鹿川沿岸のやや広い盆地で、町の南東に粟鹿(あわが)神社がある。森林に覆われている境内は、3万4782平方m(1万540坪)と広い。樹木を背景にした鳥居を入ると勅使門・日ノ出門がある。現在の社殿は神功皇后が勅使をだして祈願せられた三韓征伐ご凱旋のご奉賽として建てられたものであるが、応仁(おうにん)(1467〜69)の兵火で勅使門を残し、ことごとく焼失した。

勅使門は『但馬世継記』に応神(おうじん)天皇の摂政3年に神功皇后(じんぐうこうごう)が本殿と共に建てられたという。日ノ出門には本造として山陰地方に類をみない狛犬(こまいぬ)がある。神社の裏にある二重堀や、本殿の後の円墳は王の墓として史跡になっている。神域は清々しく、本殿、拝殿などの社殿は、但馬国(たじま)の最古の社として、この国の国土開発の神が宿るに相応しい雰囲気を残しているとともに、森も保存されている。

『延喜式』の朝来郡(あさのこおり)、9座のうち、名神大社は1座は粟鹿神社である。久しく但馬国一の宮であった、と由緒にある。久しくとは但馬国一の宮は出石(いずし)神社が知られているが、粟鹿神社は名神大社として、大きな勢力をもっていた一の宮である。京都吉田家秘蔵の『大日本一宮記』には出石神社とその名がない。

粟鹿神社は多くの書物に彦火火出見尊(ひこほほでみのみこと)を祭神としているが、神功皇后が三韓征伐のとき住吉三神の御神託で、妹の虚空津姫命を

龍宮に派遣し、安積の磯童(鹿島ノ神)の案内で満干二珠を貰われて新羅に持参した。帰国の後に満珠を粟鹿大社に、干珠を住吉大社に神宝として奉納せられた。応仁の兵火で大部分を焼失したため、この故事に因んだ満神の代りに、最初に貰われた山幸彦(彦火火出見)を祀ったものである。彦火火出見尊は皇孫瓊瓊杵尊と木花開耶姫命の間の御子で、海幸・山幸と豊玉姫の物語の主人公である。

　崇神天皇の先代の開化天皇第三皇子日子坐命が正しいご祭神である。崇神天皇10年(前88)9月、天皇は、「もし教えを受けない物があれば、ただちに戦争を起こして討伐せよ」と詔して、北陸に大彦命、東海に武渟川別、西海に吉備津彦、丹波に丹波道主命に印綬を賜って将軍を任命した。10月、群臣に詔して「畿外の暴れ者たちだけが騒ぎを止めない。四道の将軍たちは今すぐ出発せよ」と。将軍たちは共に出発した。

　日子坐王命は、丹波道主命とともに丹波に出陣し、久賀耳三笠などの豪族を討伐してた。翌年4月、四道将軍は地方の敵を平らげた様子を報告し、国内は安らかとなった。日子坐王命は、丹波道一円を征定した後に、この地で亡くなった。和銅元年(708)の『粟鹿大明神元記』によると、太田々泥古命の第三子太田彦命が神南備山を遥拝していた粟鹿山霊、四道将軍の一人として山陰道を平定せられた日子坐王命であると伝える。丹波道主命は、粟鹿大社の境外摂社、三谷神社のご祭神である。

山陽道

因幡国一の宮
宇倍神社 うべじんじゃ

武内宿禰(たけのうちのすくね)

〒680-0151　鳥取県鳥取市国府町宮下651　(JR山陰本線鳥取駅バス20分)
TEL 0857-22-5025　FAX 0857-29-2225

鳥取市は温泉がある県庁の所在地である。鳥取駅から東南へ5km、駅前からタクシーで約10分、国府町に宇倍神社がある。

因幡国(いなば)は『延喜式』50座の中に唯一の名神大社である。神社のあるところは因幡国の国府のあったところで「万葉の里」として今日に伝えられている。奈良以前の寺院址として知られているものは、国分寺を除き7寺が数えられ、古代因幡国の中心であった。

宇倍神社の背後の宇倍山から和銅(わどう)3年(710)銘の骨壺(こつつぼ)が出土して、祀官家(しかん)の伊福部(いふくべ)氏の祖先のものと推定されている。本殿の上の岡の上に、石囲いの中に二つの石が祀(まつ)られている。これは古代信仰を伝える磐座(いわくら)と思われる。

因幡国は日本海岸に沿って、東西に走る白山火山帯が大小の山々を起伏させている。このために山地が多く平野は少ない。わずかに中央部の千代川(せんだいがわ)の下流に発達した鳥取平野が開けている。古くは稲羽(いなば)、稲葉と書き、『和名抄』には稲羽郷の名である。海岸には砂丘が発達して、その南側には湖沼地帯があり、縄文遺跡はその周辺に多い。弥生・古墳時代になると、集落は河川沿いに移動し、歴史時代には千代川沿いが中心となった。

宇倍神社は武内宿禰(たけしうちのすくね)を祀(まつ)る。タケウチノ、タケノウチとも読まれる。大化4年(648)の創建と伝え、因幡国造(いなばのくにのみやっこ)の祖神を祀るともいわれている。武内宿禰は『古事記』『日本書紀』にみる伝承的人物である。

『古事記』では第8代孝元天皇の皇子比古布都押之信命と山下影比売の子で、成務天皇をはじめ4代の天皇に仕えたという。『日本書紀』では屋主忍男武雄心命と紀直の遠祖菟道彦の娘の影媛の子である。武内宿禰は4代の天皇のほか景行天皇にも仕えたという。景行天皇が紀伊国に行幸して、天神地祇を祭祀しようと占なわれたが、吉兆でないので行幸を中止し、屋主忍男武雄心命を遣わして、そこで阿備の柏原（今の和歌山市内）で天神地祇を祀らせた。天皇はそこに9年間住みんだという。

　武内宿禰は景行天皇より棟梁の臣、成務天皇より大臣に任命され、わが国の大臣の始めとなった。それより仲哀・応神・仁徳天皇の大臣を歴任した。若くして北陸や東北に遣わされ、神功皇后を補佐し三韓の戦いや、かご坂・忍熊の二王を討って、応神天皇を即位させた功臣である。仁徳朝のときは大陸文化の導入に努め、仁徳天皇55年(367)、300余歳の長寿で、境内の亀金の岡で昇天したと伝える。その4子は許勢・平群・葛城・蘇我氏の祖とされる。

　武内宿禰は、300余歳を保ったという実在性は否定されるが、何人もの宿禰の伝承で宿禰は職名であるという説、武内宿禰の説話は、上記の蘇我氏など4氏の伝承によって形象化されたという説などがある。武内宿禰は、明治18年(1885)以後の壱円紙幣に顔が出ている。明治32年(1899)以後の5円紙幣には顔と社殿が印刷され、戦前の日本人に親しまれてきた。4月の例祭「神幸祭」では武者行列や、奴の舞いの行進、無形文化財の「麒麟獅子舞」が奉納されるなど大規模に催される。

山陽道

伯耆国一の宮
倭文神社 しどりじんじゃ

建葉槌命・下照姫命

〒689-0707 鳥取県東伯郡湯梨浜町宮内754 (JR山陰本線松崎駅タクシー5分)
TEL 0858-32-1985

JR山陰本線松崎駅前は東郷温泉で、すぐ背後には周囲12kmの伯耆国最大の東郷池がある。対岸は浅津温泉で定期船が往復している。駅前を右に折れ人家の稀になるあたりの三叉路を左に折れてすすむと、藤津集落で、一宮神職家の米原家がある。湖岸を行くと眺めのいい大鼻から宮内集落の人家のつきるところで坂を上れば御旅所で、桜並木を行くと途中に安産岩がある。突き当たりに壮麗な随神門の屋根が見えるのが倭文神社で御冠山にある。倭文は「しずおり」の変化した音である。

創建は不明であるが、社伝によると大国主神の娘下照姫命が出雲から海路をとり船で仮が屋崎(国道9号)に着かれた。旧羽合町と旧泊村の中間にあたるところで、今も御腰掛石・化粧水の名が残っている。従者とともに御冠山に登り住居とした。一段下は従者の居住したところで、今は竹薮になっている。

今も宮内の人々は姫の従者の子孫だと信じている。当時の飲料水を杉尾の神水と呼んでいる。姫はこの地で死去されるまで、国土開発、安産の指導をされ、安産の守護神として崇敬されている。安産岩・宮戸弁天などは下照姫の由緒の地と伝えられている。下照姫命に対する安産信仰は古来からのもので、信仰する人に数々の霊験があるので、ますます安産の神として信仰が深められていった。安産岩は、昔、難産に苦しむ婦人が願をかけ、満願の日に夢に下照姫命の姿が現わされ、参詣の帰途に安産岩のところで妊婦が簡単に出産したので、だれいうとなく安産岩と呼ぶようになった

といわれる。

　創立当時この地方に倭文(しずおり模様の麻布)の織物が生産されていたので、織物の祖神建葉槌命を主神として下照姫命・事代主命・建御名方命・少彦名命・天稚彦命・味耜高彦根命の5柱を祀る。平安朝の神仏混淆時代には、多数の天台宗の神宮寺が建立されたが、戦国時代に武将に社領を没収され、神社のみを残して各寺院はなくなった。

　神社の山林の丘に下照姫の墓といわれる伝説の地があった。大正4年(1915)にそこから多数の出土品が発掘され、経塚であることがわかり、神宮寺時代を証明するとともに伯耆国一宮経塚遺跡に指定された。埋蔵物や埋蔵状態は平安期の経塚の構造を知る上で貴重な史跡地である。出土の銅経筒は平安時代の美しい字体の刻銘があって、その中に「東郷御座一宮大明神」の文字と康和5年(1103)に埋納した事が刻されている。

　国宝に指定されているが、ほかにも白鳳時代の金銅観音菩薩立像など宝物が多い。社殿は文化年間(1804〜18)末の改装で、昭和14年(1939)に国幣小社となった。勅額といわれる「正一位伯州一ノ宮大明神」と刻した古額がある。

　本殿背後の老木は、タブの木、ハネリともいわれ古来神木とされている。「乳神さん」と崇められ乳の出ない婦人の信仰がある。境内の手水舎の石は大きな自然石である。

山陽道

出雲国一の宮
出雲大社 いづもおおやしろ

大国主神

〒699-0701　島根県出雲市大社町杵築東195(一畑電車出雲大社前駅徒歩15分)
TEL 0853-53-3100　FAX 0853-53-2515

JR山陰本線出雲市駅からバス大社線で24分、大社町にある。社殿は宇迦山(がやま)の西南麓にあって西に鶴山、東に亀山、後方に八雲山(やくも)の丘陵が。境内は荒垣がめぐらされる。

ここは、もと杵築(きづき)といったが大正14年(1925)6ヵ村を合併して大社町と改めた。出雲国は、古くは出雲大社も杵築大社と熊野大社の二大社の祭政を中心にして、出雲臣(いずものおみ)の祖先によって支配され、4世紀ころに大和朝廷の支配下に属し出雲国造に任じられたという。八雲立つ出雲の国の一宮は、この二大社が名をつらねている。

『延喜式』には出雲郡に58座の中の大1座で、名神大社・杵築(きづき)大社で記帳されている。それが明治以後、出雲大社と名をかえて、縁結びの神「だいこくさま」と慕われ、全国的に結婚の神様は即、出雲の神様、出雲大社と言うようになった。これは出雲大社教(いずもおおやしろきょう)をはじめ、教派神道として勢力をもっている天穂日命(あまのほひのみこと)にはじまる祭祀家の千家(せんげ)宮司の努力によるものだが、その基盤には国津神系(くにつかみ)の祖神である祭神の、大国主神の国土に広がる神徳の現われといえる。

祭神の大国主神(おおなむち)は、大己貴神、八千矛神(やちほこ)などと呼ばれ、素嗚神が奇稲田姫(くしなだ)と結婚して生んだ子ども、またその6世の孫ともいわれている。『日本書紀』に天津神に国土を譲ってしまわれた大己貴命(大国主神)は幽界の神事を司る、といって「身は永久的におかくれになってしまわれた」と記されている。永久的におかくれになった、ということは言葉はきれいだが、この世の命を絶たれたことである。高皇産霊尊(たかみむすびのみこと)は、その条件として柱を高く太く、板を広く厚くした

天日隅宮の宮殿を造り、御料田を供し、高橋・浮橋と天鳥船を造った。祭祀を司るのは天照大神の第二の御子天穂日命が出雲大社の創建と共に大国主神にお仕えし、以来、その神裔が出国造と称してつかえている。中世に千家・北島家に分かれて社に奉仕した。

　奈良の大仏殿よりも大きい天日隅宮を建てたのが出雲大社の本殿で、「大社造り」と呼ばれる住居式の神殿様式を伝えている。平安時代の口遊という本によると、奈良東大寺の大仏を越える日本最大の建物であったという。鎌倉時代になると『日本書紀』にいわれている社殿より規模を小さくした。現存の本殿は南面し二間に二間、単層、切妻造り、桧皮葺の床下高く、棟には勝男木を置き、千木が高くそびえている。平面は正方形をなし、柱間は5.8m、高さ24.2mの雄大な建築である。入口階段は右側に寄っているが、神座は中央の真柱から右側中央の柱との間に障壁を造り、その後方、東北隅に西面している。建物は延享元年（1744）の再建である。本殿のほかに境内でとくに目をひく建物は、左右に長くつづく二社殿の19社である。この建物は神無月（旧10月）に諸国の神々が出雲に集まる時の御旅所となるものである。出雲では、この月を神在月と呼んでいる。諸国の神々が大国主神のもとに招集される神集いをする。なお、平成の大遷宮が20年仮殿遷座祭、25年に本殿遷座祭が行われた。60〜70年毎

山陽道

出雲国一の宮
熊野大社 くまのたいしゃ

櫛御気野命（素戔嗚尊）

〒690-2104　島根県松江市八雲町熊野2451　TEL 0852-54-0087
(JR山陰本線松江駅―畑バス25分の八雲車庫乗換、町営バス20分熊野大社下車)

松江駅から南へ13kmの熊野の農村の中に熊野大社がある。途中には「八雲立つ風土記の丘」。大庭の神魂神社・八重垣神社があって、出雲文化発祥と関係の深い由緒あるところである。『延喜式』に出雲国には197座ある内の名神大社2座の一つで熊野坐神社の名である。熊野のクマは奥間、明暗の出合うところの意味があるが、古代語の「くまの」は韓語より出ているといわれる。韓国の神話では熊を神獣としていることから転じて、その意味は両方につながり、奥深い聖地ということである。出雲の熊野も紀伊の熊野も、ともに奥深い地である。熊野の社名・地名が双方にある。とかく紀伊の熊野は有名だが、古代から両国の経路は海路によって結ばれていた。

　熊野大社の神域は八雲村熊野の中央に位置し、前に意宇川の清流をへだてて遥かに元宮のある熊野山(熊成峯、天宮山、天狗山)を仰いで、後ろに須我の秀峰の八雲山がある。熊野山の山上には岩座があって御神体山とする原始信仰が日本最古の熊野大社の元宮として生きている。

　大社の背後には素戔嗚尊の御陵地と伝える素盞嗚山があって、上の宮の霊地には熊野三社権現、下には稲田姫命神陵の伝説地がある。大社の約1.5kmにおよぶところに摂社が祀られている。祭神は神祖熊野大神櫛御気野命で素戔嗚尊のことである。出雲族の神祖であり、櫛御気野は奇御木主の意味、奇御食主とも解されている。広く衣食住をさし国土開発の神である。素戔嗚尊は天照大神の弟で、朝鮮から往来し、出雲国の簸川の川上で八岐の大蛇を

平らげ櫛稲田姫の両親の許しを得て日本最初の正式な婚約をされた。「八雲たつ出雲八雲かきつまこみに八重かきつくるその八重かきを」と、和歌の元歌をつくられた。『出雲風土記』に「熊野山 郡家正南一十八里桧檀也 所謂熊野大神社坐」と、熊野の地で鎮まったと伝えている。素戔嗚尊は熊野山で燧臼、燧杵で切り火して日本最初の火を用いた古事をもって、熊野大社を日本火出初社とも呼んでいる。

　上の宮のある三笠山から遥拝祭が行なわれていたが、社殿建築の時代から境内に鑚火殿が建築された。出雲大社とともに出雲族の一派に奉じられてきたが、出雲大社を奉じる一派よりも勢力が強かった。出雲大社宮司(出雲国造)の就任式の火継式が、熊野大社で行なわれることはこのことを物語っている。鑚火祭は10月15日に出雲大社祭祀に用いる神火を出雲大社宮司が参拝の上、拝受する日本唯一の祭りである。勢力の強かったもののまもなく屈し、出雲大社の司祭である出雲国造によって祭祀が奉仕されるようになった。

　中世以後、出雲大社は盛大に赴いたが、当社は振るわなかった。天文11年(1542)の大内・尼子の兵乱にあい、本殿などを失ってしまった。その後、仮殿を造営し、尼子に代わって毛利元就が当国を領し、仮殿を修理したが、かつての姿にはならず、昭和23年(1948)に再興された。熊野には旧石器が発見されて、5万年前人が生活しことが明確になった。境内の熊野郷土館には民具などを展示している。

山陽道

石見国一の宮

物部神社 もののべじんじゃ

宇摩志麻遅命(うましまじのみこと)

〒694-0011 島根県大田市川合町川合1545 (JR山陰本線大田市駅タクシー10分)
TEL 0854-82-0644　FAX 0854-82-9298

島根県大田市(おおだ)から山陰(さんいん)の名山として知られる三瓶山(さんべさん)へ行く途中、川合町に物部神社がある。境内は1万3200平方m(4000坪)ある。本殿は千木(ちぎ)高く、後方には千年の緑茂る八百山がある。ここに祭神の御神墓がある。東方には遥かに三瓶(さんべ)の霊峰を望み、南には祭神の宇摩志麻遅命(うましまじのみこと)が天降った鶴降山(つるぶさん)を眺める。『延喜式』には石見国に34座ある1座である。

　祭神の宇摩志麻遅命は、父神の饒速日命(にぎはやひのみこと)が、天神から授けられた十種神宝を奉じて天磐船(あめのいわふね)に乗り大和に天降り(あまくだ)して、ここで勢力をもっていた長髄彦(ながすねひこ)の妹の三炊屋媛(みかしきやひめ)をめとって生まれた子である。名前の「うまし」はほめたたえる語で、まじはまじない、占い(うらな)の意味で、可美真手命(うましまでのみこと)ともいう。

　神武天皇が東征のとき、宇摩志麻遅命は長髄彦(ながすねひこ)を殺害し、軍勢を率いて帰順した。天皇はその功績を賞し「フツノ霊(みたま)」の神剣を与えた。神武天皇即位の時、宇摩志麻遅命は五十櫛を樹てて物忌みし、フツノミタマ、十種神宝を奉斎し、御魂鎮(みたましず)めをして宝寿を祈願した。天皇はその功により、申食国政大夫(おすくにのまつりごともうすまえつきみ)(国政大臣)に任じられた。宇摩志麻遅命は物部氏(もののべ)の始祖で、子孫である物部氏は大連(おおむらじ)として古代豪族に重きをなした。

　物部という名は「もの」であり、宇摩志麻遅命の名の「まじ」のように鎮魂(ちんこん)のことをいう。物部氏は最初、祭事を司り神前で裁判をする仕事をしていた。祭政一致の古代で神事を握る大きな勢力であった。後に武力をもって一族が栄えるようになってから、物部の名が、

もののふ、武士の意味にとられるようになった。由来によると、祭神の宇摩志麻遅命は天香具山命とともに物部一族を率いて各地を平定し、後に分かれて播磨・丹波をへて石見国に入り、都留夫、忍原、於爾、曾保里を鎮め、この地に留まり、ここで崩じた。垂仁天皇26年(前4)秋、天皇は物部十千根大連に「しばしば使者を出雲国に遣わして神宝を検校させようとしたが、いかにもはっきり申す者がなかった。おまえは、自ら出雲に行って神宝を検校せよ」と命じている。

継体天皇八年(513)に、ここに社殿を建てて祀ったと伝える。新しい仏教を奉じる蘇我氏と神道を奉じる物部氏との対立は勢力争いとなり、用明天皇死後の即位問題から587年、蘇我氏と戦い敗れ、諸国に分布したので、各地に祖神を祀る神社があり、当社はその宗社である。後の大化改新および壬申の乱(672年)を通じて高官になる者が多く、石上氏の名を賜った宇麻呂の系統から左大臣まで進んだ石上麻呂などがでた。

本殿は宝暦3年(1753)に再建され、山陰山陽七ヶ国からの寄進があった。安政3年(1856)心柱ほか、8本を残し、前と同じ規模で造営した。拝殿は昭和13年(1938)の建造。例大祭は10月9日であり、氏子の息災を祈る。11月24日の鎮魂祭は新嘗祭の前夜祭で、祭神が十種神宝を奉斎された由緒による神事で玉緒を結び一二三四と十まで唱えて、うけふねを突く。形代の箱を由良由良と振り動かすミタマフリの古式神事である。

山陽道

隠岐国一の宮（島後）
水若酢神社 みずわかすじんじゃ

水若酢神

〒685-0311　島根県隠岐郡隠岐の島町郡723　(壱岐西郷港タクシー20分)
TEL 08512-5-2123

隠岐国は島根半島の東北80kmの日本海上にある火山群島である。4つの住民島と180の小島からなる群島である。これを大きくわけて、島前と島後と呼ばれている。島後は島前から東北10kmのところにある大きな島で、現在の隠岐の島町である。

鳥取県の西にある境港から船で島後の東南に着く。西郷港は日本海の好避難港である。西郷町は隠岐における地方との連絡の中心で、飯山古墳をはじめ国府址、国分寺や南に総社の玉若酢神社がある。国造は十挨彦命を祖とする玉若酢神社の億岐家で、応神朝のときに国造になった。ここには隠岐国駅鈴・隠岐屯倉印（重文・奈良時代）が当時のものとして伝えられている。

『延喜式』の隠岐国には16社ある。そのなかで名神大社が4社で小国としては多い。これは移住や開拓者による祭神と考えられるが、半島や大陸に対する備えの意味もあったと考えられる。異国調伏祈願で神階授与などがしばしばあった。

西郷町からバスで西北へ約20kmの所に一の宮の水若酢神社がある。『延喜式』には名神大社として「みずわかすのみことのかみのやしろ」の名である。祭神は水若酢命を祀るが系統は不詳である。一説には玉若酢神社の祭神とともに隠岐の開拓に神功のあった意岐別の祖神ともいわれている。玉若酢神社の祭神は、景行天皇の皇子大酢命の子で、その子孫が代々神主になっている。水若酢命は美豆別主命といわれ、または大伴氏族の神ともいわれ、神主は代々忌部氏がついでいる。

社伝によると、仁徳天皇(AD313〜399)のとき鎮座したといわれる。承和9年(842)に官社になり、後に一の宮になった。隠岐国の一の宮については、島前の由良比女神社もその名が上っている。隠岐国の総社になっている玉若酢神社は『延喜式』には小社でしかない。

境内は1万2276平方m(3720坪)、松林に囲まれている。本殿は隠岐造といわれる隠岐島独特の建築で、古墳群に囲まれて隠岐の古代文化の中心地を思わせる。特徴は妻入社殿の大社造と春日造の進化系統の中間に当たるもので、県指定の文化財になっている。

水若酢神社も玉若酢神社も、古墳群のあるところにあり、隠岐島を開拓した氏族たちのものであるといわれている。隠岐島は一般的に海岸から険しく、耕地が少ないが良港があるところをみると、島の農耕的な開拓ではなく、海上を自由に航海したところの海の氏族の根拠地として、ここに祖先神を祀ったものではないだろうか。水若酢神社の祭礼は隔年の5月3日が例大祭、6月16日が中祭、11月6日が御座更祭、12月6日が御座入祭である。例大祭は、300年以上の歴史ある伝統行事で、山車巡幸や、獅子舞、流鏑馬などの奉納神事が行なわれる。また、隣接地の隠岐郷土館も見逃せない。明治18年(1885)建築の郡役所庁舎で、西郷町から移築した。明治初期の洋風建築様式を伝える遺構で、当時の地方に新技術導入の過程を知る貴重なものである。

山陽道

隠岐国一の宮（島前）
由良比女神社 ゆらひめじんじゃ

由良比女命

〒684-0211　島根県隠岐郡西ノ島町浦郷　（隠岐汽船浦郷港より徒歩10分）
TEL 08514-6-0950

隠岐島の島前は、本土に近く知夫里島、西ノ島、中ノ島の3つの島などである。松江からバスで七類港と境港から隠岐汽船が就航している。島前の知夫里島の知夫里港、西ノ島の浦郷港に寄港する。浦郷町は西ノ島が抱く入海の奥にあたる漁港から1kmの由良の浜に鎮座している。

　由良の浜から海に向かって鳥居が立っている。潮が上ると鳥居が水に映えている感じである。『延喜式』には隠岐国知夫郡7座で大1座、小6座の中の名神大社である。そこに、由良比女神社の元の名は和多須神とある。『土佐日記』には「ちぶり神」とあり、海上守護神として古来より海上安全を祈願し、遣唐使や使節を派遣する際や外敵を防ぐときなどに、交通の要点として隠岐国の諸神とともに丁重なる祈願をしたと『続日本後紀』や『三代実録』に記されている。

　素佐之男尊の第八子の須勢理姫命を祭神として祀っている。土地では由良比女大神と称えている。仁明天皇の承和9年(842)に官社に列した。平安時代に隠岐国一宮と定められ、江戸時代中頃から衰微した。武士の時代、朝鮮半島や大陸への交通が途絶え隠岐の神の守護を必要としないばかりか遠流の地になってしまった。

　寛文7年(1667)松江藩士斎藤豊仙の記録に「由良明神と号する小社あり極めて小さく古りはてて亡き如し」とある。元禄5年(1692)に本社を建立した。安永2年(1773)、島前の庄屋が集まり御旅祭の再興をした。7月28日午後7時、御輿が出御し、神船に乗

り、供奉船を従え、海上を巡幸後、海岸で暴れ御輿、荒れ御輿のある山陰最大の祭である。浦郷から西北の黒木村への国賀海岸には断崖の上下一樹もなく、怪奇豪壮な景観をなす名勝がある。

かつて由良の浜に 11 月末から 2 月初めまでイカが寄って来るさまは滝の響きのようだという。浜にはイカ拾いの小屋がならんだ。イカが寄る夜は「シュツ、シュツ」と音を立てザワザワと波しぶき上げて押し寄せてくる。小屋で息をころして待っていた里人は、遠浅の海にとび出して、籠や手づかみで拾った。

大正初期に連日連夜イカが寄り「今夜も今夜も」婦女子が見物に行ったといわれ、歳末警戒の警官もイカ拾いをしたというほど盛況だった。

「いか寄せ」は、神武天皇の時、由良の浜の畳石にいかを手に持って祭神が現われたといわれる。また、祭神が芋桶に乗って海を渡る時、御手にイカが噛みついたことを詫びて、毎年イカが寄るようになったという伝説をもっている。

近年は漁船の大型化・近代化でイカ釣り船が沖合漁業として日本海の真中に多数出漁しイカの回遊を妨げてしまった。11 月 29 日 の神帰祭は、イカの寄って来るのと関係がある。「少しといえども寄らざることなし、これ遠きいにしえ、今に至るこよなき不思議の一つなり」といわれている。

山陽道

	年	月/日
播磨国　伊和神社	-	/
美作国　中山神社	-	/
備中国　吉備津神社	-	/
備前国　吉備津彦神社	-	/
備前国　石上布都魂神社	-	/
備後国　吉備津神社	-	/
備後国　素盞嗚神社	-	/
安芸国　厳島神社	-	/
周防国　玉祖神社	-	/
長門国　住吉神社	-	/

山陽道

山陽道

山陽道は古くは吉備道・西道などといわれていた。『日本書紀』の成武天皇5年(135)9月の条に「山陽」とある。天武天皇14年(686)9月の条には「山陽使者」とある。文武天皇大宝元年(701)の大宝令で7道を定めたときに、山陽道は播磨・備前・備中・備後・安芸・周防・長門の7国とし、美作国は和銅6年(713)に備前国から独立したので8国になった。備前・備中・備後・美作の4国は古くは吉備国とよばれていた。

山陽道の国々は、中国山地の南の傾斜面を占めて、海岸は波静かな明るい瀬戸内海に面している。吉備高原や中国山地の一部を除くと、気候温和なところである。瀬戸内海は古代日本の海路としての幹線路で、陸路よりも先に発達し、その影響で沿岸地帯の文化の開発も古くから進んでいた。

『延喜式』にある山陽道は、京都から九州の太宰府にいたる大路である。街道には大きな河もなく、通行には海路もある。陸上交通路としては、江戸時代の東海道と匹敵されるぐらいである。はじめは須磨の関(神戸)付近までは大和の勢力内であった。出雲国との交渉が頻繁になるにつけ播磨・吉備国との関係が生じて西に進んでいき、後の山陽街道が発達するようになった。吉備国は吉備王朝の説があるように大和と九州との間にあって独立した存在であったと考えていい。

古代の山陽道は、後の山陽道とは必ずしも局部地域では同じではないが、海岸線に沿って走っていたものである。山陽道は西日本の幹路として東西交通の回廊的な役割をなしてきた。延喜式の山陽道神と一の宮をみてみると、山陽道神は130座で、その内に名神大社は16座、8国の一の宮は11座である。

播磨国　式内社　50座、内名神大社　7座
伊和神社　大己貴神

美作国　式内社　11座、内名神大社　1座
中山神社　鏡作神

| 備前国 | 式内社　36 座、内名神大社　1 座 |

吉備津彦神社　大吉備津彦命
石上布津御魂神社　素盞嗚尊
<small>いそのかみふつのみたま　すさのおのみこと</small>

| 備中国 | 式内社　18 座、内名神大社　1 座 |

吉備津神社　大吉備津彦大神
<small>おおきびつひこのおおかみ</small>

| 備後国 | 式内社　17 座 |

吉備津神社　吉備津彦命
素盞嗚神社　素盞嗚尊
<small>きびつひこのみこと　すさのおのみこと</small>

| 安芸国 | 式内社　3 座、全て名神大社　3 座 |

巌島神社　宗像三女神
<small>いつくしま　むなかた</small>

| 周防国 | 式内社　10 座 |

玉祖神社　玉祖神
<small>たまのおや</small>

| 長門国 | 式内社　5 座、内名神大社　3 座 |

住吉神社　住吉大神

山陽道

こうあげて一覧にしてみると、瀬戸内海に面している山陽道は、素盞嗚尊、大己貴命(大国主神)の国津神系の神々も祀られているが、山陽道の中央に位置する吉備国は吉備津彦を祖神にする吉備族によって占められている。それに対して、安芸国は九州の宗像3女神、長門国は住吉神が祭神となっている。古代海上交通と関係のある海人族系の神々が祀られている。大和と九州、半島と大陸とを行き来した古代の海上の道は、想像される以上に頻繁な海路であったと思われる。

　神功皇后と関係の深い住吉の神は、瀬戸内海の入口に当たる長門国と、大和国の入口に当たる摂津国に祀られているが、神功皇后によって祀られた。筑前国、壱岐国にも住吉神社があるが、これらを線によって結ぶとその先が半島につながる。その海上の道は神功皇后、応神天皇の勢力範囲といえる。古代のメンストリーとしての山陽道は、陸路とともに海路も注目しながら一の宮の存在価値を見直し、神話と古代史を考えることも大切である。

播磨国一の宮

伊和神社 いわじんじゃ

大己貴神(おおなむちのかみ)

〒671-4133 兵庫県宍粟市一宮町須行名407 (JR新幹線姫路駅神姫バス山崎乗換80分)
TEL 0790-72-0075　FAX 0790-72-0075

　姫路駅から山崎経由のバスで鳥取へ行く道を約1時間20分、宍粟市一宮町須行名に伊和神社がある。揖保川は中国山地から播磨灘の室津の東、御津から瀬戸内海に注いでいる。その中流の山陰へ抜ける因幡街道(29号線)に面している。因幡街道は山陽道から分かれて、北西に向かい揖保川の支流の林田川の河谷を北上し、西に折れて揖保川の渓口集落の山崎町を経て引原川の源流に向かい、戸倉峠を越えて鳥取に達する。山陽・山陰を結ぶ交通路として重要なもので、早くから開けた。伊和神社のある所は神戸村といったところで、奥谷の原始林地帯がある。境内は5万5000平方m(1万6600坪)で森林に囲まれた神域をもっている。

　『延喜式』には伊和坐大名持御魂神社(いわにいますおおなもちのみたまのやしろ)とあり、宍粟郡(しそうぐん)7座のうちの名神大社である。伊和(いわ)大明神と呼ばれ親しまれている。祭神は大己貴神(おおなむちのかみ)(大名持御魂神(おおなもちみたまのかみ)、大国主神、また伊和大神)である。それに少彦名神(すくなひこなのかみ)・下照姫神(したてるひめ)を配祀する。播磨国(はりま)は大己貴神の開拓した国土で、伊和の地はその業の終結の地といわれている。そこに大己貴神の御魂を鎮祭したといわれている。

　主神の大己貴神は「大黒(だいこく)さん」と親しまれる大国主神で、配神の少彦名神は「恵比須(えびす)さん」である。大己貴神命と少彦名神は力をあわせ、心を一つにして国土を開拓され経営された。国内各地を巡歴され、国作り(くにつく)の事業を終えた大己貴神は、最後に伊和里に来て「わが事おわ」といわれて鎮座された。伊和という名は、この地帯の古名で、大己貴神が「わが事おわ」と言われた事に起因して生じた地

名であると伝えている。鎮座された後に国人たちが、その恩徳をしたって社殿を営み祀（まつ）ったのが創建と伝えている。しかし、『播磨風土記』には伊和大神・国堅大神とあるが、大己貴神であるか定かではない。配神の下照姫神は大己貴神の娘である。天津国の高皇産霊尊（たかみむすひのみこと）から葦原中国（あしはらなかつくに）の地上に派遣された天国玉神（あまくにたま）の子の天稚彦（あめのわかひこ）は下照姫を妻にして、そのまま住みついてしまう。その前にも天穂日命（あめのほひのみこと）を派遣するが、大己貴神におもねりこびついて3年たっても高天原に復命しないので、その子を派遣したが復命しない。それで天稚彦を派遣したのであるが、天稚彦は下照姫と結婚してしまった。よほど大己貴神に魅力があったからであろう。

本殿の裏に「鶴石（つるいし）」がある。欽明（きんめい）天皇25年甲申歳（564）、伊和恒郷に「我れを祀（まつ）れ」との御神託があって、一夜のうちに杉・檜などが群生した。そこに多くの鶴が舞いおりた。そのなかに大きな白鶴が2羽、石の上に北向きに眠っていたので、そこに社殿を造営したという。その石を鶴石といい、玉垣で囲っている。社殿が北向きであるのはそのためである。鶴石は、神石・磐坐（いわくら）といわれるもので、古代信仰の形式を伝えている。

社寺の建物は、ほとんど南向きに建てられているものだが、伊和神社の社殿が北向きにあるのは、鶴石が北向きのためで、その由来によるものである。

山陽道

美作国一の宮
中山神社 なかやまじんじゃ

鏡作神（かがみつくりのかみ）

〒708-0815　岡山県津山市一宮695　(JR津山駅西田辺線バス15分)
TEL 0868-27-0051　FAX 0868-27-2377

　姫路からの姫津線、岡山からの津山線の終点津山駅からバスで15分。津山市の市街地から北へ約4kmの長良嶽の麓の森に中山神社がある。境内には老木・巨木が多い。門前の鳥居は「中山鳥居」といわれる特異なものである。『延喜式』には美作国11座であるが、名神大社はこの1座だけである。また、苫東郡（とまのひがしのこほり）2座、高野神社と中山神社と記されている。

　津山（つやま）盆地は吉井川（よしいがわ）の上流に沿う、かつての河沼である。やがて、そこは広い平野になり、その平野を横野川が北から南に流れて、平野の中程で鵜ノ羽川が合流する。その地点に中山の神が祀（まつ）られている。付近の遺跡は縄文時代に遡るが、稲作をはじめた弥生時代には人々の住むところとして最も適した場所で、その農耕の部族を祭ったのが中山神社の起こりといわれている。祭神は鏡作神で、金山彦命とも呼ばれて鏡部（かがみべ）の遠祖である。天照大神が天岩戸に隠れた時、天津麻羅等を督して、天香山の金を採り御鏡を作った神である。天孫降臨に際して五部の神の一として天降りした。また、金山彦命は美濃国一宮南宮（なんぐう）大社の祭神と同じ神であるが、古代製鉄と関係のある氏族神で、渡来氏族の神とも関係が深いとも考えられる。

　古来、吉備国は「真鉄吹吉備国」といわれ荒金（あらがね）の生産地として知られていた。中山を名のる神社はこの地のほかに、美濃加茂市や新潟県の新津市の東、北蒲原郡（かんばら）水原町（すいばら）（現・阿賀野市）にもある。
　和銅（わどう）6年(714)に備前国の6郡を割いて設置されたのが美作国であるが、このため吉備国に属していたように思われるが、南部の

吉備氏と対立する異なる文化圏をつくっていた。この氏族たちが中山の神を祀っていた。『今昔物語』に「今は昔、美作国に仲山・高野と申す神おはしけり、仲山は猿丸、高野は蛇にてなむおはしける」と

ある。中山の神の猿に贄として供える人身御供の説話があるが、猿・蛇の神が原形ではないだろうか。その後、西隣の大庭郡(現在の真庭郡)に発祥した和気清麻呂の祖先が、この地を統べて美作国造となるが、それ以前の中山神社の神を祀ることによって在地の氏族が服従したと思われる。

　本殿は俗に中山造という入母屋・妻入の構造で、入母屋と切妻の違いがあるが、基本的な点では出雲大社とよく似ている。戦国時代にこの地に侵入してきた尼子晴久によって、永禄2年(1559)に再建されたものである。そのため中山造は吉備の地に多い入母屋造と大社造の折衷式の様式として生まれたものであろう。この構造上の特色は、美作国の地点が山陽と山陰との接点になっていることの表われで、美作国の大小のほとんどの神社の本殿が中山造である。一の宮の神社の本殿の構造が、その国全体に影響をおよぼしていることは異例のことである。境内には老木、巨木多く、門前の鳥居も中山鳥居といわれる特異なものである。特殊祭の神鉾祭の神事は天慶の乱(平将門の乱)、弘安の役(蒙古襲来)以来、敵国降伏の祈願の行事である。

山陽道

備中国一の宮
吉備津神社 きびつじんじゃ

大吉備津彦大神

〒701-1341　岡山県岡山市吉備津931　(JR吉備線吉備津駅徒歩10分)
TEL 086-287-4111

岡山駅から吉備線で備前一宮駅か、次の吉備津駅で下車。7分ほど歩いたところに吉備津神社がある。国宝の本殿でも広く知られている。豊臣秀吉の中国攻めで有名になった高松城のあった古戦場へ行く途中の吉備路で、「吉備の中山」の麓に鎮座している。

　備中国の一の宮であるが、古くは備中・備前・備後を併せて、三備の一宮といわれ、吉備国の総鎮守の氏神であった。備前国の一の宮である吉備津彦神社、備後国一宮の吉備津神社は、ともにこの神社の分社であろう。『延喜式』には備中国には18座あって1座の名神大社である。賀夜郡4座のうちで吉備津彦神の名で出ている。祭神は大吉備津彦大神で、相殿には吉備武彦ら8柱を奉祀している。古代における吉備氏の氏神として、吉備氏の中央・地方における活躍とともに栄えた。

　崇神天皇は、その10年(前88)、大彦命を北陸に遣わし、武渟川別を東海に遣わし、吉備津彦を西道に遣わし、丹波道主命を丹波に遣わした。そして詔して、「もし教えを受けない者があれば、ただちに戦いを起こして討伐せよ」といわれて、ともに印綬を賜り将軍に任命したと、『日本書紀』にある。いわゆる四道将軍である。

　その四道将軍の一人である吉備津彦命は異母弟の若建吉備津日子命とともに西道に派遣された。そしてこの国に留まり、子孫は吉

備臣として勢力をもった。若建吉備津日子命の2女はともに景行天皇の妃となり、その1人は日本武尊を生んだ。吉備氏は大和の天皇家と密接な関係をもつようになった。吉備国における大和朝廷
の分派として吉備国に代々君臨することができた。

　創建は、仁徳天皇 (313～99) が吉備国に行ったときに吉備津彦命を祭ったと伝えている。承和14年 (847) に、従四位下の神階を授けられたのが文献に出る初めである。国宝の本殿は、応永32年の (1425) 足利義満の再建である。正面の柱間七間、側面八間という、二つの入母屋造が平行に軒先を接して並んだ様式の比翼入母屋造である。その二つの棟を直角に連ねる中央棟が前後に通って、その前面に拝殿が突出している。建築様式は和様を主にし、天竺様捜肘木を応用した折衷式である。この造りを「吉備造」といって、全国唯一つの形式として神社建築の傑作といわれている。地形のままにのびている回廊も珍しく、延長349m(192間余)もある。

　南随神門、北随神門は本殿とほぼ同じころの再建で重要文化財である。回廊の南端に安産育児の霊験のある本宮がある。その途中に当たるところに御釜殿がある。ここで釜鳴りの神事が行なわれる。釜の鳴動の音の大小長短によって、吉凶禍福を卜するのである。「本朝神社考」や上田秋成 (1734～1809) の「雨月物語」などにこの神事が出ている。

山陽道

備前国一の宮
吉備津彦神社 きびつひこじんじゃ

大吉備津彦命(おおきびつひこのみこと)

〒701-1211　岡山県岡山市一宮1043　(JR吉備線備前一宮駅徒歩5分)
TEL 086-284-0031　FAX 086-284-0041

岡山市から4km余りでバスが頻繁にある。吉備津彦神社は古代信仰の神体山として吉備中山をいれ、その神域は34万4850平方m(10万4500坪余)もある広大な境内をもち、神池には鶴島と亀島の二つの島がある。神体山の吉備中山は老松が茂り、巨大な磐座群は元宮奥宮で、天御中主大神(あめのみなかぬし)・高御産巣日神(たかみむすび)・神産巣日神(かみむすび)の造化三神(ぞうかさんしん)が鎮座し、四季の珍鳥が来る。山頂の吉備中山茶臼山(ちゃうすやま)と名づける所に、祭神の吉備津彦命の宗廟がある。展望は、南の児島湾を臨み、遠く讃岐(さぬき)の琴平(ことひら)の象頭山(ぞうずざん)と相対して、東の岡山市街は眼下に眺望できる。

祭神は造化三神・吉備津彦命を主神にして、相殿(あいどの)に孝霊天皇(こうれい)、開化天皇(かいか)、崇神天皇(すじん)、天定彦国押人命(あめのあしひこくにおしひと)、金山彦大神を祀(まつ)る大社である。吉備津彦命が吉備国を平定永住し、この地で神去り宗廟を吉備中山に、その東麓の屋敷跡に神詞を建て、吉備之国宗廟の総鎮守とした。その後、仏教が入り正宮、本宮、摂末社あわせて51宇、神宮寺、神力寺、常行堂、法華堂も建てられ総括して吉備津宮と称され、一品一宮吉備津大明神として尊敬された。霊廟から神社、神宮になったことをよく伝えている。これは、古代朝鮮の形式が伝来してきたことを物語っている。新羅の首都 慶州(けいしゅう)の五陵(ごりょう)や、金海(きんかい)の首露王陵(しゅろおうりょう)の廟の前には韓式の鳥居がある。また、後漢時代(25～220)末、中国張道陵が開祖した道教(どうきょう)が入り磐座神社が祀られたという。なぜ道教が吉備国に入ってきたのであろうか。鳥居も神宮も渡来氏族のもたらしたものと考えられる。

吉備津彦命は、第7代孝霊天皇の皇子で五十狭芹彦命という。崇神紀には崇神天皇10年(前88)に四道将軍のとして吉備国に派遣された。その時、庶皇兄の武埴安彦の反乱が勃発したので、吉備津彦はこれを平定してから異母弟の若建吉備津日子命とともに吉備国に下った。また、崇神天皇60年(前38)には、武淳川別命とともに進んで出雲を征し、当時の出雲梟師である出雲振根を倒した。子孫は吉備氏となった。　桃太郎と吉備団子を結びつけた岡山の名物「吉備団子」がある。西道将軍としての吉備津大明神と桃太郎伝説がある。桃太郎童話の標準型の話は、桃から生まれた童子の成長の前段と、鬼を退治して富を得るという後段の物語で江戸時代の後期に固定したものである。総社市奥坂に築かれた古代朝鮮式山城、鬼城に盤踞した百済の王子が吉備冠者と称し、住民に危害を加えた。天皇は吉備津彦に鬼神を追伐させた。この地方では鬼神は温羅といわれている。

　その眷族もモウ鬼、ツテ鬼、シャクシャウ鬼といい、その数が多く、軍兵のほか楽々森彦、楽々輿理彦、夜目山主、夜目磨などの協力で追いつめ退治したという。なかには助けて吉備津彦の臣としたと伝える。神功皇后は御座船を吉備国の牛窓港に寄せ勅使を遣わし、戦勝を祈願したと社伝にある。それから奉弊使が絶えず、仁明天皇の承和10年(843)、神階一品を賜った。一品は一位のことで中国や半島の位の呼び名である。社殿は元禄9年(1696)池田綱政の造営、三間社流造、渡殿などは昭和11年(1935)に改築。安政6年(1859)建立の大灯篭は、笠石の広さ8畳敷の明神造で全国でもまれな大石灯篭である。

山陽道

備前国一の宮
石上布都魂神社 いそのかみふつのみたまじんじゃ

祭神 素盞嗚尊（すさのおのみこと）

〒701-2445　岡山県赤磐市石上風呂谷1448（JR津山線金川駅タクシー15分）
TEL 086-724-2179

岡山駅から津山線で旭川に沿って北へ、金川駅（かながわ）で降りると御津町（みつ）である。御津町の中心は備前の守護代松田氏の城下であった金川が中心である。ここから車で約15分、旭川を東に渡って行くと丘に囲まれた田園にでる。今は農村であるが、そこには古墳も見うけられ、古代には集落があったのであろう。旧御津町の村落を通り過ぎ、新庄川沿いにさらに登って行くと。緑あふれる西南の山の中に、備前一の宮の石上布都魂神社（いそのかみふつのみたま）がある。

『延喜式』によると、備前国には26座あって名神大社が1座であるが、名神大社は邑久郡（おくのこほり）の安仁（あに）神社で、赤磐郡6座の中の石上布都之魂神社は小社である。神社の参道は、細い山道になっていて、登って行くと、やがて社殿にいたる。この辺りは神社を取りまく自然林と山間集落の景観が一体となって、すぐれた郷土的なたたずまいを留めている。この美しい地域一帯を岡山県は「布都美郷土自然保護地域」に指定している。

古代から神の坐すところの神域として守られてきてから今日に受け継がれている。これを未来に残そうという計画である。ここには岡山県の暖林帯の代表的植物ツブラジイの純林があり、植生上で貴重なものとされている。

祭神は素盞嗚尊（すさのおのみこと）である。神社のある山を古代の人々は信仰の対象にした。『日本書紀』の一書（第

3の一書）には、素戔嗚尊が奇稲田媛を妃にしようと思われて乞われると、親の脚摩乳・手摩乳が答えて、「どうかまずあの大蛇を殺して下さい。その後にお召しになるのなら結構です。ところであの大

蛇は、頭ごとにおのおの石松が生えています。また両脇には山があり、たいへん恐ろしい、一体どうやってやっつけるのですか」と申し上げた。

　素戔嗚尊は一計を案じて、濁酒を醸造して大蛇に飲ませて酔わせ眠らせてしまった。そこで韓鋤の剣で大蛇の頭や腹を断ち斬られたが、その尾の部分を斬られたとき、尊の剣の刃が少しこぼれたので、尾を切り割いて見ると尾の中に剣が見つかった。これを後に草薙剣と名づける。この剣は、むかしは素戔嗚尊のもとにあったが、いまは尾張国にある。尊が大蛇を断ち斬られた剣は、吉備の神部のもとに安置されている。神部は神主の意味である。『日本書紀』の一書（第2）に「大蛇を斬った剣を名づけて、蛇の荒正という。これはいまの石上にある」と記されているが、この石上は奈良県の石上神宮ではなく、この地の石上であるという。

　寛文9年（1669）藩主池田綱政によって社殿の造営復興がなされた。その後、延宝2年（1676）の社頭20石奉納の折紙の記録が残されている。明治6年（1873）の御布令によって郷社、昭和21年（1946）に県社になった。神社には電話がないが宮司宅に通じる。

山陽道

備後国一の宮
吉備津神社 きびつじんじゃ

祭神 吉備津彦命(きびつひこのみこと)

〒729-3104　広島県福山市新市町宮内400　(JR福塩線新市駅徒歩20分)
TEL 084-751-3395　FAX 084-751-8970

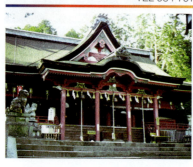

　山陽新幹線福山駅からJR福塩線で約50分、新市駅からバスで5分、約2kmのところに備後国一の宮吉備津神社がある。土地では「イチキュウ」(一宮)さんの名で親しみをもって呼ばれている。すぐ隣が府中町で国府や国分寺があった。備後国は、古くは備前・備中とともに吉備の国と総称していたが、のちに備後を分けて「きびのみちのしり」とよぶようになった。古代文化の発祥の地は沼田川(ぬまたがわ)・芦田川(あしだ)の下流域や松永湾(まつながわん)の周辺で、縄文式遺跡が多い。「吉備の中山」の麓に鎮座している備中国の吉備津神社は山陽道の大社であり、吉備国一の宮である。備前・備後国の吉備津神社はこの分社と考えられる。

　『延喜式』神祇巻の備後国の17座の中に、吉備津神社の名前が見当らないのはこの訳であろう。神社の由来によると祭神の吉備津彦命を祀ったのは平城天皇の大同元年(806)である。大鳥居を入ると左に天然記念物「公孫樹(イチョウ)」がある。11月に500軒もの露店が並ぶ中国地方屈指の「市立大祭(いちだてたいさい)」が行なわれるところだ。さらに行くと、全国でも珍しい上下の二つの随神門(ずいじんもん)がある。

　出雲国(いずものくに)の大国主神(おおくにぬし)は、10月に全国の八百万神(やおよろずのかみ)の神々を出雲に神集いを行なったので、この月を神無月(かんなづき)という。国々の神々は八雲立つ出雲に集まったが、吉備津彦命のみが欠席した。大国主神はこのことを意外に思い、使者2名を吉備に派遣したが、使者は吉備津彦命の歓待と手弱女(たおやめ)の美しい乙女と妹背の契りを結んで復命せず、ついに吉備津彦命の親衛の門守として長く仕えたので、上下の

随神門があるという。

　この伝説は国譲り神話で、大国主神のところに天つ神から派遣された使者が、大国主神の歓待で出雲に住み着いて天つ神に復命しない話とよく似ている。吉備国は素戔嗚尊＝大国主神系と吉備津彦命の二つの主権者の話が入り交じっていることを証明している。

　社殿は慶安元年(1648)福山城主水野勝成(かつなり)が造営した重要文化財である。神社のあるところは虎睡山(こすいざん)といい、この山を遠望すると虎が眠っている姿をしているのでこう呼ばれている。本殿の背後に洞窟がある。ここは僧行教(ぎょうきょう)・益信(えきしん)の修行の霊場である。2人は宮内の生まれで、この洞窟で幼少の時から修行し、行教は大和国大安寺(だいあんじ)に仕え、宇佐(うさ)八幡の分霊を迎えて石清水八幡宮を造営した名僧である。益信は東大寺の別当を兼ね、円城寺(石山寺)を建立した高僧である。

　「太平記」によると、この備後の武士桜山公が元弘元年(1331)、鎌倉幕府に対して勤王の挙兵をした。大楠公(楠木正成(まさしげ))と桜山公の二大忠臣が率先して義兵を東西相呼応し、討幕の急先鋒として兵を挙げた。そのときの戦いで社殿は炎上している。鳥居を入った右の赤瓦の社殿に桜山公を祀(まつ)っている。節分祭は天下の奇祭といわれ、五穀豊穣を祈る人々が、赤々と燃え上る祭灯を囲んで、年送りに「ほらふき競い」合うことで有名である。元国弊小社で、古来から一宮・吉備津宮とよばれ、この国の第一の大社である。

山陽道

備後国一の宮
素盞嗚神社 すさのおじんじゃ

素盞嗚尊(すさのおのみこと)

〒729-3101　広島県福山市新市町戸手1-1　(JR福塩線上戸手駅徒歩3分)
TEL 084-751-2958　FAX 084-751-2958

JR山陽本線福山駅から福塩線で約30分、上戸手駅下車、徒歩3分に素盞嗚神社がある。町の南を流れる芦田川(あしだ)が東西へ流れ、これに北部から流れる神谷川(かみや)が合流して沖積平野をつくり、水運の恵まれた交通の要地にある。またこのあたりは備後絣の生産地として全国的に有名で、福山市街と府中市とを結ぶ路と、JR福塩線が町の中央を横断している。

福山史料によると、素盞嗚神社の社地は松・杉などの森で「早苗(さなえ)の森」と呼ばれ、背後は大竹林になっていた。その森に牛頭天王が祀(まつ)られていた。牛頭天王は素盞嗚尊(すさのおのみこと)のことで、京都の八坂神社(やさか)の祇園社(ぎおん)と同じく子孫繁栄、疫病除けの信仰があった。

創建は天武天皇(673〜686)に祀られ、醍醐天皇(だいご)のときに再興されたと伝わる。『延喜式神名帳』の備後国(びんご)17座あって、みんな小社であるが、このうち深津郡(ふかつのこおり)1座の須佐能裏能神社(すさのをのかみのやしろ)と記されている。また『備後風土記』に疫隅国社と見えるのもこの神社である。「磬」と呼ばれる銅製の古楽器が伝わるが、そこに備後国深草郡江熊牛頭天王社再興之と刻まれている。

古くから伝わる神事に毎年行なわれる「茅の輪くぐり」がある。これは、次のような説話が残されている。兄の貧しい蘇民将来(そみんしょうらい)は神の訪れに快く宿を貸し、弟の富める巨旦将来(こたん)はこれを拒んだ。蘇民は神の告にしたがって家族みな腰に茅の輪を結(ち)んで疫病を免れ、子孫長く繁栄したが、巨旦はたちまち家が滅んだというもので、『備後風土記』逸文その他にみえる。後世に於て、疫病が流行したら腰

に茅の輪をつけていれば、いかなる疫病から免れるという信仰が生まれたことによる。茅の輪は6月30日の六月祓、夏越祓に用いるチガヤの輪で、菅で作ったものは「すがぬき」ともいう。チガヤ

を束ねて輪の形に作り、これを参詣人がくぐれば病災を免れるという。また、小正月に各地の神社で蘇民将来子孫守などと書いた六方形の短い棒や神札を授与することがある。京都祇園社をはじめ素盞嗚尊を祀る社に多い。疫隅の里(新市町戸手)から全国へ広まったといわれる。

　戦国時代に、この地方を領有していた相方城主有地氏の尊崇が厚く、天文年間(1532～1555)に社殿が再建された。その後、相方城が落城した。現在の神門は、その城門を移築したもので、棟札が残る最古の城門である。神仏習合時代は、神道と仏教を同化するもので奈良時代に起源をもち、神宮寺の建立が行なわれた。平安時代中期になると本地垂迹思想が成立し、神に権現の称号が与えられるようになった。天台宗は実神道、真言宗は両部神道が成立し、江戸時代まで民間の習合思潮変化しなかった。真言宗栄明寺に属する神宮寺、早苗山天竜院天王坊で「祇園社」「江熊祇園牛頭天王社」と呼ばれていたが明治4年(1871)の廃仏毀釈令により、素盞嗚神社と改名した。境内に本地堂が残っている全国唯一の神社である。

山陽道

安芸国一の宮
厳島神社 いつくしまじんじゃ

宗像三女神(むなかたさんじょしん)

〒739-0588 広島県廿日市市宮島町1-1（JR山陽線宮島口駅宮島航路10分 徒歩10分）
TEL 0829-44-2020　FAX 0829-44-0517

　山陽線の宮島口から海上約1kmに厳島がある。島の周囲28.3km、北東から南西に延びた島形で全島斑状黒雲母花崗岩からなっている。島の中央に542mの最高峰御山がそびえている。御山は弥山とも書く。北東の麓の宮島町に厳島神社がある。宮島口から船で渡ると、宮島のシンボルである朱塗りの高さ16m、主柱の周囲9.9mの大鳥居が、拝殿から約200mの海上浮かんでいるように見える。鳥居は楠の自然木で、その重みで海中に立っている。今のものは明治8年(1875)に建てられたものである。

　厳島神社は紺碧の海に浮かぶ華麗な社殿である。国宝の本殿、弊殿、拝殿、祓殿と、その前には舞楽を演奏する高舞台（国宝）がある。そこを東西あわせて約275mの廻廊が結んでいる。厳島は島全体を神とする古代山岳信仰を残す聖地である。島の名も古来から恩賀島・御香島・霧島・我島・伊都岐島などの呼称があるが、島に神霊を「いつきまもる」義である。厳島神社は推古天皇元年(593)に九州の宗像(むなかた)大神をここに勧請したと伝えるがはっきりしない。おそらく古代より島の神霊として信仰されてきたものと考えられる。瀬戸内海の海道の要地と交通の発達とともに、海路守護の神として崇められ広く知られていた。中世以後は宮島の名で親しまれてきた。

　『延喜式』には安芸国に3座あるが3座ともに名神大社になっている。

　厳島神社は伊都岐嶋神社とある。祭神は市杵島姫神を主神とする宗像(むなかた)三女神を祀(まつ)っている。宗像大神は『日本書紀』に胸形大神

の名で登場している。筑紫の辺津宮、中津宮(大島)、奥津宮(沖島)に祀られる古代からの海上交通の守護神で、朝鮮半島などの海上交通を握っていた氏族の祖先神とも考えられる。

　平清盛による厳島神社の社殿建造以来、全島が神域として保護され、今も不浄をさけて島には墓も火葬場もない。清盛が安芸守となってから平家一門の信仰をうけ隆盛をきわめた。安芸一宮になったのもこの頃と思われる。宗像大神を平家一門が祖先神のごとくに信仰することによって、平家は瀬戸内から朝鮮半島・大陸との海上交通を握っていた氏族を平家の勢力に組み入れて、海外交易と海上権を掌中にした。古代からの海の氏族の拠点の一つであった厳島が、平清盛によって大きな存在となった。

　厳島神社の裏、弥山の麓に真言宗御室派の大本山、大聖院がある。島の寺院では最も古く、弘法大師の求聞持の秘法を修めた遺跡を管轄している。大聖院の手前からでも登れるが、紅葉谷公園からロープウェーで弥山頂上も訪ねたい。奇岩、怪石が多く、巨岩を割って生える松などの造形美が展開する頂上付近には、弘法大師が開基した求聞持堂をはじめ、三鬼堂、大日堂、毘沙門堂、文殊堂、観音堂、御山神社が建つ。御神体山として斧を入れない原始林を足下に見る展望台もあり、瀬戸内海、四国連山などを一望する絶景を楽しみたい。

山陽道

周防国一の宮
玉祖神社 たまのおやじんじゃ

玉祖神

〒747-0065　山口県防府市大崎1690　(JR山陽本線防府駅タクシー8分)
TEL 0835-21-3915

山陽線防府駅からバス落合線で玉祖神社前で下車するか、小郡線でなら国道2号線を西に行き西植松バス停で降りて、佐波川の大崎橋を渡り浜宮神社前を通ると右に玉祖神社の森が見える。

　防府は、周防灘の北岸で佐波川の河口に発達した町で、東北は大平山地、西北は右田岳地の末端で、その間に佐波川断層谷が防府平野を開いている。菅原道真を祀る防府天満宮(松崎神社)の鳥居前町、山陽道の宮市の宿場町と下関・上関の中間の港である中関が核になって発達してきた。西の奈良といわれるくらい古い歴史の町である。古くは熊襲征伐の基地となったところといわれている。右田の大日古墳をはじめ、片山・車塚の前方後円墳がある。その他に山麓部や島に数多くの円墳が発見されている。大化2年(646)に国ごとに国衙が置かれ、そのとき周防国の国府が置かれた。周防国衙址や国分寺・阿弥陀寺などがある。国府の跡も国領土居8丁の区域も判然として、国衙址としては全国唯一の重要な史跡である。

　皇孫瓊々杵尊におともした五部の神の1人である玉祖神は、瓊々杵尊と日向国に降臨して、後にこの地を治めたと伝えられる。玉祖神は三種神器の一つの八坂瓊曲玉を造った神で、この地で亡くなったという。神社の北方500mに玉の岩屋があるが、ここは玉祖神の墓所と伝えている。玉の岩屋は円錐形の霞山のふもとあって、神社との間に「宮城の森」という景行天皇の行在所の跡がある。美しい円錐形の山に古代人は、神が降臨して住むと思う神奈備の信仰がある。玉の岩屋もそれを感じさせる美しい山である。

『延喜式』の周防国には10座ある。玉祖神社の2座と記載されている。祭神は玉祖命と外1座不詳と神社で伝えている。不詳の1座は玉祖神以前のこの地を開いた国津神系の神ではなかろうか。玉の岩屋を神奈備とした神かもしれない。

八坂瓊曲玉（やさかにのまがたま）を造った玉祖神は、玉作氏の祖先神になっているので、この神徳を仰ぎ、カメラ・メガネ・レンズ・宝石を業とする人たちが玉祖神社を総本宮として崇めている。毎年4月10日に「玉の祭」が行われ感謝祈願をする。天岩戸開きのとき長鳴鶏（ながなきどり）を集めて鳴かした鶏を「黒柏（くろかしわ）」というが、この鶏を玉祖神は連れて大崎の地に留まったので、大崎は「黒柏の発祥地」になった。神社の玉垣の門の右手にその碑がある。天然記念物の「黒柏」は境内で飼育され、長鳴きの声を聞かせてくれる。

景行（けいこう）天皇・仲哀（ちゅうあい）天皇・神功皇后（じんこうこうごう）は西征にあたり戦勝祈願をしている。このとき、軍の吉凶を占ったことに起因する占手神事（うらてのしんじ）が、例祭（9月25日に近い日曜）前夜祭の神事として昔ながらに伝えられ、厳かに執り行なわれている。釣垂神事は、古祭礼の日田島浦より釣舟3艘を奉る例で、神職がこの舟に乗り、鮮魚を釣り、これを神前に供したことを神事として行なう。景行天皇は宝剣を奉納し、宮城の森の行在所の跡を残している。平家追討の時に源義経は吉包（よしかね）の太刀を奉納し、社宝として保存されている。

山陽道

長門国一の宮
住吉神社 すみよしじんじゃ

住吉大神

〒751-0805　山口県下関市一の宮住吉 1-11-1　(JR 新幹線新下関駅徒歩 15 分)
TEL 0832-56-2656　FAX 0832-56-8309

　鬱蒼たる樹林に囲まれた 4000 平方 m(1200 坪余) の中に社殿がある。境内の植物は 80 種もあって、山口県下の植物は全部この森の中に含まれるといわれ、昭和 42 年 (1967) 山口県天然記念物に指定された。境内には武内宿祢の手植えと伝えられる根回り 60m 余の楠の古株もある。

　参道の鳥居をぬけて神池を渡る。右の手水舎でそそぎ、石段を上がると門楼がある。東西の回廊に囲まれて正面に拝殿・本殿とある。本殿は九間社流造で、五カ所に千鳥破風をつけた全国でも珍しい建築だ。応安 3 年 (1370)、周防・長門の守護大内弘世が造進したもので、室町初期の代表的建造物として創建当初の面影をよく留めている。正面から見ると一見春日造を並べたようであるが、流造と春日造の折衷式である。本殿と同時に造られた御神体を奉安する玉殿とともに国宝に指定されている。

　第 1 殿に表筒男・中筒男・底筒男の住吉大神の荒魂を祀る。第 2 殿に応神天皇 (八幡大神)、第 3 殿には武内宿祢命、第 4 殿に神功皇后、第 5 殿に建御名方命 (諏訪明神) を祀る。『延喜式』に長門国には 5 座あるが、いずれも豊浦郡にある。その中の住吉神社は「住吉坐荒御魂神社 3 座、名神大社」とある。

　住吉三神は、伊奘諾尊が泉津平坂から逃げかえり、日向の橘小門でみそぎ祓いをしたときに天照大神の前に生まれた神たちである。『日本書紀』に神功皇后の新羅征伐のときに、住吉大神は「和魂は王の身について寿命をお守りする。荒魂は先鋒となって軍

船を導くであろう」といわれて守り神として進軍した。その教えにより神功皇后は進軍し、難なく征討をとげた。筑紫へ凱旋してから御子(のちの応神天皇)が生まれた。この神恩に感謝し、都に帰られるとき、御神託により、穴門の山田の地に神恩感謝のため住吉三神の荒魂を祀ったのが住吉神社の起こりである。これに由来して海陸交通の守護神として、お祓いの神、開運長寿の神として広く深く崇敬された。

　神功皇后は11歳になった誉田別王(応神天皇)を擁して、瀬戸内を大和に向かった。忍熊王の反抗にあって通れなかったが、このとき住吉大神は「わが和魂を大津の渟中倉の長峡にお鎮めなさい」といわれ、神功皇后が大坂の住吉大社に鎮座したら平安に海を渡れたと『日本書紀』は伝えている。すでに長門の地に祀られ、さらに摂津国に祀らてれるのは、住吉三神に再三にわたり助けられているからである。

　神功皇后が三韓征討のため7日7夜祈願したことに由来する御斎祭がある。12月8日から15日朝まで行なわれ、この間、境内に七五三縄をめぐらし一般の人は参拝できず、神職も外部には一切出ない厳重な祭である。15日午前6時に七五三縄を取り自由に参拝できる。午前10時に例祭が執り行なわれる。旧元旦未明壇ノ浦のわかめを刈り採らせ、神前にお供えした神功皇后の故事にはじまる和布刈祭は、現在も秘儀として厳粛に行なわれている。午前6時、御祭が終わると「開運のわかめ」として一般参拝者に授与される。

山陽道

		年	月/日
紀伊国	日前神宮・国懸神宮	-	/
紀伊国	伊太祁曽神社	-	/
紀伊国	丹生都比売神社	-	/
淡路国	伊弉諾神宮	-	/
阿波国	大麻比古神社	-	/
讃岐国	田村神社	-	/
伊予国	大山祇神社	-	/
土佐国	土佐神社	-	/

南海道

京畿の南西に当たる道を南海道という。太平洋と瀬戸内海にのぞむ紀伊・淡路・阿波・讃岐・伊予・土佐国へ通じる海の道である。『日本書紀』の仲哀天皇2年(193)の正月11日に、息長足姫(神功皇后)を皇后にされ、2月6日に角鹿(敦賀市)に行幸され行宮を建てられた。3月15日に、天皇は南国(南海道)を巡幸され、そのとき、神功皇后と百僚をのこして、お供に従ったのは2、3の卿大夫と官人数百という身軽な行幸であった。紀伊国の徳勒津宮におられた。このとき、熊襲が逆いて朝貢をしなかった。天皇は、熊襲国を討とうとして徳勒津を出発して穴門(山口県豊浦)に行幸された。その日に使者を皇后に遣わし、「穴門で合うようにしなさい」と言われた。

南海国として南海道が記録に出た初めである。天武天皇14年(685)、六道に使者を派遣したときに真人迹見を南海に使者としたとある。文武天皇のとき、東海道・東山道・北陸道・山陽道・山陰道・南海道・西海道の七道の制度が規定された。『延喜式』の南海道神163座、名神大社28座。

紀伊国　式内社　31座、内名神大社　13座
日前神宮　日前大神
国懸神宮　国懸大神
丹生都比売神社　丹生都比売神
伊太祁曽神社　大屋毘古命

淡路国　式内社　13座、内名神大社　1座
伊弉諾神宮　伊弉諾尊　伊弉冉尊

阿波国　式内社　50座、内名神大社　3座
大麻彦神社　大麻比古大神

讃岐国　式内社　24座　内名神大社　3座
田村神社　倭迹迹日百襲媛命

伊予国　式内社　24座　内名神大社　7座
大山祇神社　大山積大神

土佐国 式内社　5座、内名神大社　1座
土佐神社　味耜高彦根神

　畿内から南国にあたる紀伊国から淡路島、四国とつらなるこの海のルートは、太平洋から瀬戸内海への潮の流れにのって、海人族たちによってひらかれてきたのであろう。南海道が『日本書紀』に南国とし記載された時の仲哀天皇は、日本海側の角鹿、太平洋側の紀伊、瀬戸内の出入口の長門に行宮を置いて転々としている。これは次の神功皇后の時代につづく、日本海沿岸の敦賀や、太平洋側の紀伊、瀬戸内の下関と、海の拠点に拠を置き、長門の豊浦宮がその拠点として最も長かった。このことにより海のルートを固め、南海道の勢力をもって中央部への押さえにかかったのではなかろうかとも考えられる。神功皇后は、海の神の住吉神の力も借りている。仲哀天皇・神功皇后・応神天皇の時代に南海道は中央の権力の中にくみいれられていったのである。紀伊国は『古事記』では木国とあらわし、木ノ国であり、森林の国である。この国には素盞嗚尊が韓国から木種をもたらし、その子の五十猛命・大屋津姫・孤津姫の三神が木種をこの国に分布したことが『日本書紀』にある。これは朝鮮半島や大陸から、海を越えての文化伝播の通路であったことを物語っているのではないだろうか。舟の道であり、舟をつくる木の材料の産地としての木の国である。

　瀬戸内の潮の流れを分ける淡路島は、国生み神話の発祥地である。潮の八百あいを分ける淡路国には伊弉諾尊の幽宮をこの洲につくり、ここに長く隠れましぬと伝えている。伊予国の大三島に祀られる大山祇神社は、瀬戸内に浮かぶ島で海人族の拠点になって、瀬戸内を支配する大きな勢力であった。讃岐国の田村神社は、大和国一宮の大神神社の前にある箸墓の主である倭迹迹日百襲媛を祭神にしている。土佐国の土佐神社は大和国の葛城山の一言主神を祀っている。これらの祭神をみてみると、いずれも大和国と関係がある神々たちで、大和国と瀬戸内ルートの関係の深さが考えさせられる。

紀伊国一の宮
日前神宮・国懸神宮
ひのくまじんぐう・くにかかすじんぐう
日前大神・国懸大神

〒640-8322　和歌山県和歌山市秋月365　（わかやま電鉄貴志川線日前宮駅徒歩1分）
TEL 073-471-3730　FAX 073-474-3869

　和歌山駅から東へ500m、わかやま電鉄貴志川線日前宮駅が近い。このへんは秋月村といわれたところで、紀伊川が貫流して紀伊水道に注ぐ低平な広いデルタ地帯であった。この森の中に日前神宮・国懸神宮がある。境内を同じくして、西側に日前神宮、東側に国懸神宮が祀られている。『延喜式』紀伊国名草郡には19座あるうち、名神大社が9座もあるがその内の2座である。

　日前神宮の祭神は日前大神、相殿に思兼命・石凝姥命で、国懸神宮の祭神は国懸大神、相殿に玉祖命・明立天御影命・鈿女命が祀られている。祭神や由緒からみて、両宮はほとんど一体不二の関係で祀られている。『日本書紀』に天照大神が素戔嗚尊の乱暴を怒られて、天石窟に幽れてしまったとき、天の下は常闇になって昼夜の別もわからなくなってしまった。そこで、八十万神が天高市に集まって対策を相談された。高皇産霊尊の子の思兼神という知謀にたけた神が、「天照大神のみかたちを作って誘い出しましょう」と提案した。そこで石凝姥を鍛冶として、天香山の金をとって日矛を作らせた。また鹿の皮でふいごを作らせ、これを用いて作られた神は、紀伊国に鎮座しておられる日前神であるとしている。

　神社の由緒によると、そのとき最初に作られたのは日像鏡（日前大神）と日矛鏡（国懸大神）であるとしている。天孫降臨のとき、日像鏡と日矛鏡は、紀伊国の国造家の祖の天道根命に奉仕され、名草郡毛見の浜の宮に祀られた。

　垂仁天皇16年（前14）に万代宮に遷し、鎮座の地として今日ま

で至るという。地元や一般の信者からは、両神宮の総称で「日前(にちぜん)」神宮と呼んでいるが、正式には「ひのくま」神宮である。大和国の飛鳥に同じ発音の桧前があるが、ここは朝鮮渡来氏族の漢氏の根拠地である。この「ひのくま」と「日前」は関連があるのではないだろうか。古代には、漢字はあとから当てはめたもので、発音が元をなすものである。その漢字にも漢音と呉音の別があって二音以上に発音する漢字の頭音だけを借りて万葉漢字を訓でよんで、それを読むのに別の漢字を当てはめたうえに発音の転訛も手伝って変化したのだからややこしい。日の神という称え方は朝鮮では、神聖なものを「クマ」としているので、その意味と同様。紀伊国は古代から朝鮮文化の伝播の通路として、またその拠点として発生したといわれているが、半島文化と関係の深いものがある。日前も、日の神のクマという韓国の言葉に影響されていると考えられる。紀伊国には、日前やら熊野など出雲国一宮の熊野神社の素盞嗚尊との伝承など、関連する地名が多い。百済の八大姓の一つに「木」の姓がある。これも紀伊国の紀氏との関係があるようである。

戦国時代は兵乱によって荒廃していたが、徳川頼宣によって社殿が再興された。大正8年には社殿や境内の建物は官幣大社として国費で改築され、大正15年(1926)に完成した。境内末社が20社もあり、天道根神社は、天孫降臨に従事し神武天皇2年(前659)2月に紀伊国を賜り、国造職になった天道根命を祀る。中言神社は名草彦命と夫婦神として名草姫命が祀られている。

南海道

紀伊国一の宮

伊太祁曽神社 いたきそじんじゃ

大屋毘古命 おおやびこのみこと

〒640-0361　和歌山県和歌山市伊太祈曽558　(わかやま電鉄伊太祁曽駅徒歩10分)
　　　　　　TEL 073-478-0006　FAX 073-478-0998

和歌山駅から、わかやま電鉄貴志川線で19分、伊太祁曽駅で下りて南に約200m、和歌山市の南東にあたる常盤山の山麓に伊太祁曽神社がある。山東大社といわれ、古来より「いのち神」としての信仰がある。これは大国主命が何回もの厄難をうけられる毎に、この神社の大神に頼って難を免れた事の由来によるものである。『延喜式』の紀伊国名草郡の名神大社である。

　祭神は素盞嗚尊の御子、五十猛命と妹神の大屋津比売命、都麻津比売命である。始めは日前、国懸大神と三神同座して宮郷に鎮まったという。宮郷は名神大社の伊達神社のあるところという。垂仁天皇の世(前29〜70)に日前、国懸大神を斎祀するにおよび、ここに移し大宝2年(702)に三神を分祀したと伝える。

　『日本書紀』によると素盞嗚尊は、五十猛命を率いて新羅国に天降られ曽戸茂梨という所にいた。五十猛命は多くの樹木の種子をもって天降られたが韓の地には植えないで、全部もって帰られ、これを筑紫からはじめ大八洲全体に播き殖やして青山にしてしまった。妹神の大屋津比売命、都麻津比売命もともに樹木の種子をまかれた。五十猛命は有功の神といい、紀伊国に鎮座しておられる大神である、と伝えている。

　茅輪祭が7月30日の夜に行なわれるが、「わくぐりまつり」「わぬけまつり」といわれる宵から深夜にかけての有名な祭である。拝殿の前に茅萱でつくった直径2mの茅の輪を掛け、これをくぐって祭壇にお参りするので「わくぐり」の名がある。これは素盞嗚尊が

南海をめぐった時に、日がくれ宿を借りようとした。蘇民将来と巨旦将来の兄弟の家があった。富者の巨旦は宿を断わり、貧者の蘇民は粟穀を座とし粟飯を出して宿を貸した。素盞嗚尊は喜んで蘇民のために茅輪を奨めた。その後悪疫がおこり人びとの死ぬこと数知れずとなったが、蘇民の家のみは残った。それが悪疫がおこると「蘇民将来の子孫なり」と茅輪を掛ければ災難を免れるという由来である。陰暦の6月晦日に行なわれていたものである。

紀伊国は木の国、その祖神である木の神を祀る社は常盤山麓の森の中にある。起伏の多い広い境内の中に、俗に「天の岩戸」といわれる古墳がある。

金達寿著の『日本の中の朝鮮文化』のなかで、伊太祁曽神社が「紀氏(木ノ氏)からわかれ出たものの祖神廟としてできたものとしても、その伝承と密接なことに変わりない」とあるが、古墳を祀るためにできたものとも考えられる。木氏が国名の紀伊となり紀氏と変化したのではあるまいか。百済の八大姓の「木」氏の一族が渡来して紀伊国の根を下ろした。大和飛鳥で権勢をもった蘇我氏族も百済の木氏からの出であるといわれ、その権勢は百済系の桧前の漢氏族と結んだからだという。それにしても紀伊は朝鮮半島との関係が深い。天正年間(1573〜92)に豊臣秀吉が社領を没収。後に羽柴秀長が社殿を建立、明治時代に国幣中社になった。特殊神事に1月15日の卯杖祭がある。これは小豆粥に竹の筒をしずめて占う神事で、稲農作物の豊凶粥占などが行なわれる。小豆粥は祭典終了後参拝者にふるまわれる。

紀伊国一の宮
丹生都比売神社 にうつひめじんじゃ

丹生都比売神
〒649-7141 和歌山県伊都郡かつらぎ町上天野230 (JR和歌山線笠田駅タクシー20分)
TEL 0736-26-0102

JR和歌山線笠田駅で下車、タクシーで約20分、紀ノ川を渡り山道を登り、星山峠を下ると天野盆地が目の前に広がる。木々に覆われた山の中を通って走ってくると、周囲を山々に囲まれた平らな静かな地は別天地のように思われる。車で来てもその様に感じるのだから歩いて峠を登り、下って、そこに広がる大地は桃源郷のように思えたのであるまいか。天野盆地は高天原とも呼ばれている古代からの神聖な場所であった。

その天野盆地の中の道を行くと、緑に囲まれた静かな神域の中に朱塗りの太鼓橋と楼門が見える。あたりの美しい緑に対してひと際映えているのが丹生都比売神社で、山の中で巡りあった宮殿のようなはなやかさを感じる。通称天野神社・天野四社明神・天野大社の名がある。紀伊国の奥山の盆地の中に立派な社殿があるのに驚かされる。高野山も同じで1000mの山の中に堂塔は威容に感じる。

本殿の第1殿に丹生都比売大神(丹生明神)、第2殿に高野御子大神(狩場明神)、第3殿に大食都比売大神(気比明神)、第4殿に市杵島比売大神(厳島明神)が祀られ、第3殿・第4殿の祭神は承元2年(1208)神託により越前国一宮の気比神宮の食物の神、安芸国一の宮の厳島神社の海上安全守護の神を勧請したものである。

丹生明神は、御子神の高野御子大神とともに紀伊・大和国を巡り農耕殖産を教え、最後に天野の地に住んだと由緒で伝えているが、丹生明神は農耕殖産の神というより鉱山と関係があるように思える。丹生という言葉は朱であり、また朱色の顔料の土には水銀を含

んでいることから、水銀を意味した。伊勢国の丹生は奈良時代から水銀の産地で、東大寺の大仏の鍍金に水銀が用いられた。古代に水銀採集した人びとは特別な技術と文化をもっていたものと思われる。この人たちは山の民である。丹生は広く水の意にも解せられ、高野山の奥の丹生川や吉野の奥の丹生川神社など、それらの意味をもって存在しているのか。全国に丹生の地名が多くあるのは、丹生の水の神が農耕の神に転化されたのであろう。

　弘仁6年(815)、弘法大師空海は京都の高雄から丹生都比売神社に参籠し、境内の一隅に金胎両部曼陀羅の修法の庵を建立して修行した。勅許を得て神社の狩場であった高野山にこの庵を移し山王院として、真言宗密教修法の根本道場とした。今の総本山金剛峯寺である。この時に神白・神黒の二匹の犬と化して道案内をした狩場明神を弘法大師空海は高野山の地主神として厚く祀っている。高野山に参詣する人びとは片詣りにならぬよう、本宮である天野大社にも参拝し、祖師の念願にそうべく参詣者が後をたたない。また、室町時代に再建された楼門と本殿四社明神が重要文化財に指定されるなど社宝も多く、重要文化財が数多く保存されている。特殊神事の御田神事厄除祭は古式のまま1月15日に行なわれ遠近の参拝者で賑わう。「高野山　仰ぐをさらに仰ぐかな　にふつ姫神ふもとながらに」と契沖が詠んでいる。四季折々に美しい自然郷にある別天地だ。平成16年「紀伊山地の霊場と参詣道」の丹生都比売神社神社として世界遺産に登録された。

南海道

淡路国一の宮

伊弉諾神宮
いざなぎじんぐう

伊弉諾尊　伊弉冉尊
いざなぎのみこと　いざなみのみこと

〒656-1521 兵庫県淡路市多賀740 (JR三宮駅高速バス70分津名・一之宮IC乗換5分)
TEL 0799-80-5001　FAX 0799-80-5021

　瀬戸内海に横たわる瀬戸内第一の大きな淡路島は明石海峡大橋(パールブリッジ)で本州と結ばれている。南に標高608mの諭鶴羽山系、中央に標高338mの先山山系、北に標高513mの常隆寺山系があり、瀬戸内気候を反映して2万4千余の溜池が散見される緑豊かな島で、本州四国連絡道路の淡路ルートの開通により鳴門海峡に架かる大鳴門橋から四国にもつながっている。南北を縦貫する陵線が最も低く島の東西が最も狭くなった部分の播磨灘に面して一宮町があり、神戸から徳島に向かう神戸淡路鳴門自動車道の津名一宮インターから県道を西に3km行くと一宮町多賀に出る。ここに「伊勢へまいらば淡路をかけて淡路かけねばかたまいり」の俗謡のある淡路国一の宮の伊弉諾神宮が鎮座する。

　境内は広く約4万3000平方m(1万5000坪)であるが、本来は伊弉諾大神を祀る幽宮にふさわしい広大な神域をもっていたのが江戸中期になり半減してしまう。それでも広い神域には楠・黐・槙などの照葉樹が生い茂り森厳な雰囲気が保っている。元は老松が鬱蒼と幹を並べていたが松喰虫で全滅した。

　『延喜式』の淡路国13座のうち名神大社で、淡路伊佐名岐神社とある。祭神は伊弉諾大神、伊弉冉大神を祀る。天沼矛をもって漂へる国を「修理固成」せ、との勅により淤能碁呂嶋に八尋殿を構えて日本国生みに着手され、淡路島を最初に四国・九州・本州を始め周辺の島々を開拓されたのである。国生みの大業を始めとする神功をおえられ、独り国生みの初めの淡路へ帰られ、この多賀の地に

余生を過ごされた。その住居跡が御陵となり、神社として祀られたと伝えられている。『古事記』に淡路の多賀になも坐す」。『日本書紀』に「幽宮(かくりのみや)を淡路の洲(しま)に構(つく)り」とある最古のお社である。

御陵の位置は芝地に塁々と石を積み重ねた姿で、古代より禁足の地になって、その前に本殿を構えていたが、明治12年(1878)から官費による造営で、旧幕時代の社殿を廃すと共に、御陵を覆うように整地し、基壇を高く構えて真上に本殿を移築遷座し、幣殿・中門・拝殿・表門が次々に整備された。塁々と石を積み重ねた禁足地は古墳であり、磐坐(いわくら)の神のよりしろとして、古代の信仰形式が残されたと思われる。表門前の反(そ)り橋が架かる神池は御陵の周囲の濠の一部で、鯉や亀を放って寿命を乞い願う放生池になっている。ちなみに伊弉諾尊は黄泉(よみ)国との境において「われ一日に一千五百の産屋(うぶや)をたてん」といわれた祖神であり寿命を司る神としての信仰が篤い。また、伊勢の皇大神宮に祀る天照皇大神の御親神にもあたる。伊勢の皇大神宮とは東西同緯度の関係にあり、夕日の神格を表わす日之少宮(ひのわかみや)とも別称される。子授け信仰で有名な「夫婦の大楠」は樹齢900年の神木で兵庫県天然記念物に指定されている。淡路島は国生み神話の発祥地としての舞台であるので古代より人びとが住み、文化もすすんでいた。それに瀬戸内の海上交通の要所でもあるので、古代には応神(おうじん)・履中(りちゅう)・允恭(ぎょう)天皇が行幸になったという記録がある。

南海道

阿波国一の宮
大麻比古神社 おおあさひこじんじゃ

大麻比古大神（おおあさひこのおおかみ）

〒779-0232　徳島県鳴門市大麻町板東広塚13 (JR高徳線板東駅徒歩20分)
TEL 088-689-1212　FAX 088-689-3341

徳島からJR高徳本線で板東駅で下車し、徒歩10分ぐらいのところに四国88ケ所第一番札所の霊山寺（りょうぜんじ）の門前にでる。霊山寺はかつて大麻比古神社の神宮寺であった。町は大麻比古神社と霊山寺の門前町として発達してきたが、今は静かなたたずまいをしている。

　神仏習合時代には寺が神宮寺として神社を守っていたというより、古代からの神への信仰に後から渡来してきた仏教が、これと対立するのではなく、その中に融合を計った。仏教の渡来した初めは、これを招来してきた氏族との抗争、即ち物部（もののべ）、蘇我氏の対立があったものの、真言密教が請来（しょうらい）されてから神仏習合思想によって神と仏は同じものとされた。それが明治の廃仏毀釈（はいぶつきしゃく）まで続き仏（ほとけ）の受難時代を迎えた。神宮寺といわれる寺には密教系の宗派が多い。霊山寺からさらに北に行くと大鳥居がある。これから約800mの参道がつづく、左右には桃の木や梅の果樹園が見えられ、その向こうに、538mの大麻山が見える。マツタケ狩りで知られる大麻山の上には奥宮が祀（まつ）られている。この山は讃岐（さぬき）山地の東部にあって、大麻山県立自然公園になっている。山頂への登山はハイキングコースである。　楠をはじめ樹々の並木の参道付近は、桃をはじめ果物の産地で、南の桃園に囲まれた中に、第1次世界大戦中、ドイツ兵約1000人が生活していた捕虜収容所があった。彼らの人権を尊重した運営であったために多くのドイツ文化を伝えるなど住民との間に友好関係が生じ、これを記念して建てられたのが西洋館のドイツ館だ。現在は新築移転され、道の駅に隣接して建つ。社殿の奥のド

イツ橋やめがね橋などは、当時ドイツ人が造った。また、日本で初めて交響曲第九が演奏されたのもこの地だ。　大麻山から流れる板東谷川は吉野川に合流する。この川に架かる祓川橋を渡って行くと

大麻比古神社の社殿である。『延喜式』の阿波国には50座、名神大社の3座で、その中の板野郡4座の内の名神大社1座とあるのが大麻比古神社である。祭神は、大麻比古大神と猿田彦大神を祀っている。大麻比古大神は、天太玉命の別の御名である。この神は天照大神の岩戸隠れのときに天日鷲命に従って穀梶木綿を植え白和幣(榊につけた白布)を作った神とされ、この神が麻を植えた功績によって出た名前で、阿波忌部氏を率いて、大麻明神といわれている。神社の由緒によると「神武天皇の御代に天太玉命の孫の天富命は勅命を奉じて洽く肥沃の地を求め、阿波国にいたりまして、麻の種を播殖して、麻布木綿をつくって殖産興業の基を開き、国利民富の途を進め給い、その守護神として、太祖天太玉命をこの地に斎き祀れるなり」とある。

猿田彦大神は「昔、大麻山の峯に鎮りましたが、後世に至り本社に合わせ祀ったといわれる」と伝えているが、そうなると阿波国は大麻山に鎮座する猿田彦神が地主神ということになる。地主神というよりも大麻山を御神体山とする古代信仰から出発し、後に天日鷲命を祖先神とする忌部氏が開拓したことを語っている。

南海道

讃岐国一の宮
田村神社 たむらじんじゃ

倭迹迹日百襲媛命（やまとととひももそひめのみこと）

〒761-8084　香川県高松市一宮町286（琴平電鉄一宮駅徒歩10分）
TEL 087-885-1541　FAX 087-885-3126

JR高松駅より南西へ、駅から車で約20分、琴平電鉄一宮駅からは北へ徒歩10分。讃岐平野の中に、松林に囲まれて田村神社がある。参道の正面に弊殿・拝殿に続いて本殿がある。そこまでは普通の社殿の構成と変わりないが、ここは本殿に奥殿が接続している。御神座は奥殿にあって、その床下に深淵がある。深淵は厚い板で覆われ、この深淵を今も見る者なしといわれ、神秘が保たれている。田村神社のことを定水大明神と呼ばれているのも、この深淵と関係がある。元明天皇の和銅2年(709)に社殿を創建と社記で伝えているが、それ以前に深淵からの湧水という自然を対象とする古代信仰があったのを継承したものと考えられる。

祭神は倭迹迹日百襲媛と弟の五十狭芹彦命、またの名は吉備津彦命、猿田彦大神・天隠山命、またの名は高倉下命・天五田根命、またの名は天村雲命を祀っている。

倭迹迹日百襲媛は大和国の三輪山の前にある箸墓が御陵で、大神神社摂社の神御前神社に祀られている。この古墳を造るのに昼は人が造り、夜は大物主神がこれを造ったといわれる。倭迹迹日百襲媛は『魏志倭人伝』の邪馬台国論争にも登場し、肇国の女王とも邪馬台国の「卑弥呼」ともいわれる説がある。

『日本書紀』では孝霊天皇と妃倭香媛との間に生まれた皇女とする。たびたび災疫があるので、天皇が神浅茅原で占なったところ、倭迹迹日百襲媛に大物主神が神がかりして、「吾が児大田々根子をして吾を祀れ」との神託があった。

田村神社の略記によると、倭迹迹日百襲媛は、孝霊天皇の皇女で、崇神天皇の御代に疫病の救済や武埴安彦の謀反を予知して未然に防ぐなど、数々の勲功があった。後に吉備津彦命と西海鎮定の命を奉じ、讃岐路に下り、よく鎮撫の偉功をたてて当国の農業殖産の開祖神となられ、吉備津彦命は四道将軍の一人として西海をおさえ吉備国の祖神となられた、とある。

『延喜式』に讃岐国は24座あって名神大社は3座である。香川郡1座で田村神社が名神大社である。讃岐国一の宮となり、三野郡の大水上神社が二の宮、寒川郡の多和神社(志度町)が三の宮と称した。

境内は約2万2600平方m(6851坪)の広さで、本殿と奥殿は宝永7年(1710)に松平氏が造営した。拝殿の前の名木、相生松は雄雌全く一つであったが、雌松は枯れて樹幹を残すのみとなった。西端に花泉がある倭迹迹日百襲媛の御手洗いの所といわれる。鳥居の前から左の道に出たすぐの所に四国88ケ所第83番の札所、一宮寺がある。一宮寺の寺伝には大宝年間(701〜3)に僧義淵が開基して大宝院と称していたが、諸国に一の宮が定められたとき、僧行基が堂塔を修築し、一の宮の田村神社の第一別当職となり、寺号も一宮寺と改められたといわれ、神仏習合の神宮寺、別当寺の関係がわかる。

山陽道

伊予国一の宮
大山祇神社 おおやまづみじんじゃ

大山積大神（おおやまづみのおおかみ）

〒794-1304　愛媛県今治市大三島町宮浦3327 (しまなみライナー大三島BSからバス12分)
TEL 0897-82-0032　FAX 0897-82-0019

　大三島は瀬戸内海の中央にあたり、海上交通の要地として重要な地点であり、かつては瀬戸内水軍の根拠地でもあった。平成11年4月、大三島の多々羅大橋が完成し、広島県尾道と愛媛県今治を結ぶ「瀬戸内しまなみ海道」が開通し、福山駅前からバスで1時間ほどだ。

　大山祇神社の境内は66万平方m(20万坪)もあり、神域である3万9600平方m(1万2000坪)には、天然記念物の楠の木の群生が、悠久の太古をしのばすがごとく鬱蒼たる原始林をつくり、大山積大神(天照大神の兄神)を祀る四国一の大社の風格を示している。

　大山積大神は、百済から渡来して摂津国三島に鎮座されていたという伝えから三島大明神・和多志大神とも呼ばれる。この神を大三島の地に遷して祀ったのは祖先神と仰ぐ伊予国造の乎知命である。現在の地に社殿を建立したのは、子孫の越智玉純で養老3年(719)だと伝えられている。以来、この地の豪族越智氏と、その出である河野氏の氏神として一門によって祭司されてきた。『延喜式』では伊予国には24座の内、名神大社7座で、そのひとつの大山祇神社は、後に日本総鎮守大山積大明神と呼ばれるようになった。

　由緒によると「神武天皇の御東征前に大山積大神の子孫、小千命が瀬戸内海の中央にある風光明眉な大三島に大山積大神を祭祀した」とある。『日本書紀』と『古事記』には大山祇神は山の神になっている。その子女が木花開耶姫で、皇孫瓊々杵尊との間に彦火火出見尊が生まれている。彦火火出見尊は海神の女、豊玉姫と結婚されたという。山神と天神と海神が一つの縄のようになわれていく話に

なっている。これは、百済から摂津国に渡来した神を祖先神とする氏族が、水軍を率いる海の氏族なので、瀬戸内の要路の根拠地に祖神を祀ったのであろう。

越智(おち)・河野(こうの)氏が水軍を率いて絶大なる武力を持っていた10世紀以降は、平氏(へいし)・源氏(げん)・北条氏(ほうじょう)・足利(あしかが)氏などの武家の棟梁たちが、内海の制海権を自己の手中にするために越智・河野氏を懐柔した。越智氏から出た神主大祝(おおはふり)氏を地頭に任じ、社殿の造営に力を尽くし、社田・武器などを寄進して神社の保護維持に配慮を重ねている。これらの武家の奉仕は武神としての武運長久を祈願するものでもあった。また、海上守護神・山神・農神として信仰を集め、これらに関係する人々が寄進した宝物は数万点にもなる。中でも武具は、全国の国宝重要文化財の8割もあって、紫陽殿・国宝館に保存されている。

本殿は、将軍足利義満(よしみつ)の許可のもとに天授(てんじゅ)5年(1379)から応永(おうえい)34年(1427)に、河野一族をはじめとする国中の武士の合力によって造営されたもので重要文化財に指定されている。伝統ある神事として無形民俗文化財に指定されている一人角力(ひとりずもう)も見逃せない。一人角力は文字通り目にみえぬ稲の精霊と取り組むもので、旧5月5日の御田植祭、旧9月9日の抜穂祭に境内斎田で豊作を祈念し、感謝して奉納される。境内に建つ大三島海事博物館は、昭和天皇のご採取船葉山丸を記念した建造物で、天皇の研究物や三島水軍の資料などを展示している。

南海道

土佐国一の宮
土佐神社 とさじんじゃ

味鉏高彦根神(あじすきたかひこねのかみ)

〒 781-8130　高知県高知市一宮 2499　(JR 土讃線土佐一宮駅徒歩 15 分)
TEL 088-845-1096　FAX 088-846-3779

JR 高知駅からバスで国道を北へ、約 15 分のところのバス停の一ノ宮東門停留所で下車、ここを右に折れれば土佐神社がある。JR 土讃線(どさん)の土佐一宮(いっく)駅からは徒歩 15 分である。駅名の一宮を「いっく」と呼んでいる。土佐国一の宮付近は神辺郷といい、土佐で最も早く開けたところである。道をはさんで右に一の宮、左に四国 88 ケ所第 30 番札所の善楽寺(ぜんらくじ)がある。

　千年前の紀貫之(きのつらゆき)の『土佐日記』をみると、今の高知市のほとんどが浦戸(うらと)湾の海の中で、湾が入りこんだ丘の上に土佐神社があった。太平洋の黒潮の流れに面した海の氏族の根拠地であったとも考えられる。南北朝から戦国時代にかけて土地の隆起があって、それに鏡川(かがみがわ)・江ノ川の堆積作用によって陸地化がすすんでいった。低地はやがて開かれ、鏡川の氾濫と、その開拓の繰り返しによって今日の高知市ができていったのである。

　桓武(かんむ)天皇のころ、弘法(こうぼう)大師空海(くうかい)がこの地に巡錫し土佐国一の宮の別当寺・神宮寺として善楽寺を建立し、四国 88 ケ所第 30 番札所とした。明治 3 年 (1870) の廃仏毀釈(はいぶつきしゃく)で廃寺となり、ご本尊などは第 29 番札所国分寺に預けられた。その後、明治 9 年 (1876) にご本尊のみ安楽寺に移し、仮に札所を復活させた。ご本尊を預った安楽寺は 30 番札所を主張したため、札所が二つあるので紛らわしい。霊場も人の欲が絡むと困ったことになる。

　『延喜式』には土佐国に 21 座で、名神大社は都佐坐神社(とさにます)と記されている土佐神社 1 座だけである。雄略天皇 4 年 (460) に鎮座した

と伝えられ、土佐高加茂大社・高加茂大明神といわれた。明治4年(1871)に土佐神社と称し、国幣中社になった。境内は3万3000平方m(1万坪)もあって森林に覆われている。

祭神は味耜高彦根神、または一言主神である。味耜高彦根神は、親友の天稚彦の弔いに天にのぼっていったが、天稚彦の親兄弟から死んだ天稚彦と間違えられた。それを怒って十握剣を抜いて喪屋を切り倒した。そのとき、喪に集まった人々は「天なるや　弟織女の頂かせる　王の御統の　穴玉はや　二谷に渡らす　味耜高彦根」と歌った。この意味は、天に輝く織姫星の頂にかけたスバル星のような首飾りの美しき玉よ。そのように谷二つに渡って飛び行きつつ、美しく輝く味耜高彦根神よ。

味耜高彦根神の神名のアジは、鴨の一種で、鴨地方・葛城川の渓谷。シキは磯城地方・発瀬川の渓谷。タカは高市地方・飛鳥川の渓谷。高根は尊称である。これをみると南大和と関係のある地名を示して、葛城山に祀られる一言主神であることがわかる。

国の重要文化財に指定されている社殿は、元亀元年(1570)、長宗我部元親が本殿、幣殿、拝殿を再建したものだ。その後、山内忠義が寛永8年(1631)に楼門(神光門)を建立し、さらに鼓楼を慶安2年(1649)に建立した。伝統的神事の多いなかでも土佐三大祭のひとつが志奈祢祭だ。8月24日の忌火祭、宵宮祭。25日の神幸祭(神輿渡御)などと続き、神楽や太鼓の奉納もあり、夜店も並んで多くの人々で賑わう。また、この御神幸は高岡郡浦の内までの御幸のあった名残である。

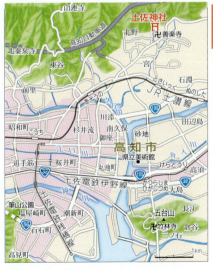

南海道

	年	月/日
筑前国　筥崎宮	-	/
筑前国　住吉神社	-	/
筑後国　高良大社	-	/
豊前国　宇佐神宮	-	/
豊後国　西寒多神社	-	/
豊後国　柞原八幡宮	-	/
肥前国　與止日女神社	-	/
肥前国　千栗八幡宮	-	/
肥後国　阿蘇神社	-	/
日向国　都農神社	-	/
大隅国　鹿児島神宮	-	/
薩摩国　新田神社	-	/
薩摩国　枚聞神社	-	/
壱岐国　天手長男神社	-	/
対馬国　海神神社	-	/

西海道

西海道

西海道は日本の西端にあるが、朝鮮・中国・東南アジアへの玄関にあたるため、古代から中世にかけて先進文化の移入路として重要な門戸であった。ことに筑前国には太宰府が置かれ歴史的にしばしば注目すべき史実が展開されていった場所である。

西海道の名は、『続日本紀』の中の文武天皇大宝元年 (710) の条にみられる。その当時の西海道は筑前・筑後・豊前・豊後・肥前・肥後・日向の 7 国と壱岐・対馬の 2 島が所属していた。のちに薩摩国や島を分けた。和銅 6 年 (713)、大隈国を日向国から分けて 9 国 3 島となった。それが天長元年 (824) に 9 国 2 島となり、9 つの国からなるので九州と呼ばれている。

大化の改新以前には、筑紫・西偏・西州・西道と称されていた。西海道を統轄する太宰府が鎮西府と呼ばれるようになると、鎮西とも呼ばれている。

『延喜式』の中に西海道の交通路をみてみると、山陽道を経て、太宰府にいたる大路が畿内と結ぶ大動脈で、太宰府は九州の要となっていた。太宰府から肥前・筑後を通り肥後・薩摩国の国府をへて大隈国にいたる西路と、豊前から大路とわかれ豊後・日向国の国府を経て大隈国に通じる東路の小路がある。そのほかに支路、別路があった。

西海道に祀られる神は 107 座、名神大社は 38 座である。一宮は、

筑前国 式内社　19 座、内名神大社　16 座
　　　筥崎宮　応神天皇・神功皇后・玉依姫命
　　　住吉神社　住吉神

筑後国 式内社　4 座　内名神大社　2 座
　　　高良大社　高良玉垂命

豊前国 式内社　6 座　内名神大社　3 座
　　　宇佐神宮　誉田別尊・比売大神・神功皇后

豊後国	式内社　6座、内名神大社　1座

西寒多（ささむた）神社　西寒多神　柞原八幡宮　応神天皇

肥前国	式内社　4座、内名神大社　1座

與止日女（よどひめ）神社　與止日女大神
千栗（ちりく）八幡宮　　応神天皇

肥後国	式内社　4座、内名神大社　1座

阿蘇（あそ）神社　健磐龍命（たけいわたつ）

日向国	式内社　4座

都農（つの）神社　大己貴神（おおなむちのかみ）

大隅国	式内社　5座、内名神大社　1座

鹿児島神宮　天津日高彦穂穂手見命（あまつひたかひこほほてみのみこと）

薩摩国	式内社　5座

新田（にった）神社　瓊瓊杵尊（にニぎのみこと）　枚聞（ひらきき）神社　枚聞神

壱岐嶋	式内社　24座、内名神大社　4座

天手長男（あめのたながお）神社　天忍穂耳尊（あめのおしほみ）

対馬嶋	式内社　29座、内名神大社　6座

海（わだつみ）神社　豊玉姫神

西海道

　西海道の一宮に祀られる神々は、筑前国の筥崎宮（はこざき）は応神天皇と神功皇后・玉依姫が祀られ、住吉神社は底筒男・中筒男・表筒男の住吉の神である。筑後国の高良大社は高良玉垂命。豊前国の宇佐神宮は応神天皇、姫大神、神功皇后で八幡の神を祀る。豊後国の西寒多神社は西寒多大神で、柞原八幡宮は仲哀天皇・神功皇后・応神天皇の八幡の神である。肥前国の河上神社は与止日女大神で豊玉姫のことである。千栗八幡宮は八幡の神。肥後国の阿蘇神社は阿蘇の神12座を祀る。日向国の都農神社は大己貴命で、大国主神である。大隅国の鹿児島神宮は彦火火出見尊である。薩摩国の新田神社は瓊々杵尊で、枚聞神

社は枚聞大神を祀る。壱岐嶋の天手長男神社は天忍穂耳尊・天手長男命・天鈿命。対馬嶋の海神神社は豊玉姫である。

こうしてあげてみると、筑紫国・豊の国は宇佐神宮があるだけあって、応神天皇と神功皇后を祭神とする八幡の系統神と、神功皇后を霊界から助けた住吉の神が関連してあるのは、朝鮮半島と倭の国の門戸にある地点を誰が押さえていたかを示しているのではないだろうか、と考えさせられる。

　　　　　　　海幸山幸神話の主人公である彦火火
　　　　　　出見尊を祀る大隈国の鹿児島神宮

と対馬嶋の海神(わだつみ)神社は、神話の語りだしから乙姫さまの豊玉姫のいる竜宮を結んでいるようである。古代では、海からの交流が想像されるよりも大きかったと思われる。薩摩半島の南端の開聞岳の枚聞(ひらきき)の神は、海を行き来する人たちの目標であり、守護神であったものと思われる。高千穂神話の国ともいわれる日向国は大巳貴神で、つまり出雲(いずも)国の大国主神で国津神系がなぜに日向国に祀られているのであろうか考えさせられる。

凡例	
⛩	一の宮
卍	国分寺
▢	国府
●	現在の都道府県庁
⋯⋯	国の境
武蔵	国名
═══	大路
══	中路
──	小路

筑前国一の宮
筥崎宮 はこざきぐう

応神天皇・神功皇后・玉依姫命

〒812-0053　福岡県福岡市東区箱崎町1-22-1 (JR鹿児島本線箱崎駅徒歩5分)
TEL 092-641-7431　FAX 092-651-5381

JR博多駅から東北へ約2km余、JR箱崎駅で下車して100mのところにある。九州から壱岐・対馬を経て朝鮮半島への航路が開かれ、その門戸にあたる博多湾に臨んでいる。境内一帯は千代の松原と呼ばれる松の名所で、十里松ともいわれていた。西荒津山、名島の岬は東に突出し、海の中道は前方に数里の白砂を横たえている。その先は玄海灘の荒海である。松の木は御神木として保護されてきた。

　むかしは「袖の浦曲の眺めも清く、松籟涛声と和して白砂、塵をとどめぬ神苑は、まことにたぐいなき神代ながらの浄域」であった。海に向かって一のっっっっc鳥居が楼門の前に構えている。筥崎鳥居と呼ぶ特殊な形式をもっていて、慶長14年 (1609) に黒田長政が建立したものである。楼門は文禄3年 (1594) に小早川隆景の建立である。楼門の右に神木の筥松という老松がある。これは応神天皇の胞衣を納めた筥とも、仏教の戒定慧の筥ともいわれる筥を埋めた所ともいわれ、筥崎の地名のもとになったといわれる。檜皮葺き九間社流造の本殿・拝殿は大内義隆が天文15年 (1546) に建立したもので、一の鳥居、楼門とともに国の重要文化財に指定されている。『延喜式』には筑前国那珂郡四座の中の一座の名神大社で「八幡大菩薩筥埼宮」とある。延喜20年 (920) には渤海使が入朝し、延喜21年 (921) に大宰少弐藤原真材が神託により、勅により筑前国穂浪郡大分宮より奉還したといわれる。醍醐天皇の下された官符には「外賓通摂の境であるから、其の宮殿を営むに殊に美観を尽

くす様」といわれて造営したと伝えられている。当時は異国の建築様式で造られ、それが白砂青松の中に丹青の色も鮮かにして壮麗、目も覚めるばかりであったと思われる。平安前期のこの時代は遣唐使をはじめ、朝鮮半島では新羅滅亡を前にしての新羅から外圧がしきりで、太宰府(だざいふ)の防衛の策も講じられていたときであった。社殿は西に向かって立ち、新羅に向かうという意を表わしているという。創建当初から外圧を意識した影響は以後も敵国降伏の神として朝廷から崇敬されてきた。文永・弘安の役での元(げん)の来襲で、社殿が兵火にかかり、亀山上皇は安芸(あき)・筑前二国をよせて造営費にあて、建治元年(1275)に遷宮し「敵国降伏」の4字の紺紙金泥(こんしきんでい)の宸筆37枚を寄せた。祭神は応神天皇(おうじん)を主神として神功皇后(じんぐうこうごう)、玉依姫命(たまよりひめのみこと)を祀る。応神天皇は百済から裁縫の術を、呉国(ごのくに)から縫工を召し、海外の文化の吸収に功績があったり、溝池を開いて農桑を奨励した殖産興業の祖神として神徳を仰いでいる。古代の文化の移入路の要(かなめ)をおさえ、それを意識しての宮である。

　筥崎宮前の海岸の真砂(まさご)を「お潮井」といい、これをもって身を清めると禍を除き福を招くといわれる。春分、秋分に近い「つちのえ」の日の社日祭で、お潮井とりの神事が行なわれる。1月3日の玉取祭は俗に「玉せせり」といい、陰陽2個のうち陽の玉をせせる祭で事始めの神事である。9月12日から18日までは、博多三大祭の放生会(ほうじょう)大祭だ。地元の人たちからは「梨も柿も放生会」と親しまれ、参道に700もの露店が並びにぎわう。この祭りの名物「チャンポンと博多はじき」は大変人気がある。

西海道

筑前国一の宮
住吉神社 すみよしじんじゃ

〒812-0018　福岡県福岡市博多区住吉3丁目1-51(JR新幹線博多駅徒歩10分)
TEL 092-291-2670　FAX 092-291-2669

　JR博多駅から歩いて10分、ビルが建ち並ぶ福岡市街地の中心にある。しかし緑の木立に囲まれた参道や、2万6753平方m(8107坪)の境地は、オアシス的な存在で、人びとに安らぎを与えてくれるようだ。近くには背振山系に水源をもって、福岡平野を流れて博多湾に注ぐ那珂川がある。表参道と那珂川の間に天竜の池があるが、満潮時には海水が入っていたので汐入池とよばれ、伊奘諾尊のミソギ祓いの霊池と伝えられている。

　『延喜式』の筑前国には19座で那珂郡の4座は名神大社、住吉神社3座は皆名神大社である。祭神は住吉三神の底筒男・中筒男・表筒男で相殿に天照大神、神功皇后を配祀している。住吉三神を祀る神社は全国に2129社あるが、その最初の神社である。「住吉本社」「日本第一住吉宮」と古書に記される住吉最古の神社である。神功皇后が朝鮮半島に渡航する際に住吉の神の和魂を体に、荒魂は水軍の先鋒となし導かれ、半島に渡ることができた。その荒魂を新羅に鎮め、壱岐にも住吉神社を創建され、長門の豊浦宮を拠点にされたときも住吉神社を創建、さらに難波への進行にも住吉の神の守護により目的を達成することができ、その御礼に摂津の住吉大社を祀った。航海安全の神として古来から崇敬が高く「住吉丸」と名づける船も多い。

　伊奘諾尊が黄泉国から逃げ帰り、筑紫の日向の小戸の橘の檍原に着かれ、禊祓をされたと『日本書紀』にある。この神社の由緒によると、住吉の三神は、伊奘諾尊が禊祓をされた時に、志賀海神

社の海神三神と警固神社の直毘の神(穢れを払う神)が出現した神を祀っている。博多湾を中心として住吉神社・志賀海神社・警固神社が鎮座しているところから、ここが伊奘諾尊の禊祓の場所だとされている。

　古田武彦著『耶馬台国はなかった』『失われた九州王朝』では、古代の博多湾岸を注目しているが、住吉神社のあるところは、儺ノ津といわれた博多湾に突出した那珂川、古くは儺ノ川の津であったところである。神宝になっている「博多古図」は、中世の博多の状態を描いているが、海が深く湾入した入江の岬の上に神社があることを示していて、このことを証明する貴重なものである。博多湾が現在よりも深く入りこみ、太宰府の水城のあたりまで海が侵入していたから、水城が防衛線として築かれたのである。儺ノ津は朝鮮半島や大陸への海の表玄関で、随・唐との交通の拠点であった。平和台球場付近に古代の迎賓館といわれる鴻臚館の遺跡が発掘され、その重要性を示している。元和9年(1623)黒田長政が再建した社殿(重文)は、大阪の住吉大社本殿と同じ住吉造りでだが多少の違いがある。社殿の左手の神木「一夜松」は、造営で松が邪魔なので切ろうとしたら一夜のうちに真っすぐになったという。昭和初期に枯れ、現在その孫生えが茂っている。住吉大社にも関わりのある正徹禅師が、和歌の上達を願って庵を結んだ松月庵や、滴露水跡がある。

　例祭は、10月13日の相撲会祭。神功皇后が住吉大神の神慮をうかがったところ、相撲と流鏑馬をという仰せであったため、力競べをさせたのが起源という。

西海道

筑後国一の宮
高良大社 こうらたいしゃ

高良玉垂命（こうらのたまたれのみこと）

〒839-0851 福岡県久留米市御井町1 (JR久大本線久留米大学前駅タクシー8分)
TEL 0942-43-4893　FAX 0942-43-4936

久留米ICから車で15分、西鉄留米駅からタクシーで20分、久留米市街の東6kmのところにある標高312mの高良山に祀られている。

『延喜式』には筑後国4座のうち名神大社2座の1座である。高良玉垂命神社の名で記されている。祭神の高良玉垂命については古来から異説が多いが、神名のごとく「高良の御山に鎮りまして、奇しき御恵みを万民に垂れさせ給う」という国魂として北部九州の総鎮守神である。相殿の左に八幡大神、右に住吉大神が祀られる。高良山は筑前・筑後・肥前にまたがる筑紫平野の中央にある。山頂から見ると、筑後川は大きく蛇行しながら眼下を東から西へ、さらに南へと流れている。古くから九州の要として重要視されてきた。高良山は別名、高牟礼山、不濡山と呼ばれ、耳納(水縄)山地西端の一峰で、高良玉垂命を祀る神山として古代信仰の祭祀を伝えている。

景行天皇は高羅行宮で四隣を経営し、神功皇后も山麓の旗崎に駐営されたと伝える。6世紀、筑紫君磐井はこの山に拠って九州に威を振るった。大化改新以後は山下の合川町、御井町に筑後の国府が置かれ、近くに国分僧尼寺が建立された。略記によれば山上での祭祀から社殿が創建されたのは履中天皇元年(400)とあるが、社殿での祭祀としては古いもので全国にもその例が少ない。中世には「高良山を占める者、筑後国を占める」といわれて群雄が争ってここの争奪をしたので、戦火にあって衰微した。

社殿の背後を最高地として、山の西斜面をとり囲む大規模な列石

が1500m以上にもおよんでいる。これを神霊の篭ります霊域表示の石として古来「神篭石(こうごいし)」と呼んでいる。霊域表示とは、何のことを示すものであろうか。尾根をめぐり谷をわたって連なる列石は延々とつづき、これを造った古代人の思いは何であるのか、さまざまに想像されているが、現在では6世紀後半に築かれたもので、当時の朝鮮半島の情勢に備えた山城だとする説が強い。同様な列石は福岡・佐賀・山口県に、8か所ほどあるが規模の雄大さに於いては高良山をしのぐものはない。「神篭石」は国指定史跡になっている。

　高良山は明治の排仏毀釈までは、山内26ケ寺、360坊、1千余名の僧徒を支配するところの勢力をもっていた。天武(てんむ)天皇2年(673)、神主物部(もののべ)氏は、神託により大祝家(おおほうりけ)の隆慶(りゅうけい)を妻帯のまま社僧とした。その子孫は神宮寺高隆寺、後に御井寺を起し座主と称し、48世まで続いたが、明治維新による神仏分離令で明治2年(1869)2月にすべての寺坊は取り除かれ、座主も廃止せられたのである。御井寺の正門と裏門は文禄年間(1592〜96)の建築といい、排仏の難をまぬかれて残っている。大社の社殿(国重文)は藩主有馬頼(より)利の方治3年(1660)の造営によるもので、総こけら葺素木造で和様・唐様・天竺(てんじく)様を混じた権現造(ごんげんづく)りである。

　6月1、2日の川渡祭は俗に「へこかきまつり」といわれ、厄年を中心に大勢の人が赤い肌着をつけ、神社で用意した肩掛けをつけ「茅の輪(ちのわ)」の祓(はら)いを受けて、無病息災厄年の安穏の祈願をする。なかでも7歳の子と還暦の祈願が多い。例大祭は10月9日から3日間盛大に行なわれる。

西海道

豊前国一の宮
宇佐神宮 うさじんぐう

誉田別尊（ほむたわけ）・比売大神（ひめおおかみ）・神功皇后

〒872-0102　大分県宇佐市南宇佐2859（JR日豊本線宇佐駅タクシー5分）
TEL 0978-37-0001　FAX 0978-37-2748

日豊本線の宇佐駅前から宇佐八幡バス停までバスで10分、途中、和気の丘を通ると左に大元山（御許山）（おおもとさん）が見える。この神宮から東南6km離れた山に、多岐津姫命（たきつひめのみこと）・市杵嶋姫命（いちきしまひめのみこと）・多紀理姫命（たきりひめのみこと）の三女神が降臨した奥宮が祀られている。山頂には三体の磐境（いわさか）があって、神殿のない全山が神籬（ひもろぎ）、御神体山である。バス停から本宮まで約15分、参道を進み、寄藻川（よりもがわ）にかかる神橋を渡ると特有の宇佐鳥居がある。

　宇佐神宮は『延喜式』の豊前国（ぶぜんのくに）六座のうち、宇佐郡三座の八幡大菩薩・宇佐宮（うさのみや）の比売（ひめ）神社・大帯姫廟（おおたらしひめびょう）神社の名神大社を祀り、八幡三所大神とも称せられ豊前国一の宮であり、全国の4万638社の八幡神宮の総本宮である。

　由緒によると欽明天皇（きんめい）32年（571）、大神比義（おおがのひぎ）の神託（しんたく）により、誉田天皇広幡麻呂（ほむだのたほろまろ）（応神天皇）の神霊、八幡大神と申してあらわれ、神亀2年（725）、八幡大神を奉祀し一之御殿が造営された。天平（てんびょう）3年（731）神託があり、同5年（733）に比売大神の二之御殿が造営された。天平10年（738）、宇佐公法蓮（ほうれん）によって勅願の神宮寺、天平10年（738）に弥勒寺（みろく）が建立された。当時、国東半島（くにさき）を中心として六郷満山（ろくごうまんざん）が草創された。弘仁（こうにん）14年（823）に神功皇后の三之御殿が造営された。最初の社殿は鷹居社（たかいのやしろ）で、のちに小山田社（おやまだ）に移り、聖武天皇の時代に現在の場所に移った。六郷満山と呼ばれる修行の場で、仏教文化の中心であった。

　筑紫の宇佐島という大元山に天降りした比売大神が宇佐の起こり

で、御神体山の神霊を祀る古代信仰を伝えている。神武天皇が日向をたって東征の途で宇佐の地に至ったとき、宇佐の神を氏神とする宇佐氏が一柱勝宮を造り天皇を歓迎した。その功によって宇佐国国造に補せられ子孫が世襲した。

奈良時代に中央の勢力が加わると神宮司に補せられたが、同時に大和の大神氏が加わり、実権は大神氏のものとなった。貞観元年(859)に石清水八幡宮が山城国に勧請されると、再び宇佐氏の勢力が強くなり大宮司職となった。

比売大神の三女神は後に「海北道中にいます道主貴」の神として福岡県の室木の六ケ岳、玄海の宗像大社として祀られている。市杵嶋姫は弁財天として広島の厳島神社・竹生島・江の島などに祀られている。

大元山の古代自然信仰からでて、その神が比売大神になり、それに宗像三女神が重なり、神武天皇東征や景行天皇の神縁、また、神功皇后が宇佐で軍船を造られた伝説があることなどから、宇佐氏の勢力が加担したのであろう。そして神功皇后の廟が祭祀された。その後、宇佐国造に八幡大神が現れ、応神天皇の神霊が祀られたのである。太宰府の詞官習宜阿曽麻呂が道鏡を皇位にと、宇佐の神託を奏上し、この真偽を正す和気清麻呂の神託により道鏡追放となる程、宇佐の神は朝廷に重んじられていた。7月31日から8月2日にかけ夏越神事の神幸祭がある。三基の御輿が本宮を出て先陣争いをすることから「けんか祭」の異名がある。

西海道

豊後国一の宮
西寒多神社 ささむたじんじゃ

西寒多神

〒870-1123　大分県大分市寒田1644　(JR日豊本線大分駅タクシー10分)
TEL 097-569-4182　FAX 097-569-4182

JR大分駅から南へ9km、車で国道10号線を軒田橋から西に入り霊山(596m)へ行く途中、2.5kmの寒田にある。その先を行くと霊山寺がある。大分平野は大分川と大野川の川谷をひかえ、北は別府湾に臨んでいる。古国府の地は豊後国の国府が置かれたところで、南は上野台地を背にしている。

　豊後国で一の宮を称えるのは、西寒多神社と柞原八幡宮の二つであるが、柞原八幡宮のほうは『延喜式』にその名がみえない。祭神からみても西寒多神社のほうが古いが、両社で一の宮を争った記録がある。

　西寒多神社は本宮山と呼ばれている西寒多山(608m)の麓に応神天皇の時に社殿を建てたと伝え、ここに鎮座している。

　『延喜式』は豊後国六座あって大社一座、小社五座、西寒多神社は大社である。由緒には応神天皇9年(278)に武内宿弥が勅命を奉じて、西寒多山上(本宮山)に宮殿を建立したと伝える。

　祭神は西寒多大神(天照皇大御神)、伊弉諾尊・伊奘冉尊(婚姻の神)、大直日・神直日(厄除、交通安全神)、八意思兼神(学業の神)、大歳神・倉稲魂神(農業、食物の神)、軻遇突智神(火の神・消防の神)を祀っている。略記では西寒多大神を天照皇大御神としている。伊弉諾尊が黄泉国から逃げ帰って禊をしたときに生まれた大直日・神直日神、天の岩戸神話ではかり事をめぐらせた知恵の思兼神、農業・食物の大歳神、倉稲魂神、火の神・消防の軻遇突智神と、多くの神々を祀っているので人々の願い事は何でもかなえること

になる。また、西寒多大神一座が主神とし、月読命(つきよみのみこと)以下14座を配祀するという記録もある。脳病・歯痛・雨乞いに霊験があるとされ、とくに脳病・歯痛にきくというので、九州・四国・京阪神方面からの参詣者が多いといわれる。貞観11年(869)従五位下の神階をうけ、延喜の制祈年の国幣に預かる。建久8年(1197)には大友能直が社領53石を寄せている。応永15年(1408)に大友親世は大野郡寒田(ちかた)から現在地に遷座した。戦国時代にこの地方に威をはった大友宗麟(そうりん)をはじめとする大友氏の尊崇が厚かった。宝物として宗麟愛用の印章4個、大友能直、織田信長、秀吉家康外の古文書を有している。

本殿は大社造である。境内は2万7457平方m(8320坪)もあって、樹齢120年余の名木「御禊(みそぎ)の藤」がある。藤の棚は、広さ330平方m(100坪)もあって、花房が1.3mにもおよび、藤の花の咲きどきは見事な美しさで、花見に来る人も多い。このほかに数百株のツツジもあり、春の新緑のころはむろん秋の紅葉のときには、荘厳なる社殿とともに神霊地としての清らかさがある。

例祭は4月15日、特殊神事には4月1日～3日の神幸祭、6月30日、12月31日の道饗祭、11月22日の鎮魂祭、旧11月中卯日の卯日祭、33年目ごとに祭神の神衣を新調し奉る式年大祭の御神衣祭(かんみそまつり)がある。祭儀には、氏子の中で神衣を奉る家筋があって、願主として奉進する。

西海道

豊後国一の宮

柞原八幡宮
ゆすはらはちまんぐう

応神天皇

〒870-0808　大分県大分市上八幡987　(JR日豊本線大分駅バス25分)
TEL 097-534-0065　FAX 097-536-2475

　西大分駅から東南へ、約4km余り山に入ったところ、老杉が茂る柞原山麓にある。柞原山は土地では「ゆすはら」と呼んでいる。それが訛って「いすはら」ともいう。

　境内は2万7457平方m(8320坪)もあり、森厳な神域には天然記念物の樹齢3千年の大樟(樹高30m、根廻り34m、地上2mの幹廻り19m)をはじめ、杉や松の老木が繁茂している。大友宗麟の頃にポルトガル人が奉納したと伝わるホルトの木も大枝を広げ、根廻り約6.4mもあって目を引かれる。

　参道から石段を登り、二十四孝などの彫刻がみごとな南大門(別名日暮門)を通って行くと、安政年間(1854～59)に再建された朱塗りの回廊をもった華麗な八幡造で、申殿・拝殿の社殿がある。本殿は宝暦13年(1763)の建造で、東西には東宝殿・西宝殿が建ち、東宝殿の東に権殿、本殿の南には宝物殿が建っている。自然の素朴な静けさとともに、美しい神殿が調和して、威容な神霊が心からしのばれる宮居になっている。

　柞原八幡宮の名が『延喜式』にないのは、社伝によると天長4年(827)に延暦寺の僧金亀が、宇佐八幡宮から柞原山に勧請したものと伝わるからである。『延喜式』には延喜年間(901～923)以前に創建された神社が記帳されているからである。

　柞原山は豊後国の国府に近く、古く上下の信仰を集めて国中の第一の神社になった。後の一宮として、国司は国に下るごとに神拝を行なうのが慣例になった。

宇佐八幡宮から勧請したので、祭神は仲哀天皇（帯中日子命）・神功皇后（息長帯比女命）・応神天皇（誉田別命）の御三方である。

仲哀天皇は日本武尊の第２子で、葛城氏を母にもつ息長足姫尊を皇后にしている。その仲哀天皇と神功皇后の子が応神天皇である。仲哀天皇は熊襲を討ったが勝利を得ないまま帰還し、病のために亡くなられた。52歳のときである。神功皇后は、天皇が橿日宮でお崩れになったのを傷み、たたられる神を知って財宝の国新羅を求めようとし、新羅征伐をした。その年に筑紫の蚊田で第４子の応神天皇が生まれた。神功皇后はながく摂政として応神朝が築かれた。この三方を神として祀るのが八幡宮で、戦いの中に勝利を得たこの神への崇敬は厚く全国に八幡社が祀られている。そのもとは宇佐八幡宮であるが、柞原八幡も石清水八幡も宇佐八幡から勧請している。宇佐の神の力が、道鏡事件のときといい、朝廷を左右するものとしてあったのは何故であろうか考えさせられる。

本殿は本宮の宇佐八幡宮と同じく33年ごとに造営するのを例としている。社蔵に古文書類が多くあり、九州屈指といわれるほどだ。豊後国の一の宮である西寒多神社よりも時に大きな勢力をもったものと思われる。それにふさわしい神域をもって、いまも森林の中に静寂と美しさを人びとに与えてくれる。

西海道

肥前国一の宮
與止日女神社 よどひめじんじゃ

與止日女大神(よどひめのおおかみ)

〒840-0214　佐賀県佐賀市大和町川上1　(JR佐賀駅昭和バス30分)
TEL 0952-62-5705

　JR長崎本線佐賀駅で下車してバスで30分、佐賀市の北へ10kmの川上川の上流にある。川上川は嘉瀬川と呼ばれ、佐賀平野の中央を流れ、筑後川を除けば流域・延長ともに最も大きい川である。上流の約12kmの間は川上峡で、奇景に富んで佐賀県立自然公園になっており、この付近には、與止日女神社(河上神社)をはじめ実相院や宝塔山がある。與止日女神社は淀姫神社とも與止日女神社とも書かれているが、祭神の與止日女大神からきている。別名河上神社、俗に「淀姫さん」と呼ばれている。與止日女大神は豊玉姫で、海幸・山幸神話の彦火火出見尊が兄の釣り針を失ったので探しに海神の宮に行ったとき、その娘の豊玉姫を娶られた。そして御子が鵜茅草葺不合尊で神武天皇の父になる人である。また一説には、豊姫ともいわれて『肥前風土記』の中に記されているという。豊姫は「ゆたひめ」と訓じて、世田姫と同じ神とされ、神功皇后の三韓征伐を助けた神ともされている。

　『延喜式』には肥前国には4座あるけれども、名神大社は1座で、松浦郡2座の内の田嶋坐神社だけである。佐嘉郡1座の與止日女神社で記帳されている。佐嘉郡は佐賀県の名の起こりである。由緒によると欽明天皇25年(564)甲申冬11月朔日創祀された。

　有明海から佐賀平野が広がり、北にある本庄神社、佐賀市の与賀神社は、河上神社の祭神と同じく、それで昔から三社同一体なりとい

う言い伝えがある。地図の上からも、同一線上に置かれていて、鎮座も同じ欽明25年(564)と伝えられている。

二条天皇の応保年間(1161～63)に肥前国一の宮とされた。弘長元年(1260)には正一位を授けられ。正応年間(1288～1293)には、1万3千余町の神領地があった。弘安の役(1281)における蒙古来襲のときには、與止日女大神の神霊があらわれて敵船を摧いたといい伝えられている。後陽成天皇(1586～1611)は「大日本国鎮西肥前州第一之鎮守宗廟河上山正一位淀姫大明神一宮」と書いた勅額を下した。肥前国には、河上神社より東へ20余km離れた筑後川を望む丘陵の上に千栗八幡宮がある。この八幡宮も肥前国一宮となっていたので、河上神社に勅額が下されたことにより、千栗八幡宮との間に紛争が生じ、その論争は、慶長19年(1614)から延宝7年(1679)までの60年にもおよんだ。その千栗八幡宮も『延喜式』に記載されていない。

與止日女大神が海神の娘の豊玉姫神だとすると、古代海人族が有明海に入り、川をのぼり筑後平野に入ってきたのであろう。大陸の文化が朝鮮半島に伝わり海を越えて北九州、瀬戸内から近畿に移入したという陸を伝わってきたことが本流のように思われているが、古代の海の往来が想像よりもさかんであったことが「海のシルクロード」の研究で明らかになりつつある。

西海道

肥前国一の宮
千栗八幡宮 ちりくはちまんぐう

応神天皇

〒849-0100　佐賀県三養基郡みやき町千栗 (JR久留米駅バス10分千栗八幡宮前下車)
TEL 0942-89-5566

JR鹿児島本線久留米駅から西へ筑後川を渡るか、鳥栖駅からJR長崎本線で二つ目の中原駅で下車、約4kmにある。久留米駅から佐賀バス行で千栗八幡宮前下車が近い。筑後平野の穀倉地帯のなかにある。千栗八幡宮のある千栗山は、海抜30m余の小山であるが、広大な筑後平野を一望におさめ、眼下に悠々と流れる筑後川の旧河道をひかえた、かつての千栗郷である。

　筑後川は筑後平野を貫流して有明海に注ぐ九州第一の大河で、千年川、古くは筑間川とも呼ばれ筑紫次郎、一夜川の異名があるほど古来から洪水の惨害でなやまされてきた。古代から河川交通に利用され、この地は東の久留米市の高良山と並び要衝な場所であった。付近一帯にはおびただしく分布する古代遺跡や遺物が出ている。神功皇后は三韓征伐のときここに駐留したという。

　樹木の茂る前に石の柱がどっしりとした石鳥居がある。すぐ石段の参道があって、登りきったところに社殿がある。社殿の正座に八幡大神の応神天皇、左右相殿に仲哀天皇、神功皇后が祀られている。千栗山が神域で、現在の境内は3万7151平方m(1万1258坪)ある。毎年3月15日に創始以来と伝える粥占の神事には、2月26日に神殿に献上の粥をこの日にとりだし、肥前・肥後・筑前・筑後の天候、作物の吉凶等を占う御粥祭がある。

　由緒によると郡司壬生春成が、八幡大神の神託によって創祀し、地名の千栗も、その縁起に因むものと伝えられている。神亀元年(724)に聖武天皇の勅を奉じ千栗の神山に社殿を造営してから、神験が上下にあらわれ崇敬が厚くなった。

　平安時代の天慶4年(941)には筑前の大分宮、肥後の藤崎宮、薩摩の新田宮、大隅の正八幡宮と共に「五所別宮」に定められ、宇佐八幡宮の宗廟に準ずる待遇をうけ、宇佐八幡を背景にして肥前国一の宮として神格と勢力をもつようになった。慶長14年(1609)に後陽成天皇より「肥前国総廟一宮鎮守千栗八幡大菩薩」の勅額を賜った。

　鎌倉時代には2度にわたる蒙古来襲に際し神威を発揮したが、南北朝の争乱で、足利尊氏の臣、小後入道道剰が延元元年(1336)に千栗城を築いたため、神域も戦火の中になって衰微してしまった。戦国時代の天文3年(1534)には中国の大内氏の家臣の陶氏に社殿を焼かれ、天正11年(1583)国主竜造寺政家が再興したが、豊臣秀吉の九州征伐の際、神領を没収されるなど浮沈をかさねた。

　慶長3年(1598)国主鍋島直茂が社領200石を寄進し、石鳥居を奉納して復興を図り、以後、鍋島家歴代の尊崇をうけて明治維新になり、明治4年(1871)に郷社、明治36年(1903)県社が、昭和15年(1940)に国幣小社になった。神仏習合時代は妙覚院以下五坊を数えたと伝えられている。

西海道

肥後国一の宮
阿蘇神社 あそじんじゃ

健磐龍命（たけいわたつ）

〒869-2612 熊本県阿蘇市一の宮町宮地 3083-1 (JR豊肥本線宮地駅徒歩15分)
TEL 0967-22-0064　FAX 0967-22-3463

雄大な阿蘇火山の内輪を走る豊肥線の宮地駅からバスで北へ1kmに阿蘇神社がある。かつて阿蘇山麓が神苑であったが時代の変遷とともに縮小され、現在の境内は2万6400平方m(8千余坪)である。日本三大楼門のひとつ二層楼の山門式の楼門を入ると本殿である。本殿、楼門等の構造は、特例の阿蘇式と呼ばれる建築で、本殿は千鳥破風の曲線美、妻（つま）は入母屋造り、千木（ちぎ）外そぎ8本の鰹木（かつおぎ）を据えた欅材（けやき）の白木造である。

　阿蘇神社本宮は12座の祭神を祀っている。これを一宮から十二宮までとしている。『延喜式』の肥後国には4座が記帳されており、阿蘇郡は3座である。名神大社の健磐龍命（たけいわたつのみこと）は一ノ宮、阿蘇都比咩命（あそつひめのみこと）は二ノ宮、速瓶玉命（はやみかたまのみこと）は十一ノ宮に祀られている。健磐龍命の第一の御子の速瓶玉命は初代阿蘇の国造（くにのみやつこ）となった。同地域の北大字手野に国造神社として祀（まつ）られている。孝霊天皇9年(前282)に大神を祀ったのを創始としている。阿蘇噴火口を神霊地と呼び、古代の自然信仰を伝えている。阿蘇の噴煙が沸き上がる火を古代人は神と仰ぎ御神体なのである。北の御池には本宮の健磐龍命、中の御池に本宮二ノ宮の阿蘇都比咩命、南の御池に五ノ宮の彦御子神（ひこみこのかみ）の神霊が鎮まる。神霊池を中心に八丁四面を神域としている。要するに阿蘇山を神霊とする古代信仰が、今日に生きて伝えられているのである。

　由緒によると、一ノ宮に祀られる健磐龍命は神武天皇の皇子の神八井耳命（かむやいみみの）の御子、つまり孫である。神武天皇は媛蹈鞴五十鈴媛命（ひめたたらいすずひめ）を皇后とされ、皇子神八井耳命、綏靖天皇（すいせい）が生まれた。綏靖天皇（すいせい）は

十二ノ宮に金凝神として祀られている。神武天皇76年(前584)2月、健磐龍命が天皇の命により九州鎮護のため阿蘇に下られ、草部吉見大神の娘阿蘇都比咩命を娶り、三ノ宮の国龍神の女神となった。

神陵

この父娘が阿蘇の国つ神である地の神であろう。高森町の草部吉見神社に鎮座している。この神の妃神は四ノ宮三宮に国龍神として祀られているが、吉見神とも彦八井命とも称する。この神の妃神は四ノ宮に、第一の子、新彦神を七ノ宮に、その女神を十ノ宮に祀り、七ノ宮の御神の若彦神を九ノ宮に、八ノ宮には九ノ宮の妃神を祀る。健磐龍命は地の神の氏族と結ぶことにより、この地を開くことができたのである。命は矢を放って阿蘇の中部に居を定めることにした。

九州の中央を占める阿蘇に勢力を持っている氏族と婚姻を結び、阿蘇の神を祀ることにより融和を図った。当時の阿蘇火口湖である立野火口瀬より疎通し、阿蘇開拓の水をえることができ農耕水田の開発の先駆者であるとしている。五ノ宮は彦御子神で速瓶玉命の子神、六ノ宮はその妃神を祀っている。こうみると阿蘇氏族の祖先神を祀っていることがわかる。御田植神幸祭は俗に「おんだ」といわれ、7月28日に古式の神幸絵巻が展開される。神社で祭を終え、正午頃、駕輿丁にかつがれた4つの御輿は、田歌を唄いながら阿蘇の五岳を背後にして、高原をわたる。涼風をうけて数百年の昔に戻ったようなのどかな風景を展開する。

西海道

日向国一の宮
都農神社 つのじんじゃ

大己貴神（おおなむちのかみ）

〒889-1201　宮崎県児湯郡都農町川北13294 (JR日豊本線都農駅タクシー5分)
TEL 0983-25-3256　FAX 0983-25-3256

　JR日豊本線の都農駅から西北へ2km、国道10号線に面する広大な森が都農神社である。
　都農神社の神域は見事な森林に覆われ樹木が茂っている。玉砂利を踏んで社頭までの参道は神厳な状態を保っている。神域を吹く風は身を清らかにする。

　都農は、「つの」とも呼ばれ、洪積台地の上を占めている。台地のほとんどが海岸まで接し、海岸線は単調な砂浜海岸である。名貫川や都農川の流程の短い川がその間を流れているが、河床が低いので潅漑水をとるのには不便である。台地をここでは原（はる）と呼んでいる。推古天皇のとき「馬ならば日向の駒」といわれるほど古代から都農は牧の地であった。広い台地は牧場にふさわしい景観を示している。

　由緒によれば、神武天皇東遷の際に、宮崎の宮を発し、途中、都農において祭壇を設け神助を祈念したという。この鎮祭を創祀と伝える。

　『延喜式』の日向国（ひむかのくに）には、4座で、その首位にある。児湯郡（こゆのこほり）2座の1座である。あとは西都市の都萬神社。他に宮崎郡（みやさき）の江田神社、諸懸郡（もろがたのこほり）の霧嶋（きりしま）神社が古社である。

　祭神は大国主神（おおくにぬし）で知られる大己貴命（おおなむち）を祀る。大国主神は国つ神として全国的に祀（まつ）られているが、九州の一宮をみてみると日向国だけである。出雲文化圏は大和文化圏と近いものがあるが、九州文化圏とは系統を異にしていたのではないだろうか。日向国から神武天皇が東に向かうときに祭祀したのが大国主神であったことは、こ

れからの東へ進むにあたって、国つ神系氏族の融和をはかったものと考えられる。

仁明天皇の承和4年(837)に官社に列し、清和天皇の天安2年(858)従四位で、神社の旧記によれば、往古は日向国第一の大社として、社殿壮大、境内は広く第三鳥居は15〜6丁、第二鳥居は6〜7丁の間にわたって建立されていた古跡が認められるという。天正年間(1573〜92)の大友、島津の争乱で、社殿は兵火で消失し、社殿神域は縮小してしまった。明治4年(1871)に国幣小社になってから、今の神域の状態に恢復した。安政6年(1856)造営の社殿が老巧化したため平成の造営がすすめられ、平成19年12月に新しい社殿となった。

例大祭は冬祭として12月4、5日の両日に、夏祭は8月1、2日で催される。神輿や太鼓台が「チョーサイナ ナンヤソーレ」のかけ声とともに町内を練り歩き、「ケンカ太鼓台」などで大いににぎわう。大己貴神の国土開発・殖産農耕、漁業航海・交通安全守護、医療、縁結びの神、子孫繁栄・福徳円満の守護神として古来から地方民の信仰をあつめている神社である。

都農神社鎮座地の町の西境に、1405mの尾鈴山が海岸平地の近くにそびえている。この山は、霧島山と並び称される名山で、全山が火成岩からなっている。尾鈴山の岸壁には、滝が多く流れていて、この瀑布群は有名である。

西海道

大隅国一の宮
鹿児島神宮 かごしまじんぐう

天津日高彦穂穂手見命

〒899-5116　鹿児島県霧島市隼人町内2496　(JR日豊本線隼人駅徒歩15分)
TEL 0995-42-0020　FAX 0995-43-7797

JR日豊・肥薩線の分岐点の隼人駅の北1.5km、車で5分ところの溝辺高原の南端、八幡山を後に、前に霧島から流れる天降川、一名新川がつくった下流の国分平野と鹿児島湾を見下ろしたところにある。この地は祭神の彦火火出見尊が都とされた高千穂宮の所在地と伝えられる。神宮入口の右側を入った所の石體宮が宮殿か尊の山陵といわれている。

『延喜式』の大隅国には5座が記帳され、大社1座小社4座で「鹿児嶋神社」と大社ででている。社殿は宝暦6年(1756)に島津重年によって再建されたものである。

祭神は天津日高彦穂穂出見尊と豊玉比売命である。『日本書紀』の海幸・山幸と豊玉姫の物語の主人公の彦火火出見尊である。海幸彦・山幸彦の話は天孫降臨と神武東征の間に出てくる。霧島神宮に祀られている皇孫、瓊瓊杵尊と大山祇神の子、木花之開耶姫の間に生まれたのが彦火火出見尊である。兄の海幸彦は隼人の始祖になった火闌降命、弟は尾張連らの始祖になった火明命である。

海幸・山幸神話は、兄弟がお互いの道具を交換して使ってみようということになり、慣れぬことをしたので両方とも収穫はなく、兄は弟に弓矢を返し、自分の釣針を返せと言ったところ、弟の彦火火出見尊は、途中で釣針を失ってしまった。兄の火闌降命がどうしても承知しないので、困ってしまい、悩みながら海岸を歩いていると、老人に出会った。この老人が塩土老翁で篭を作って山幸を海の中に送りこみ、釣針を探しに海神の宮に行くことになった。ここで海

神の娘の豊玉姫と結婚をし、3年を過ごしている。童話の「浦島太郎」の原型である。

山幸が去るとき豊玉姫のお腹には子がいた。鵜戸神宮に祀られる鵜茅草葺不合尊で、母の妹の玉依姫を妃としている。ここに天津神系と海神と山神系の大山祇神の国津神系とが登場して結合している姿がみられ、霧島神宮、鹿児島神宮、鵜戸神宮と南日本に舞台を展開している。

相殿には仲哀天皇、神功皇后・応神天皇と皇后の中比売命を祀る。それで俗に正八幡、国分八幡、大隈正八幡と称し、全国正八幡の本宮になっている。山幸・海幸神話に、神功皇后がからんできている。これは海洋を疾駆し、半島や瀬戸内を航海された神功皇后の説話が、南日本におよんだものと思われる。

海神の宮から戻った彦火火出見尊は、難題を言った兄の火闌降命を潮満瓊で溺れさせて懲らしめたため、兄は反省し、これからはお前に仕えることにすると誓った。この溺れた姿を神の前で踊ることになったのが、宮中で舞われている隼人舞の起こりである。体に赤い絵具を塗って溺れた人がやるように足をバタバタさせて舞う。最後に犬の鳴き声を3回発して終わる。またこの地は南日本に威勢をもった隼人族の居住地で、隼人駅西方に隼人塚がある。海を生活の場にしていた隼人族はやがて陸を支配するものに組込まれていったのであろう。隼人塚史跡館では、隼人塚発掘や歴史などが解説されている。また、海幸山幸神話に因む信仰玩具も有名である。

西海道

薩摩国一の宮

新田神社 にったじんじゃ

瓊々杵尊(ににぎのみこと)

〒895-0065 鹿児島県薩摩川内市宮内町1935-2 (JR鹿児島本線川内駅タクシー10分)
TEL 0996-22-4722　FAX 0996-22-4722

JR鹿児島本線川内(せんだい)駅前から東北に延びる国道3号線を北へ、川内川に架かる太平橋を渡り、街中を通ってしばらく行き、川内高校前で左に折れて約400m、神亀山の上に新田神社がある。神社から南へ延びる参道は、川内川に突きあたる。これは、海岸沿いの南北路と川内川の交差する地点にあって海・山・河・平地の生産物資の集散地として、川内川の水運が利用されていたことを物語っている。川内川は九州の三大長流の一つで、川内市を中心とする川内平野をつくり、平野は河口より12kmの奥に広がり、平野というより盆地の名がふさわしい。北の紫尾(しび)山地につづく八重山(やえやま)火山や火山灰の台地の間を川内川の本支流が侵蝕したところで、県立川内川流域自然公園になっている。古代より高城千台(たきせんだい)という文字が使われていたが、享保(きょうほう)5年(1720)、島津吉貴は、元禄絵図により薩摩記録奉行に「千台」を川内と記すべしと命じ、川内の文字に改められた。

　川内の地は、神代紀にある瓊瓊杵尊(ににぎのみこと)が、高千穂・笠峡宮(かささのみや)をへて都を遷し、水引(みずひき)新田に千の台(うてな)を築き高城宮と称し、崩御まで居られた地と伝えられる。瓊瓊杵尊の御陵である可愛(え)山陵は新田神社の北側にある。新田神社はこの縁故により瓊瓊杵尊を祭神として祀る。ここには高城・宮内・宮里などの地名が残っている。奈良時代の文武天皇の時、国府が置かれ、元明(げんめい)天皇のころには泰平寺(たいへいじ)が建立されている。天平(てんぴょう)13年(741)、聖武(しょうむ)天皇の命で国分寺が建てられ薩摩国の中心地であった。

　『延喜式』には薩摩国2座とあるが、式内社として新田神社の名

はない。神社の由緒によると、神亀山(しつま)に鎮りましてその創祀の年月は詳ならずといえども、所伝永万(えいまん)元年(1165)の古文書に「当宮自再興三百余歳云々」とあれば貞観(じょうかん)(859〜77)の昔に再興ありし事明らかである、と言っている。創祀ははっきりしないが、神亀山を可愛(え)山と言うところから、川内川の沖積平野にこんもりとある神亀山を、信仰の対象とする古代信仰の地としてはじまったものと思われる。

祭神は瓊瓊杵尊、配祀として天照大神、天忍穂耳尊(あめのおしほのみこと)の2座を祀る。平安時代末期に応神天皇の八幡大神を合祀して以来、八幡新田宮、新田八幡宮とも称し、八幡五所別宮として重きをなし、国司・武家の尊崇が厚く、島津氏が薩摩国に封をうけてから一宮として藩内の首社に列し、壮麗なる社殿を山の中腹に奉祀したが承安(じょうあん)3年(1173)の焼失の後、安元(あんげん)2年(1176)に山頂に遷座した。

明治18年(1885)国幣中社になった。社宝に古文書・古鏡・大刀がある。古鏡70余面を古式により磨き清める御神鏡祭(みかがみすましさい)が残る。古くからの神事も多く、神社の神田で行なわれる御田植祭は、平安のころに凶作が打続き、農民が苦しむのを嘆いた農夫が、鉾先に藁束をさして豊作祈願とともに害虫を奴(やっこ)で振り払うという踊りをしたところ、翌年から豊穣になったという由来をもつ。祭典は入梅の日の前の日曜日に行なわれる。

西海道

薩摩国一の宮
枚聞神社 ひらききじんじゃ

枚聞神

〒891-0603　鹿児島県指宿市開聞十町1366 (JR指宿枕崎線開聞駅徒歩10分)
TEL 0993-32-2007　FAX 0993-32-2007

　JR指宿枕崎線の終点の山川駅からバスで開聞岳の麓まで約30分、その北麓に「ひらきき」と読む枚聞神社がある。境内には千数百年を経た楠の老木が多く茂り、薩摩一の宮の聖域を保っている。神社の前は桜並木の続く長い馬場がある。朱塗り社殿は慶長15年(1610)島津維新(義弘)の再興、天明7年(1787)島津重豪が改修したもので、背後にそびえる開聞岳の緑に社殿の朱が映える。

　開聞岳は薩摩半島の南東端に突出している若い休火山で、鹿児島湾の門戸に当たる海門にその雄姿があるので、「かいもん」と呼ばれるようになったが、古くはヒラキキ岳と呼ばれ、枚聞大神の神霊が宿る御神体山として古代信仰の形態が残されている。海抜922mの美しいコニーデ火山で、頂上に約100mの高さの円頂丘があるのでトロコニーデ式ともいわれる。西南の突出部には約20mの海蝕崖、東と北西には美しい砂浜が長く続いている。全山樹木におおわれ、南国の早春、菜の花の黄色をしきつめた海岸に、屹立する姿は薩摩富士の名にふさわしい。鹿児島から池田湖－開聞岳麓－長崎鼻－指宿温泉をめぐる観光バスが直通し、霧島屋久公園の一主要部をなしている。

　創建の年代は不明であるが、『延喜式』薩摩国2座は小社で、穎娃郡の枚聞神社と出水郡の賀紫久利神社である。枚聞神社の祭神は大日靈命(天照大神)を祀るが、祭神に諸説がある。

　その一つに豊玉姫を祀るとする竜宮伝説がある。海神の娘である豊玉姫や妹の玉依姫の竜宮の乙姫たちは、彦火火出見尊の訪れ

によって島国を知ることになる。
開聞岳の下に美しい砂浜に打寄せ
る波は海原を越えた竜宮からもの
で海門にあたる開聞岳に枚聞大神
が宿ったのであろう。琉球王は枚
聞大神を海神として尊崇し、入貢
の都度、航海の安全を祈願し献額をしている。

　開聞岳の火山活動の記録は、貞観16年(874)、元慶2年(878)、仁和元年(885)などで、その後の活動はない。枚聞岳噴火を枚聞大神の怒りとして、そのたびに封戸を奉っている。古代の人びとの自然への畏敬が感じられる。

　開聞岳への登山は容易である。頂上からの展望はすばらしく、北に池田湖、南に山川町の長崎鼻、西に頴娃町の戸柱公園から枕崎、遣唐使船の坊ノ津につづく。坊ノ津といえば遣唐使船の発着所として博多、伊勢の安濃津とともに日本三津の一つとして栄えた湊である。

　敏達天皇12年(583)に百済の僧日羅が仏教公布の目的で渡来した地であり、奈良唐招提寺創建の鑑真が、54歳のとき仏法を日本に伝授するため、渡来を企て5度の難破に遭遇し失明しながらも天平勝宝6年(754)66歳で日本に着いた地が坊ノ津だった。鑑真は東大寺で聖武天皇をはじめとして戒を授けた。古代当地に渡来文化をもたらしたのは東シナ海、太平洋であり、枚聞岳の神はそれを見守ってきた。海は球状に紺碧を描いている。

西海道

壱岐国一の宮
天手長男神社 あめのたながおじんじゃ

天忍穂耳尊(あめのおしほみみ)

〒811-5117　長崎県壱岐市郷ノ浦町田中触730　(郷ノ浦港タクシー15分)
TEL 0920-47-5748

博多港から壱岐海峡を越えて壱岐島の郷ノ浦港に上陸する。九州から朝鮮半島に渡る飛石のように配置されている壱岐・対馬は、古来から交通の要地である。

郷ノ浦からバスで住吉神社のある芦辺町へ向かうと、郷ノ浦の町のはずれ柳田バス停から右へ入った小高い丘の森の中に天手長男神社がある。神社への標識看板が出ているので注意したい。

『壱岐神名記』は若宮という、天手長男神社としたのは平戸藩の国学者橘三喜(1635～1703)であった。橘三喜は、『一宮巡詣記』に「天手長男神社は壱岐国宗廟たりといへども、跡かたもなく」とし、田中の城山竹薮の中に分け入り、神鏡1面、2座の石体を堀出し石社をつくり、後世に伝えるためにと記している。延宝4年(1676)のことである。松浦藩主の命により元禄元年(1688)に初めて宝殿、拝殿ができた。橘三喜の査定は地名によると思われるのが多いとして、芦辺町の湯岳興触の興神社の地をさすという説もある。

『延喜式』には壱岐島24座、その内名神大社が4座もある。式内社は古代の氏族の祖先神を思わせるものが多いが、それだけ氏族がいたことになるし、交流が激しかったことを物語っている。壱岐・対馬に式内社が多いのは防衛のためでもある。白村江(663)の敗戦以来、対馬・筑紫などに城を築き、防と烽を置いた。対馬島にも29座もある。

天手長男神社は石田郡12座の内で、名神大社3座の中、天手長男神社、天手長比売神社の2座の名で出ている。もう1座は、

海神神社である。海神社は対馬島一の宮と関係がある海人族の系統である。

祭神は天忍穂耳尊、天手力男命、天鈿女命である。中上史行著『壱岐国物語』に、豊後からに壱岐嶋鬼退治に来た百合若大臣が、鬼は退治したが、帰る舟を失い島にとり残されてしまった。一匹残した小鬼が百合若大臣のためにまめまめしく仕え、食料や住まいの世話をしたと言う。この鬼を祀ったのが天手長男神社だと伝えている。百合若大臣を祀ったのが豊後国一の宮柞原八幡宮で百合若の強弓がある。鉄の大弓は備中国一の宮吉備津神社にあるという。奥方の照日ノ前を祀ったのが肥前国一の宮河上淀姫大明神であると、百合若が桃太郎だといわれ桃太郎民説とからんでいる。鬼にさせられているのは古代原住民系である。境内は577平方m(175坪)と広くない。高い石段を登ると質素な社殿がある。宝殿、拝殿とも間口約二間ぐらいのもので、石鳥居三基、石灯篭6基がある。

神功皇后征韓の凱旋の時に、郷ノ浦御津浦に上陸し海辺に住吉大神を鎮座した。後に波の聞こえぬ島の中央の芦辺町に遷座した住吉神社は、壱岐でも森厳な社である。天手長男神社の例祭は10月13日で神幸式、大神楽、大神楽奉奏がある。特殊神事として12月16日の報賽祭では大神楽が舞われる。玄海灘の島らしく、風止五穀成就祈願祭が6月16日に行なわれる。

西海道

対馬国一の宮
海神神社 わだつみじんじゃ

豊玉姫神

〒817-1303　長崎県対馬市峰町木坂247　(対馬空港からタクシー60分)
TEL 0920-83-0137

博多港から壱岐を経て対馬上島の厳原港へ高速船で約2時間15分。島の中心は厳原町である。厳原から北へ約40kmのところに海神神社が位置する。対馬は上島と下島からなり、その間の万開水道の海岸線は複雑な浅芽湾で、日本海々戦で有名になったところである。アーチ式の新万開橋が架かり上島と下島を結んでいる。厳原からバスで約1時間30分（タクシー45分）の三根バス停で青海行に乗り換え、約15分の神社前で下車。かつては八幡宮と称したのが明治4年(1871)に国幣中社、海神神社と改称された。

　社殿は伊豆山の中腹、約280段の石段を上る。大きな樹木が茂り山上は雲気を呼ぶ霊域である。社頭からわずかに下れば対馬西海の風光が集まり、飛崎の鼻は西北に突出し怒涛の飛沫が散り、その先に朝鮮海峡がうねる。壱岐一の宮が桃太郎の鬼ケ島なら対馬一の宮は竜宮である。

　『延喜式』には対馬嶋29座、名神大社は6座の内、上県郡2座の名神大社和多都美神社の名で一の宮は記帳されている。海神神社の由来に「祭神は時代によって多少の変動があるが、主神に豊玉媛と鵜茅草葺不合尊。神功皇后と応神天皇という2組みの母子神を祀る。前者は海神で、後者は八幡神、両者を合祀しているところが本社の特色であり、和多都美八幡と称するゆえんである。対馬の神社は、母神と御子神をセットで祀るのが基本で、天道進行でも男神と女神があり、嶽神信仰にも男嶽と女嶽があるのは夫婦でなく、母神と御子神の形が古例である。神話の豊玉媛と神功皇后は

二重写しのように似た神性を共有されているが、対馬の祭祀では両神が一体となっている例が多い。本社の祭神は古来5座。もう1座は道中貴ノ神という。これは宗像大社の祭神として知られる女神である。」と、相殿に彦火火出見尊を祀る。

　伝承によれば、海神豊玉彦命は上県郡佐護から伊奈崎の宮に移したが清水がないため、巌石深山の木坂伊豆山の小汀に宮殿を造り海宮と呼んだという。この神は一男二女の子があり、穂高見命と豊玉姫命、玉依姫命である。この竜宮で海宮に海幸・山幸神話の彦火火出見尊が3年とどまり、豊玉姫明を娶り、対馬から大隈国にかえり、都を造ったのが、大隈国一の宮鹿児島神宮の彦火火出見尊の高千穂宮がある。豐玉姫と出合った玉の井戸は命豊玉町の和多津美神社の海辺近くに残っている。

　神功皇后の三韓征伐の際に海上でしばしば大神を祀り、その御加護により凱旋でき、対馬の浜で八旒の旗を立て海神を祀り八幡宮の創始の地といわれる。その後、国府(厳原)の清水山に勧請され八幡新宮と呼び、この社を八幡本宮と称し木坂八幡宮ともいわれる。このことが古式浜殿放生祭の神事に伝わる。

　『延喜式』の和多都美神社は上県郡に2座、下県郡2座の4座あるが、3座が名神大社である。浅茅湾に入り込んだ仁位港から入った対岸に和多津美神社があって竜宮を思わせる。対馬はもと津島と呼ばれ、潮の流れにのれば朝鮮半島はすぐである。古代文化の移入路として、日本文化と大陸文化の共存の地として、早くから重要な地点であった。

西海道

		年	月/日
蝦夷国	北海道神宮	-	/
津軽国	岩木山神社	-	/
陸中国	駒形神社	-	/
岩代国	伊佐須美神社	-	/
知知夫国	秩父神社	-	/
琉球国	波上宮	-	/

新一の宮

蝦夷国一の宮

北海道神宮 ほっかいどうじんぐう

大国魂神・大那牟遅神・少彦名神
（おおくにたまのかみ・おおなむちのかみ・すくなひこなのかみ）

〒064-0959　北海道札幌市中央区宮ヶ丘474(市営地下鉄東西線円山公園徒歩15分)
TEL 011-611-0261　FAX 011-611-0264

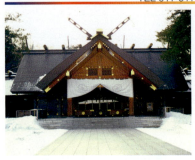

　地下鉄東西線で円山公園下車徒歩15分、札幌市の西に広がる自然公園の中に18平方mの境内地の中に鎮座している。桜の名所として知られ、すぐ傍（そば）には円山動物園・総合グランド・円山球場・テニスコートなどのスポーツ施設があり、市民の憩いの場所である。境内地には首都札幌建設の父祖島義勇像も立つ。

　標高226mの円山、藻岩山（もいわ）がある円山原始林は、大正10年(1921)に国の天然記念物に指定された。多くの種類の広葉樹が密生し、カツラ・ミズナラ・シナノキが群生している。

　明治の開拓使がはいる以前の北海道は、茫漠たる原野や、うっそうとして茂る原始林で覆われていた。オオカミが吠え、ヒグマが歩きまわる土地に開拓民が移住し、原始林に斧（おの）をいれて開拓をしていった。エゾマツ・トドマツなどの針葉樹を主体とした北海道でなければ見られない林相をつくりだしていた。これが伐採によりシラカバの天然林からカラマツの人口林になっていった。

　北海道神宮は、明治2年(1869)に、開拓使に任命された東久世（ひがしくぜ）通禧（みちとみ）が、その年9月、大国魂神（おおくにたま）・大那牟遅神（おおなむち）・少彦名神（すくなひこな）を開拓三神として、ご神体を奉じ函館に上陸した。つづいて開拓判官島義勇（しまよしたけ）(1822〜74)がかわり、陸路から人馬も入れざる悪路を越えて、御霊代（みたましろ）を背負って札幌に入った。先ず開拓三神の鎮座地を定めたのが始まりである。

　明治3年(1870)に、仮社殿を北五条東一丁目に設けて祀り、翌4年9月に本殿造営が竣工して正式に鎮座し、国幣小社に列せら

れ札幌神社と社名がきまった。明治5年(1872)1月官幣小社に、明治26年(1893)には官幣中社となり、明治32年(1899)7月には官幣大社に昇格した。社殿が北東を向いて建っているが、樺太(サハリン)・千島などを鎮護するためで、北海道の総鎮守として崇敬されてきた。神社の創立に、明治天皇の聖断があったことから、明治天皇を増祀して北海道神宮と改称したいという希望が戦前から寄せられていた。それが戦後になって実現し、昭和39年(1964)に増祀祭が執行し、翌日、奉祝祭を行って現在の北海道神宮となった。社殿の左座に明治天皇、右座に大国魂神・大那牟遅神・少彦名神を開拓三神を祀っている。

　島判官紀功碑が、昭和5年(1930)、円山公園に、その功績を称え建立された。「世を救おうとした志しは雄大で、国難をものともせず、草野を開き、ついに大都をつくった。この地に住む人々は富み栄え、その雄図をふり仰ぐ」とその碑に刻まれている。島義勇は安政4年(1857)、箱館奉行堀利煕に従って北海道・樺太を巡視し『入北記』を著した。明治元年(1868)3月、佐賀藩海軍軍監として諸藩の海軍と連絡をとり江戸へ進攻、さらに江戸鎮台として開城後の民政にあたった。翌年北海道開拓使判官として札幌の市街建設に努力した。のち大学少監、侍従、秋田県令などを歴任した。明治7年(1874)、佐賀の不平士族の首領におされ政府軍と戦った佐賀の乱で敗れ、斬刑となった。

　札幌祭は6月15日に行なわれ、維新勤皇隊の行列が4基の御鳳輦と8基の山車とともに市内を練り歩く。

新一の宮

津軽国一の宮

岩木山神社(いわきやまじんじゃ)

顕國魂神(大己貴命)・多都比姫神・宇賀能売神

〒036-1343　青森県弘前市百沢字寺沢27(JR弘前駅バス40分岩木山神社前下車)
TEL 0172-83-2135　FAX 0172-83-2918

　JR弘前駅からバスで津軽平野を行くと、西方に海抜1625mの美しい山容の岩木山がそびえている。津軽富士と称されている。昔から「お岩木さま」「お山」と親しんで呼ばれ、山そのものを神として信仰され、郷土の人々から祖霊の座す土地の守護神として崇敬されてきた。その山頂は「山」の字の型に三峰に分かれている。

　明治の神仏分離以前は、真言宗の岩木山光明院百沢寺と岩木山神社の神仏習合で、重文の楼門(山門)・拝殿(大堂)・本殿が中心で、岩木山三所大権現とよばれていた。

　中央の岩木山は阿弥陀如来、左峰の巌鬼山は十一面観音、右峰の鳥海山は薬師如来がおわします霊山として知られていた。古くは白山系の信仰の流れを汲み、出雲信仰も加わり、山頂の仏も、十一面観音だった。神仏分離令で寺院は廃止のかたちをとり、津軽総鎮守、国幣小社岩木山神社となった。百沢寺庫裏は社務所となり、阿弥陀三尊は、お花堂という厨子(県重宝)に入れられ、弘前の長勝寺に安置されている。

　岩木山の東南麓に鎮座する津軽一の宮の祭神は、社殿の中央に顕國魂神(大己貴命)、左に多都比姫神、右に宇賀能売神を祀るほか、大山祇神、坂上刈田麿命を配神としている。

　社殿が岩木山頂に創建されたのは宝亀11年(780)である。その後、桓武天皇のとき坂上田村麻呂が東夷平定で戦功をあげたことから延暦19年(800)、これを再建し、別に山麓十腰内に社殿を建て下居宮とし、山上を奥宮としたといわれる。寛治5年(1091)、神

宣により下居宮を現在地に奉還した。しかし、天正17年（1589）岩木山の噴火により焼失。その後、津軽藩の始祖為信によって拝殿が慶長8年（1602）によって起工され、現在の本殿、奥門、中門などは津軽4代藩主信政(のぶまさ)が建造した江戸時代中期の建物である。総朱塗の華麗な楼門・拝殿とあわせて"奥の日光"とよばれている。本殿・奥門・瑞垣・拝殿・中門・楼門は重要文化財に指定されている。

　境内に近い虚空蔵堂(こくぞう)求聞寺(ぐもん)は2代藩主津軽信枚(のぶひら)の祈願所として、津軽三十三観音の三番札所である。門前町の百沢は温泉が湧き、国民宿舎や国定スキー場になっている。

　奥宮は、俗にお室(むろ)といわれ、毎年旧暦の7月25日に山開祭、同8月15日に山納祭がある。旧暦の7月29日から8月1日までの3日間は奥宮神賑祭が行なわれる。8月1日の早朝に、頂上で御来迎（日の出）を拝むのを朔日山(ついたちやま)といって本命とされた。登拝に先立ち、各村々の産土神の社に一週間精進潔斎し、新しい白装束に身を固め、登拝回数に応じ色とりどりの御幣をもち、別に大幟や大御幣を力自慢の若者が捧持して、登山囃子もにぎにぎしく唱和して街道を練り歩く。晦日(みそか)の晩は村々から行列で百沢につき、岩木山神社で水ごりをとり、夜半に登りはじめる。松明(たいまつ)を手に古くは「懺悔々々(ざんげ)六根懺悔　大山八大金剛道者(こんごうどうしゃ)　一々礼拝(いち)　南無帰命頂礼(なむきみょうちょうらい)」、いまは「祭儀々々(さいぎ)　同行斎儀　御山に初田饗(はつたい)　金剛堂さ　一々名告拝(なのりはい)　南無帰命頂礼」と唱えながら登る。明治以前は女人禁制だったので、女性は途中の姥石までしか登れなかった。いまは岩木スカイラインで誰でも上まで行くことができる。

新一の宮

陸中国一の宮

駒形神社 こまがたじんじゃ

駒形大神

〒023-0857　岩手県奥州市水沢区中上野町1-83(JR東北本線水沢駅徒歩8分)
TEL 0197-23-2851　FAX 0197-23-2847

　JR水沢駅下車、町の南端に水沢公園があって、樹木にかこまれた森厳な一角に鎮座している。岩手県の天然記念物に指定されている桜樹の樹齢200年を数えるものが300本余もあり、陽春桜花の咲く季節は、見事な光景となる。

　駒形神社の社地は、もと塩釜神社の鎮定地であったが、明治4年(1871)5月、国幣小社に列せられたときに、里宮、奥宮ともに交通不便の地で、県知事等の参向ができかねるため、当時水沢県庁の地に社殿を仮遥拝所と定めた。明治7年(1874)に社殿を修理し正式の遥拝所とした。

　由来によると、奥宮は和賀煤孫にあったものを嘉祥3年(850)、慈覚大師が焼石連峰の東端大日岳の頂上に鎮座し、現在の駒ヶ岳の南方にそびえる霊山である。駒形大明神と銘する神号碑が立っている。現在の奥宮は、1120mの駒ヶ岳頂上にある。

　『延喜式』神名帳の胆沢郡7座に列し、駒形大神を祭神とする。駒ヶ岳、大日岳は牛形山などとともに旧噴火山の外輪山を形成していた。近世になって駒ヶ岳の頂上に建造され、現在コンクリート建の宝形造りの祠で東北に向かい、馬頭観世音を本尊とするので駒堂とよばれてきた。堂内に木彫りの白色、栗毛色、黒色の馬の像三体が祀られている。坂上田村麻呂が愛馬の霊を弔うため自分の兜におさめてあった八体の仏像のうちの一体を祀ったとも伝えられている。後に源義家が安倍氏討伐にあたって、山頂に祠を再興し戦勝祈願をした。この地の山陽は胆沢郡で伊達氏の旧領地、

山陰は和賀郡で南部氏の旧領地で、両氏領土の境界に鎮座せられ、神祠は両氏が20年ごとに改修するのが例であった。しかし奥宮は高地にあるため、藩政時代、南部藩は和賀郡岩崎村に、仙台藩は胆沢郡金ヶ崎にそれぞれ里宮を設けた。それというのも奥宮の鎮座地は天下の霊山、山は峻険であるため登拝して神霊に拝することは困難なことに加え、中腹のウガイ清水より先は女人禁制だった。里人、老若婦人が参拝しやすく里宮ができたのである。

本殿、拝殿はもと水沢城主留守宗利が寛永6年(1629)に建立したが、安政6年(1859)に火災で焼失し、留守邦命が文久3年(1863)に再建した。本殿は、欅の巨木一本で造られた三間社流造りである。

明治36年(1903)、神霊を山頂より遷座、塩釜神社は別宮の春日神社に合祀して社殿境内いっさいを駒形神社に編入した。昭和8年(1933)に大修理、新築をして社地の整備を行なった。

祭事のなかでも5月3日の春祭の奉還記念大祭には、平安後期の源頼義・頼家父子の武勇にちなんだ子供騎馬武者行列が毎年催されている。8月1日は奥宮登拝祭、8月10日は別宮塩釜神社祭で夏祭。例大祭は9月19日である。

隣接する水沢公園には幕末の先覚者・高野長英記念館が建つほか、市内には後藤新平、斉藤実の記念館などや、佐倉河に坂上田村麻呂が東北鎮護の基地として築いた胆沢城跡も残る。また、明治39年(1906)創設の水沢緯度観測所は、現在国立天文台VERA観測所となり、見学も可能だ。

新一の宮

岩代国一の宮
伊佐須美神社 いさすみじんじゃ

伊佐須美大神

〒969-6263 福島県大沼郡会津美里町宮林甲4377（JR只見線会津高田駅タクシー5分）
TEL 0242-54-5050　FAX 0242-54-5052

JR只見線会津高田駅より細長い町の中程を左に曲がった鬱蒼（うっそう）とした森に鎮座している。このあたりは、街村型の町の西の丘陵から宮川扇状地にかけて縄文時代より古墳時代へかけての遺跡が多い。

　境内は7万5千296平方m(22,817坪)の広さをもっている。神木薄墨桜は、御鎮座以来の神木で、花は浅紅にして淡墨を含み、八重に一重を混じ花香りはすこぶる深いといわれる。この花の盛時を祝う花祝祭は、俗に花の餅と言う。

　「世の人の心や深く染めぬらん　うすずみ桜あかぬ色香に」と、松平容保（たかもり）が詠（よ）んでいる。

　崇神（すじん）天皇10年(前88)に四道将軍が派遣された。北陸道に大毘古命（おおひこのみこと）、東山道に御子建沼河別命（たけぬなかわわけのみこと）を遣わし、各地を巡撫して、この地に会せられたという。『古事記』に会津の地名の起こりを記している。天津岳(御神楽岳)に祖神を祭祀し、後に博士山、明神ヶ岳をへて、欽明（きんめい）天皇13年(552)、南隣の高天ヶ原（たかまのはら）(南原)に鎮座された。現在の宮地、東原に社殿を造営して鎮座されたのは同21年(560)のことだ。『延喜式』会津郡2座のうち名神大社で、奥州百座の内、名神大社15社中に列せられている。

　御祭神は伊佐須美大神(伊弉諾尊（いざなぎのみこと）・伊弉冉尊（いざなみ）・大毘古命・建沼河別命)、相殿に塩釜大神、八幡大神を祀り、会津地方の総鎮守である。奥州二の宮、岩代一の宮と称せられた。

　天文（てんぶん）20年(1551)、賜る勅額には、正一位伊佐須美大明神とある。永正（えいしょう）年間(1504～21)、領主芦名（あしな）氏が本殿・社殿を造営し、また天正

年間(1573～92)まで高田・長尾2ヶ村に300貫の社領があったが、伊達氏の乱に失い、のち豊臣秀吉により往古から御正作田と称する所を安堵される。芦名氏より松平氏にいたる代々会津領主にあつく崇敬を受けた。重文の芦名盛安・盛常父子奉納の朱塗金銅御輿、県重文の室町時代の木造頭小胴大の狛犬2体がある。神社の北側に、明治の神仏分離令以前の別当寺であった清竜寺文殊堂がある。元禄13年(1700)作の獅子にのる文殊菩薩が安置されている。

　寛文年間(1661～73)、保科正之が30石を寄せ、社殿の造営修復を行なったが、天明3年(1783)に災にかかる。現在の社殿はその後、造営されたもので、朱の大鳥居の奥に内玉垣、廻廊に囲まれた社殿が、太古の息吹を伝え静まっている。

　寛政11年(1799)、光格天皇宣下による奥州二宮伊佐須美大神宮の「大神宮」号を賜る。例祭は9月15日、特殊神事は鎮火祭(4月15日)、4月29日の花祝祭、砂山祭(塩土祭、陰暦旧5月5日)、渡御祭・早苗振祭(馬鍬洗祭、7月13日)である。

　御田植祭は、伊勢・熱田とともに日本三大田植祭(7月12日)として知られている。田植神事は、獅子追い、御輿渡御を中心にデコと呼ばれる田植人形の行列に田植歌の催馬楽を歌う。この歌の文句に「高い田や」とあるが町名の謂われとなった。佐布川の早乙女踊りも神前に奉納され、五穀豊穣を祈る祭である。

新一の宮

知々夫国一の宮
秩父神社 ちちぶじんじゃ

知々夫彦命・遠祖八意思兼命

〒368-0041　埼玉県秩父市番場町1-3（西武線秩父駅車徒歩15分）
TEL 0494-22-0262　FAX 0494-24-5596

知知夫国は山国で他領からは峠越えのほかには入れず、とりわけ南の甲信国境は2000m級の峰が連坐し、秩父盆地の南東に聳える武甲山は秩父神社の御神体である。

知々夫国一の宮は盆地の中央に樹齢数百年の欅の大群落の中に鎮座し、境内の柞の森が武甲山を巽（南東）に遥拝する聖地であった。

崇神天皇時代の初代国造に知々夫彦命を任命したと伝えら、遠祖八意思兼神を奉斉して祀ったのが、秩父神社で、八意思兼神とその子孫、知々夫彦命などを祀る延喜式内社である。さらに9世の孫知知夫狭手男が知知夫彦命を合祀したという。知々夫国が武蔵国に併せられた後も武蔵総社の四宮、国衙崇敬の神であった。

鎌倉時代初期の元応2年(1320)前後に、妙見宮が境内に移設されて習合し大宮妙見と称して信仰の中心となり、関東一円を中心とした武士の信仰をあつめ、近世になると養蚕の神としても信仰をされるようになった。永禄12年(1320)武田信玄の軍勢によって社殿は焼失し、現在の権現造の社殿は天正20年(1592)徳川家康によって再建された。明治維新の神仏分離令で秩父神社と改称された。

昭和3年に国幣小社に列格、昭和28年(1953)に秩父宮雍仁親王を相殿に祀った。妙見菩薩は天之御中主神として配祀されている。秩父市の周辺から縄文時代・弥生時代の遺物や古墳・住居跡、郡家の所在地と伝えられ、崇神朝に知々夫国造をおき、武蔵国の設置前200年、上毛野国とともに古く、利根川をはさんで毛野国造と相対していた。

秩父といえば、秩父夜祭が有名でである。毎年12月1日から3日まで行なわれる例大祭である。古く妙見祭といわれ、柞の森にいます女神妙見様が、武甲山の男神と神婚のため御旅所におもむく神幸行列である。2日目の神馬奉献、3日目の神幸祭が夜祭の最高潮になる。秩父の里の五穀豊穣を守る神々に対する感謝の祭である。

秩父の人びとは養蚕で絹をつくり、祭で取引して年間の費としていた。絹大市を盛大にするため、屋台を造り祭を盛大に営み人々を引きつけたのである。12月の山国のいてつく秩父盆地の寒さを吹き飛ばし、興奮のるつぼに溶けこませるのが神幸祭である。供奉する4台の屋台（国民俗）と2台の笠鉾（国民俗）が、団子坂の急坂から御旅所に整列する間が祭りの最高潮。屋台は重さ3000貫といわれ、黒漆塗、金色燦然とした金具をちりばめ、極彩色の彫刻をほどこしたものである。軒先には提灯、腰まわりには数十個のぼんぼりを灯し、二条の太綱を数百人の若者が、お揃いの法被、足ごしらいも充分に、ねじり鉢巻で華やかに着飾った囃子、地軸をゆるがす屋台囃子にあわせて引上げる壮絶華麗なものである。

御旅所の東の丘陵では、スターマイン他尺玉などの花火が打ち上げられ百花繚乱を競い、数十万の観客は忘我の境地で感嘆、祭りは夜半まで続けられる。

新一の宮

琉球国一の宮
波上宮 なみのうえぐう

伊弉冉尊・速玉男尊・事解男尊

〒900-0031　沖縄県那覇市若狭 1-25-11(ゆいレール県庁前下車徒歩 15 分)
TEL 098-868-3697　FAX 098-868-4219

那覇市内バスで西武門で下車すると、紺碧の東支那海を見渡す若狭海岸、那覇埠頭と泊埠頭との間の波之上海岸の断崖の上、珊瑚礁の岩盤に鎮座している。遥かむかしから海の彼方、海神の国「ニライカナイ」の神々に祈った霊応の地、聖地のひとつが波の上の崖端である。

祭神は伊弉冉尊・速玉男尊・事解男尊の熊野権現を祀る。琉球王朝の祈願所護国寺の総鎮守として琉球 8 社の最上位にあった。明治 23 年 (1890)、官幣小社に列した。

琉球 8 社は、波上宮・沖宮・安里八幡宮・末吉宮・天久宮・普天間宮・識名宮・金武宮で、波上宮は筆頭に位する。ヤマト (本州) からの勧請神の中では熊野神が一番多い。安里八幡宮以外の 7 社が、すべて熊野系の神になっている。沖宮・天久宮などでは琉球神道への復帰も始まっている。

祭神は伊弉冉尊、速玉男尊、爭解男尊を祀る。『琉球国由来記』(巻 11) に波上社の縁起がある。

「昔、南風原間切の崎山の里主という者が魚釣りに行くと、誰もいないのに、何処からか声がして、そのあたりに奇石があったので拾った。すると、その日は大漁であった。しかし、この国の諸神が霊石を奪おうとするので、村を出て波上山までくると、" 吾はこれ日本熊野権現なり " との神託があった。その旨を王朝に奏してたので、社を建てた」とある。創建は不詳だが国土守護神として熊野権現を勧請した琉球王の鎮守社である。琉球王府直轄の那覇港は、

中国、南方、朝鮮、大和などの交易基地として、出船入船が多く、その都度高い崖に鎮座する波上宮に、出船は航路の安全を祈り、入船は航海無事の感謝を捧げた。

波上宮は本殿・拝殿・社務所は昭和20年(1945)の沖縄戦でことごとく焼失したが、平成5年(1993)に本格的に再建した。毎年5月17日の例大祭は、沖縄角力、琉球踊舞の奉納がある。

　波上宮と隣接する真言宗の護国寺は、波上の寺(なんみんぬ　てぃら)と呼ばれている。14世紀半、頼重法印が建立した。いちじ廃れたが、16世紀になって日秀上人が再興した。日秀上人は高野山で修行した後、熊野灘から補陀落渡海(ふだらくとかい)をして琉球に漂着したのである。日秀によって熊野権現社が再興され、琉球王の祈願所になった。沖縄に渡った熊野の神々は、補陀落渡海の果ては、沖縄に漂着したのであった。

　寛永(かんえい)6年(1629)に炎上し、同18年(1641)に琉球王尚豊(しょうほう)が再建した。沖縄に現存する寺としては最も古いものである。沖縄戦で戦災にあったが、再建された。

　この一帯は旭ヶ丘公園になっていて、園内にイギリス人宣教師ベッテルハイムが、幕末の琉球にキリスト教布教のため8年間滞在していた記念碑や小桜の塔がある。小桜の塔は、昭和19年(1944)に本土に疎開する学童をのせた対馬丸(つしままる)がアメリカ潜水艦によって沈められた。そのときの幼い御霊(みたま)を弔った慰霊碑である。

新一の宮

旅の基礎知識

神と神社

『日本書紀』用明天皇の条に「天皇仏の法をうけたまひ、神道を尊びたまう」とあるのが神道の文献上の初見である。仏法は釈尊の教えであるのに対して、神道はただ神に対する信仰であり、神を祀る儀礼である。日本の古代信仰は神の説いた教えというものはなく、ただ神の存在を信じ、これを尊び、これを頼り、これを畏れる信仰であった。この原始神道は仏教が伝来する以前から自然発生的に信仰が形成されていた。信仰の対象である神は、最初は日月星辰・高山・巨木・巨石・猛獣・蛇などが尊ばれ、あるいは畏れられ、超自然力あるものとして神とされた。また、高貴な人・有力者も神であり、死者の霊を神として祀ったのは、その後のことと思われる。

天という宇宙神的な性格をもつ天御中主神などは渡来人による中国の思想の影響によってできたものであろう。それらの神は『古事記』にあるだけでもおよそ百種に及び、八百万の神々といわれた。神といっても、そのものをただちに神と考え、あるいはそれらに宿る霊を考え、あるいはそれらを掌る霊など多くの神があった。それらが超自然力をもって人間に幸不幸をあたえると信じたのである。人間の霊を不滅のものと考え、人間は死後霊として神となるという考えが、家祖の霊にかけて考えられて祖先崇拝となり、氏族の祖神、氏神崇拝となり、さらに国祖の神の崇拝と発展したが、一つの神に統一されることなく多神教的であった。神への祈願は現世の受福と除災とで、死後の世界の観念は、まだ漠然としていた。受福除災のほか卜占も神の力をかりるため、鹿の肩骨を焼くなど神の託宣を得た。祭祀の場所は、初め山地など清浄の地が選ばれた。後に祖先神の信仰が起こってから家内で、氏神信仰が起こってから神社が設けられた。神祭は、神前において神恩を謝し、所願を祈るが、はじめはおそらく各自個々に祈ったが、後に氏神に対しては氏長者が当たり、国祖に対しては天皇の親祭が、あるいは中臣・忌部氏などが世襲的に祭事を担当した。職業的な神職ができたのは後世になってからのことである。

物忌・禊・大祓

祭祀には当事者が穢れを去って清められることが必要であり、そのために物忌と禊が行なわれた。『日本書紀』神話には伊邪那岐神が筑紫の日向の橘小戸の阿波岐原で杖・帯・衣・褌などを棄てて祓を行なったことや、素戔嗚尊が千位置戸を科せられて髪・手足の爪を抜いて罪穢をつぐなった説話がある。天武5年(676)、天武10年(681)、詔とて四方に大祓が実施されている。律令の整備により、6月・12月の恒例の大祓が年中行事化した。古代国家の解体とともに大祓行事も衰退していった。明治4年(1871)大祓の修行が布告され国家行事として重視された。民間では旧暦6月の大祓を夏越の祓と呼び、近畿地方では茅の輪をくぐったりする。

物忌

祭に当たり神を迎えるためには清浄な状態に入り、これを保つことを意味する。これに服するものは神主・頭屋のみが通例で、頭屋は水垢離と火を清浄にするため家族の者とも炊事を別にし、篭居するという厳しい斎戒に従う。

禊

水によって穢れを洗い流すことで、沐浴・垢離などともいわれ、日本では別火による物忌と水による浄祓がとくに重んじられ盛んに行なわれた。京都の鴨川・伊勢神宮の宮川や神輿が海辺に出て禊を受ける例が多い。

古代信仰

神社建築をする以前は自然の山や森、川などの特定な場所に神が降臨する聖なる所、霊地として禁足の地としている。そこは磐座・磐境・磯城・神奈備・神籬と呼ばれていた。磐座は神霊が宿るため巨石の座位であり、磐境は神域、聖所を呼ぶ古語である。磯城は石で築いた祭場である。神奈備は神の鎮座する山や森、神籬は古くは神霊が宿る山・森・老木などの周囲に常磐木を植えめぐらし玉垣で神聖を保ったところ、後には常盤木を立て、これを神の宿る所として神籬と呼んだ。大和の三輪山の大神神社が代表的なものである。

天津神
国津神に対していう。高天原にいます神、高天原より国土に降臨したという神とその後裔の神々を称する。『延喜式』の祝詞などに天津神の用語があるが『古事記』『日本書紀』には「天神、諸神の命いちて」とし神称が使われている。天津神系は高皇産霊尊・伊弉諾尊・天照大神・瓊瓊杵尊。

天津祝詞
天津神が天孫降臨に当たって言寄さした祝詞であると伝え、天津祝詞の太祝詞事ともいう。『延喜式』の大祓・鎮火祭・道饗祭の祝詞中にもみえる。その実態については各説がある。

国津神
本来この国土に在地した神々を指す。『日本書紀』には国つ神を名のる足名椎・宇豆毘古・氷ანなど、天つ神系統の神が「みこと」をもって呼ばれるのが多いのに国つ神系統の神々は特定の尊称をもって語られるものが少ない。「ちはやぶる荒ぶる国つ神」という表現で語られている。『新撰姓氏録』では皇別・神別・諸蕃の三分類規準をとり、神別をさらに天神・天孫・地祇の三つに区分しているが、国津神系は神皇産霊尊・伊弉冉尊・大国主命である。国津神にも大国主系と猿田彦神系がある。

延喜式
弘仁式・貞観式の後を承けて編修された律令の施行細則が『延喜式』で、古い神社は延喜式内社である。延喜5年(905)藤原時平・紀長谷雄・三善清行らが勅を受け、時平没後、忠平が継ぎ、延長5年(927)撰進し、康保4年(967)施行した。『延喜式』巻第9 [神祇9] に天地祇総て3132座とあり、神名帳に記載されている。神社はそれ以前の成立であるから古代にさかのぼることになる。日本の列島の周囲には親潮や黒潮が流れている。古代、潮の流れにのって多くの人々が長い年月の間に漂着し、この島国に住みつき、先に来た人々を先住者、原住者として、あとから来る先進文化をもった人たちと、融和し、そして抗争、差別の歴史があった。石器文化から銅の文化、さらに鉄の文化と渡来氏族がもたらした文化は古代国家へと形成されていった。これらの渡ってきた人々によって開かれ、自然神と氏族の祖先神がやがて神として祀られた。八百万の神がこの国に祀られているのをみると日本は単一民族ではなく、古代にこの島に渡り住み着いた人々によって形成されていったことが、神社の祭神に物語られている。

祝詞
原初的な祝詞は、祈願を主とする内容とするものが少なくて、神名や祭祀の本源を中心とするものが多く、呪術宗教的性格が濃厚である。古代宮廷の奉斎神を主流として神統譜が形成され、祭祀の内容が宮廷儀礼を場として統一されてくるに及んで、天皇や皇祖に対する服属や奉仕の称辞が加わり内容的にも発展し

てくる。古代祝詞の内容は記紀などに断片的に伝えられているが、現存のものとして『延喜式・第八巻』に収録されているものが最も整っている。呪言的性格は大殿祭(おおとのほがい)祝詞があり、奏上体(「～と申す」)のものとしては鎮火祭祝詞、宣命体(「～と宣(のたま)る」)のものとしては祈年祭祝詞などが代表的なものである。

固有(こゆう)神道 祭式神社に関する制度など種々の変遷があった。神の観念も低俗的要素は除かれ、祖先の恩に報いるという報本反始のような道徳的要素が加わり、その中核をなしているところは後世にも続いている。

神仏習合

仏教が伝来し普及していく間に、在来固有の神道との妥協調和をはからなければ円滑にいくものではなかった。事実、当時の人々は仏を神の一種とみなしたので、蕃神(ばんしん)とか他神・仏神などと呼んでいた。飛鳥時代、仏寺が氏(うじ)ごとに建立される傾向にあったが、これも在来の氏神信仰のうえにのることにより、ようやく受容をみたことを示すようになった。仏教の趣旨から遠いような呪術的祭祀と類する御斎会・盂蘭盆会(うらぼんえ)や祈雨・祈病の仏会が奈良時代行なわれるようになった。こうして神仏とあわせて信仰することに矛盾を感じないようにしていったが、国家政策として仏教の地位を重いものにしてゆき、神仏を同一次元におかず、上下の序列を意識していた。そのため神明が仏法をよろこび尊ぶという説明がなされ、神社のそばに神宮寺が建立された。

平安時代初頭には、仏を尊信する神が、すすんで菩薩(ぼさつ)号を与えられ、すすんで権現(ごんげん)と呼ばれた。菩薩や仏が仮に神の姿になり変っているのだというわけである(本地垂迹(ほんじすいじゃく)説という)。仏を本地として神をその垂迹と仰ぐことは藤原時代に普及した。阿弥陀(あみだ)如来の垂迹が八幡(やはた)神だとか、伊勢神宮の本地は大日(だいにち)如来だといわれた。そしてあらゆる神社に本地の仏菩薩を想定する風が一般化した。また、平安時代末から神道の名において、かなり性格の異なるものが発達した。それには仏教者が唱導したものと、神社関係者が仏教・道教・陰陽五行(おんようごぎょう)説などを混用して解釈したものや儒教、とくに宋学理気説をもって神祇(じんぎ)を説明したものもある。

鎌倉時代になると本地垂迹思想を精密に述べる神道理論も発達した。そして、天台宗の山王一実神道、三輪流神道の両部神道、日蓮宗の三十番神(にちれん)説が成立した。伊勢神宮の禰宜(ねぎ)が出家したり、内・外宮を胎蔵界(たいぞうかい)・金剛界(こんごうかい)の大日如来に比定したりした。蒙古来襲以来、日本人の神信仰が活気をていし、神が仏に優越する考え方と神国思想の発達により、神が本地で仏菩薩がその垂迹(すいじゃく)であるという反本地垂迹思想もでてきた。室町時代に入ると、吉田兼倶(かねとも)などが仏法は花実、儒教を枝葉、神道を根本とみる吉田神道を説いた。

江戸時代になると、いっせいに寺院勢力は俗的に強化したが、思想的・宗教的な力を喪失していき、神道家は仏教に排斥的となり、むしろ神儒(しんじゅ)習合の思想や復古神道論がでてきた。そして古学神道としての国学が盛んになるにつれて、仏教的要素を神道から払試し、平田学派の国学は、感情的に神道の優越性を強調し、明治維新とともに神仏分離の政策が強調され、ついに廃仏毀釈(はいぶつきしゃく)の激しい動きとなった。

山王一実(さんのういちじつ)神道

神仏習合の神道説が流行したとき日吉(ひえ)山王明神に関連して、天台宗止観の諸法真空の理の空諦(くうたい)・万法妙有の理の仮諦(けたい)・諸法実相の中諦(ちゅうたい)の三諦の三つはつまり一つであるという真理を示すものとし、山字の縦の三画を三諦に擬し、横の一画は即一をあらわすものとし、王字の横の三画を三諦、縦の一画を即一に擬

し、このように三諦即一の理を示すのが山王の二字であるという巧妙な付会である。

両部神道（りょうぶしんとう）
真言宗に関係し、密教の金剛界・胎蔵界の両部曼荼羅をもって日本の神々の世界を説明する神道説である。俗に日本古伝の神に対し神と仏を習合した神道を両部神道と呼ぶのには誤りがある。文保2年(1318)の『三輪大明神縁起』が具体的に説かれた最初である。これは大神神社神宮寺大御輪寺の僧侶の手になったといわれる。三輪明神の鎮座する御室山(三輪山)の形相を真言の両部曼荼羅に擬したものである。御室山の両峰のうち、河の北の山を胎蔵界尾と称し、仏眼尊であり、南の山を金剛界尾といい、一字金輪である。峰を八葉に分かれ、谷は三鈷に象で三河の合流するところを六道という。このなかの神々は天照大神の一族で、これをもって両部曼荼羅の形をなすものという。この説が後に発展して三輪流の行事となった。

三十番神説（さんじゅうばんしんせつ）
一カ月30日を番代に、護国の30柱があるを善神をいう。その種類が10種ある。第1から4まで神祇家の所伝。第5は両部神道・本迹神道の所伝。第6は山門の鎮守として伝教大師が祭祀されたもの。第7は慈覚大師入唐後に勧請されたもの。第8は神祇官吉田家の所伝に基づき、日蓮が伝教。慈覚両大師の配釈を誤れりとし正し祀りしもの。第9は南楽坊良正の勧請。第10は慈覚大師入唐前に勧請したもの。30番神の名号を連ねるのは『灌頂経』からきたものといわれている。

伊勢神道（いせしんとう）
伊勢神宮の外宮神主度会行忠(1236～1305)の主導し、度会常昌(1263～1339)によって大成した神道で、渡会神道、外宮神道ともいわれる。その説は、神宮の歴史的信仰を中心として密教を習合としたもので、とくに内・外両宮の一致を説き、その結果とし外宮の祭神豊受大神は万物の根源たる水徳を有するものとし、これを国常立尊、天御中主神に比して外宮は内宮にもまさるものとした。この神道説は地方農村にまで行きわたせることになった。神皇一体の思想は南朝の北畠親房にも影響を与えた。この神道説を利用して地方の神社を統一しようと謀計したのが吉田神道である。江戸時代になって外宮権禰宜度会延佳(1620～90)が、この神道説に仏教習合から脱して儒教易理の思想を習合させる内容にした。江戸時代末期になり復古神道が興るとおのずから消滅した。

吉田神道（よしだしんとう）
京都の吉田神社の祠官吉田家に伝わり、吉田兼倶(1435～1511)によって大成せられた唯一神道で吉田神道といわれている。また、吉田氏は本姓卜部氏であったため卜部神道ともいう。兼倶は『唯一神道名法要集』などを著わし、将軍足利義政の夫人日野富子に取り入り、全国の神社及び神官に対する勢力を扶植し、神祇伯の王家である白川家に対抗して神職社会を二分する勢力を作りあげたのである。吉田神社境内に斎場を設け、これに全国三千余社を祀り、ついに伊勢神宮の神霊がここに遷移したと偽わった。大胆な企ては失敗に終わったものの、地方の神社に神位を授け、神職に位階装服の免許状を授与することは成功し、江戸時代になっても幕府はこれを黙認する形となった。

垂加神道（すいかしんとう）
江戸時代初期、山崎闇斎(1618～82)が唱えた。闇斎は京都の針医の子で、幼時比叡山の稚子となり、寛永9年(1632)妙心寺に入り、寛永13年(1636)土佐国の吸江寺に移り禅僧になる。土佐南学派の僧慈沖・野中兼山ら

に接し、朱子学を修め25歳のとき還俗、京都に帰り明暦元年(1655)塾を開いた。寛文5年(1665)、会津の保科正之に招かれた際、伊勢神道や唯一神道の伝授を受け、垂加霊社の神号を授けられた。垂加神道の要素は朱子学・吉田神道・伊勢神道である。国常立尊・天照大神・猿田彦命を尊信し、熱烈な信仰と強い尊皇愛国の精神は大いに人を引きつけ、門流は大いに栄えた。門流から尊皇攘夷の先駆者竹内式部を出し、明治維新に垂加神道一派が大きな役割を担った。

教祖神道 江戸時代末から固有の神道と仏教神道・儒教神道などを混合したもので、現世祈祷を生命とするとともに他の一面、神の教えということを説き、道徳的色彩を強くもったものである。

神社建築

　日本の古建築は大別して大陸渡来と、もともと日本に発生し発達したものとの二大系統の様式がみられる。神社建築は日本の住宅と関連してできたものと考えられている。出雲大社を最古とし大鳥造・住吉造を経て春日造に発展するものと、伊勢神宮の神明造から流造へのものとの二大流がある。最初は本を半開きにして伏せたような形の屋根、従って隅棟がなく両端に妻をあらわしている切妻造の形で、妻入が必然な形となった。しかし、柱を用いて屋根を支えることになった妻入は必然の形ではなく、屋根の流れの方向に平に出入り口を自由に設けることが可能になり、この様式が伊勢の内外宮本殿に代表される。これが外来の寺院建築の影響を受けて屋根に反りができ、柱や扉などに丹や黄土を塗り、装飾文様を描き、さらに後世になると寺院建築とほとんど区別のない華麗な神社建築が出現する。日光東照宮・談山神社などの社殿がその例である。それらは平安時代以後の密教の影響による神仏混交の結果で、神社はほとんど仏教の傘下に入れられてしまった。室町時代中期以後になると中国地方から九州の一部、土佐の地方に本殿と拝殿との間に相の間、あるいは幣殿のごとき建物を設け、それらを結合した社殿が桃山時代から江戸時代初期にかけて権現造として流行する。

側面　　正面　　間取り

大社造 日本最古の建築様式を伝えるものである。日本の家屋の最初の形は、切妻造の屋根のみ地上に建て、その前後に壁体を造り、一方に入口を設ける。そして壁体の中央に棟木を支える柱が立つので、入口は中央の柱の一方に片寄って設けられる。次の段階は柱が立ち、床ができ、縁側や入口への階段を造る。この様式を伝えたのが出雲大社本殿である。千木は屋根を組立てる合掌木の先端、かつお木は棟を強風に飛ばされぬための押さえ木である。神殿の神座の位置が一隅に置かれているのも神社発生初期の様式を伝えるものである。

側面　　正面　　間

住吉造
切妻造妻入で大鳥造の内陣・外陣の深さが各一間であるのに対して、二間となっているので様式の一進展が認められる。古式を伝える代表が大阪住吉大社本殿である。四社殿が西面して並列に建てられている。

大鳥造
大社造から一段の進展をみせ、礼拝の対象という神殿の目的に適合した形式を整えてきた。切妻造妻入、二間四方の大きさで、外観は大社造とほぼ同様であるが縁はなく、背面両側はそれぞれ二間で、正面のみ一間となり、入口は中央で階段が付けられている。内部は中心の心柱を去り、仕切を設けて前後を内外陣に区画し、その中央に扉を開き、神座は内陣中央に正面を向けておかれている。左の間は蔀戸になっている。住居的形式を残している大社造の段階を脱し、神殿らしい形態になったことに特色がある。代表的実例は堺市の大鳥神社本殿である。

春日造
奈良時代後期に成立したと考えられている。切妻造妻入の社殿の正面に廂を付けた形式である。春日大社本殿が代表の実例である。隅木を用いず正

側面

正面

間取り

春日大社

面の破風が廂の奥を軒先まで突抜け、一見入母屋造に見えながら実はそうでないところに構造的特色がある。屋根は反りを付け、木部は丹塗りとするなど寺院建築の影響を受けている。一間社を普通とするが三間社もあり、連結形式のもある。三仏寺納経堂や円成寺春日堂・白山堂は春日造の古い遺構である。

流造
一間社流造、二間社流造などと呼び、様式の簡単なことから鎌倉時代以降、過半数が流造

側面

正面

間取り

上賀茂神社

である。切妻造平入りの屋根の前流れが前方にゆるやかな曲線を描いてのび向拝となるのを特色として、平安時代初期に成立したといわれている。現存する最古の遺構は、平安時代後期の宇治上神社本殿で、社殿が三殿並立して全体一棟の覆屋のなかにある。京都の上賀茂及び下鴨神社本殿が代表的な実例である。

日吉造
日枝造・聖帝造ともいう。比叡山坂本の日吉神社社殿の様式である。桁行5間、梁間四間、入母屋造

側面

正面

間取り

旅の基礎知識

延暦寺

の背面一間通りを垂直面で切断した形に成り、正面より見れば入母屋造で、背面からみれば入母屋造の左右の軒先を垂直面で切断したような特殊な様式を示している。これは比叡山延暦寺の鎮守として、とくに後方山上の伽藍に対する意味から廂を高くしたものといわれている。平安時代初期に春日造・流造・八幡造とともにできた神社建築の新様式の一つとして知られている。

権現造 八棟造の別名

側面　　　　　　　　　　　間取り

がある。本殿の前に拝殿を並べ、その中間に相の間で連ねた形の社殿様式をいう。日光東照宮の社殿が代表的で、その祭神が徳川家康、すなわち東照権現であるところから権現造の名がついたという。しかしこの社殿様式は鎌倉時代末期、禅宗伽藍の開山堂様式にすでに成り、神社建築においても室町時代にほぼ完成し、桃山時代に京都の北野神社社殿、仙台の大崎八幡社殿に好例が現存する。権現造の先駆様式が土佐神社・箱崎八幡宮・吉備津神社・山口県古熊神社など西日本に多い。

八幡造 切妻造の本殿と拝殿

側面　　　　　　間取り

とが前後に軒先を接して並んだ様式で、屋根に反りがある。両殿の相接した軒下の部分は相の間として使用されている。雨天などの場

北野八幡宮

合従来の様式より祭事などが容易になった。これは寺院建築の影響で屋根には反りができ、柱や梁などに丹塗りするようになった。代表は宇佐八幡宮で、八幡造になったのは弘仁年間（810～823）といわれている。

神楽

神楽は古代鎮魂呪術であった。天岩戸神話は天鈿女の子孫である猿女という宮廷巫女が奉仕し、さらに石上物部の方法を主体として、宮中で行なわれた。それは夜に庭燎を焚いて行なう儀式である。古く神遊びと称し、神の行う神事音楽のことである。平安時代中期に、宮廷で琴を弾じて舞踊する琴歌神宴が成立したが、しだいに神前で奏じて神慮を慰めるための音楽と解されるようになった。外来の舞楽は、日本伝来の声楽にも影響を与え、神事儀礼の向上にともなって、東遊・風俗歌などの和楽が発達した。神楽はそれと別系統で、宮廷外の神人団が参入して演じた芸能に発している。神楽の語義は神遊びであり、かむくら（神座）の省略である。その神座は芸能をもって祝福に臨む神人団が奏した、芸能の神を安置した移動神座から出ているともいわれる。貞観年間（859～76）には神楽譜の制定、長保4年（1002）、内侍所御神楽の

行事が定められた。現在は12月中旬、賢所前庭の御神楽を初め、特定の宮廷祭儀に奏じられる。しかし、ほかの祭祀音楽がすべて一度は伝統が断絶しているなかで、神楽のみは連綿として受け継がれてきた。民俗芸能の神楽と区別するために御神楽ともいう。

神楽

夕刻に、人長という主役が陪従・召人の楽人を引き連れて参入し、人長の名乗りに始まる。笛・シチリキ・琴の役を一人ずつ呼び立てて、一曲ずつ奏させる音取、歌人を加えて庭燎の曲を合奏させる寄合につぎ、阿知女作法という形式化したものながら、きわめて神秘な作法があってのち、採物歌の榊以下の歌が本方末方と左右に居並ぶ楽人によって歌われ、中間に人長の韓神の舞があり、神楽人の即興的な演技も交わって中入となる。ついで前張に入り、民謡出の催馬楽同様の歌詞が歌われて暁におよぶ。さらに星雑歌と称する一群の歌があり、最後に神上の歌で終わる。これは田楽をはじめ、現存する古い神事芸能にみられる形態である。

神楽歌

宮中で行なわれる神楽で歌われるのが神楽歌である。神楽の中心となる採物歌と、やや娯楽的な前張歌に大別され、笏拍子、和琴、神楽笛、シチリキによって伴奏される。短歌形のものに民謡を含み、古今集や拾遺集では「神遊びの歌」「神楽歌」と収録される。

民間の神楽

「おかぐら」と呼ばれ、全国的に行なわれ、その種類は多種多様である。雅楽あるいはそれに準じた種類。田楽獅子舞、または湯立を主とする系統。岩戸神楽・里神楽と称して、神楽殿において舞い、あるいは演劇的に構成された一般的のもの、または伊勢の古い代神楽をはじめ、民家を巡遊するものなどさまざまであるが、これらは祓の行事から出て、祭礼や講社の祈祷として、とくに江戸時代後期に発達したものである。九州・中国・中部・関東・東北と、地域的な類型の一群がみられ、地方的な特色を保っている。

岩戸神楽

里神楽（郷）の一種で神代神楽ともいう。天の岩戸の神話を中心に、大蛇退治その他の故事を、能に準じてパントマイム風に仕立てた神楽の総称である。天の岩戸の前での天鈿女命の舞いを神楽の起源とするという伝説が根拠にある。神社の神楽殿や舞殿で全国的に行なわれ、関西および九州と関東・東北では楽器に多少の差がある。名高いものに出雲の佐陀の神能、九州日向の神代神楽、岡山の備中神楽、東京の土師流の里神楽、東北の法印神楽などがある。

平戸神楽

平戸島は景行天皇の志式島の行宮に始まり、十城分王が中津良の白岳山上において天神地祇を祀るときに、勇壮なる踊り、雅趣の舞いをしたことによるともいわれる。旧平戸藩内の神社は祭典には必ず神前に神楽を奏する。その神楽は青竹の横笛に大太鼓の伴奏で、社人（神職）の男子が幣、扇、鈴刀、弓、鉾などを持ち、神楽歌を歌いつつ舞う。「わが国は四方の海までみずまるを懸けてぞ、祈る三つの宝を」、太鼓始まる。「千早振る、神の伊垣に袖さして、舞えばぞ開く天の岩戸」、四本幣と神代を偲ぶ優雅なる舞いが始まる。「水は清浄の光あり、むくくめば六根清くなる」（荒塩舞）と、禊を祓い修め、天地清浄の気をただよわせ。「幣捧くことも高天の原なれば、集まり給え四方の神々」、（二本幣）。「榊葉や、梢をもるる望月の空澄渡る御神楽の音」（八散供米舞）。舞う人、奏る人む、拝観す

旅の基礎知識

る人、笛の鳴りと、太鼓の音に神人一体となりて溶け込み、「梓弓、雲の伊勢弓引きすべて、向かう矢の先きに悪魔来らぬ」（四弓）、「白金の目貫の太刀の七足に、紐の緒締めて我ぞ履きけり」（四剣）。弓を持ち剣を携えて、仇を払い衛をかため和やかに舞い、二剣角力神楽等は剣拳の両道の奥技を織り込み勇壮なる乱舞となり。「鉾も鉾、我持つ鉾は天にます、天の尊の天の逆鉾」（鉾舞）。「神の代を、思い渡るも久方の天の浮橋国の御柱」（神代開）と、御国静かとなり、「秋津島、国を治める政事、君が御代こそ久しかれ」（岩戸開）。「吹く風枝を鳴らさず、降雨時を違えずして、御年豊に実りこそすれ」（四剣）と国家悠久を祈りつつ舞い納む。その種24類あり、一人舞い、二人にて舞い、四人にて舞う。しかもわずか二畳の敷庭内を出ず、まことに雅趣と勇武とを組みたるものである。この平戸神楽は正保4年（1647）、第29代藩主松浦鎮信は橘三喜（1635～1704）に命じて創らせた。橘三喜は平戸七郎宮の詞官大鳥刑部の子で、名は美津与志という。16歳で藩主に認められ、神道学を学ぶよう命じられた。三喜の生まれる前の平戸は、海外への開かれた門戸で、長崎とともに貿易の拠点であり、切支丹禁令以後も、鄭成功が平戸を訪れるなど先進文化の移入の門戸であった。そのため藩主は、神道や仏道を関心をもち、一方、山鹿素行の弟平馬を家臣としている。三喜は陰陽説の神道家吉田惟足や吉田家に学び、諸国一宮巡詣し、神楽の研究をし、また父の出身地の壱岐神楽などを参考にしながら、藩主の命にこたえた。三喜は後年、藩邸のある江戸浅草において、神道を講義し門弟数千を養い、門人たる氷川女体神社神主武笠豊雄とともに弓矢神道を広め、69歳で没した。武笠神主家の墓地に墓がある。

鳥居

鳥居は神に対する門に相当する呼称で、神門ともいう。このほか華表とも表わされ、名義は種々あって一定しない。その起原はインドの玉垣の門（トラーナ）、中国の華表（墓所の前の門）、朝鮮の紅箭門などに関連するといわれているが、鳥居は日本の神社の特有の建物である。木・石・金属で造られ、木には黒木鳥居と白丸太鳥居がある。金属では銅・鉄が用いられ、江戸時代には陶器、大正時代にコンクリートも用いられた。立つ場所により一ノ鳥居、二ノ鳥居の別がある。『神道名目類聚抄』では、二柱鳥居・嶋木鳥居・四足鳥居・藁座鳥居・総合鳥居・三輪鳥居の6つをあげている。現在は神明鳥居・島木鳥居・明神鳥居・変形鳥居に分類される。

神明鳥居　円柱・直立・掘建の最も素朴なものである。貫は角材で柱の外には通さない。笠木は丸太で切口（木鼻）は垂直である。島木がない。伊勢神明鳥居は、笠木の断面が五角形で切口は内側に傾斜し、貫に楔を打ち込んでいる。鹿島鳥居と黒木鳥居がある。鹿島鳥居は貫が柱の外につきぬけ、楔が打ち込まれている。

島木鳥居　笠木の下に島木という横木がつく。明神鳥居と変形鳥居に分けられる。

明神鳥居　最も多い鳥居で、稲荷・両部鳥居がある。共通して柱の上部が内側に転び、傾斜する。柱は礎盤・亀腹・饅頭の台石の上に立っている。貫は柱を通し、

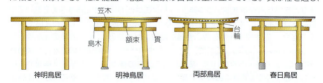

神明鳥居　　明神鳥居　　両部鳥居　　春日鳥居

切口は垂直、貫の中央に額束をのせ、貫に楔をつける。島木・笠木は反増して反り、切口は斜角である。稲荷鳥居には柱頭に台輪がのるので台輪鳥居ともいう。

変形鳥居 春日・八幡・山王・三輪鳥居がある。なかでも山王鳥居は日吉鳥居・合掌鳥居ともいう。笠木の上が合掌形で、台輪・根巻（藁座）がある。三輪鳥居は左右に脇鳥居、中央に板唐戸の扉がある。

寺院建築

伽藍配置 寺院の堂塔の配列は時代により、また宗派によりおのおの一定の様式があり、これを伽藍配置という。日本に現存する伽藍配置は14種の形がある。

天王寺式伽藍配置 仏教渡来初期に流行した形式で、南より南大門・中門・塔・金堂・講堂を一直線上に配し、その塔と金堂を囲んで、中門と講堂とをつないで回廊をめぐらしている。大阪四天王寺・法隆寺若草伽藍・橘寺・片岡王寺などに見られる。

法隆寺式伽藍配置 飛鳥時代末期から白鳳期にかけて行なわれた形式で、南大門を入って中門があり、中門の左右から回廊を出し、回廊のなかの西に、東に金堂を配し、回廊の北に講堂、講堂の左右に鐘楼・経蔵を置いている。法隆寺西院伽藍・法輪寺などに見られる。

法起寺式伽藍配置 白鳳期に全盛だった形式で、法隆寺式伽藍の塔と金堂とを左右に入れかえて配置している。法起寺・長林寺・甲斐寺本廃寺・岐阜弥勒寺などかある。

薬師寺式伽藍配置 白鳳期から奈良時代初期にかけ流行した形式で、法起寺式伽藍の中門と講堂をつなぐ回廊のなかに、中央に金堂、その斜前に東塔・西塔を鼎形に配している。奈良県の本薬師寺・西京薬師寺・摂津百済寺などに見られる。

東大寺式伽藍配置 天平時代以後、最も流行した形式で、南大門・中門・金堂・講堂を一直線上に配し、塔を回廊外に出して、中門と南大門との左右に東塔・西塔を対称的に配列している。東大寺が代表的だが、地方の国分寺伽藍もほとんどがこの伽藍配置である。

山岳伽藍天台宗配置 平安時代初期に山麓に仁王門を構え、主要堂舎を山上に営むもので、その配置は坂道を上り

つめて中門があり、中門の左右に鐘楼・経蔵、正面中央に根本堂をめぐって法花堂・常行堂・護摩堂・開山堂・鎮守堂・塔などを配置している。比叡山延暦寺が代表である。

山岳伽藍真言宗配置 平安時代初期、山上に営むことは天台宗寺院と似ているが、真言宗は金堂を中心にして大塔・潅頂堂・護摩堂・大師堂・鎮守堂を配し、外に奥院をつくるのはやや異なる。高野山金剛峰寺を代表とする。

臨池伽藍配置 平安時代に流行した形式で、山麓の幽玄郷をえらび、池に臨んで寝殿造、正面に大御堂、西に阿弥陀堂、東に五大堂、左右に鐘楼・経蔵を配置している。宇治平等院・平泉無量光院・毛越寺などが代表的なものである。

禅宗伽藍配置 鎌倉時代以降の禅宗寺院にみられる形式で、四脚門を入って奥に山門、山門の両側に東司（厠）・西浄（浴室）を置き、山門の正面に仏殿、仏殿のうしろに法堂、法堂のうしろに方丈、山門と仏殿との間の右に庫裏、左に僧堂（禅堂または選仏堂ともいう）を配置した。永平寺・東福寺・大徳寺などに見られる。

浄土宗伽藍配置 惣門を入って三門があり、正面に本堂、向かって右に鐘楼、左に経蔵を配している。京都の知恩院・光明寺などに見られる。

日蓮宗伽藍配置 惣門を入って二天門、門の左右に鐘楼・鼓楼、正面に本堂、本堂の左右に鬼子母神堂・祖師堂・番神堂・塔などを配置している。身延山久遠寺・池上本門寺などに見られる。

林泉伽藍配置 林泉を主とし、それに堂舎を散文的に配したもので、金閣・銀閣・岐阜虎溪山永保寺などがこれにあたる。

屋根の形式

民家や神社・寺院でも、まず目に入るのが建物で、その中で屋根は建物によって屋根型が違っているのが分かる。これを知るだけでも旅はおもしろいものになる。屋根の形には切妻造り・寄棟造り・入母屋造り・方形（宝形）造りなどある。

寄棟造り 四方の隅棟が二つずつ一点に会し、その間に大棟がある。屋根面は梯形が2面、三角形が2面の4面からなる。

切妻造り 本を半開きにして伏せたような形の屋根、したがって隅棟がなく両端に妻をあらわしている。

入母屋造り 屋根の上方が切妻造りで、その下方に庇をめぐらした屋根の形式である。

宝形造り 四つの隅棟が一点にあつまる四角錐の屋根で、大棟がなく、頂上に露盤、宝珠を飾る。

建築様式

飛鳥時代の寺院建築は、中国南北朝時代の様式が入ってきた。奈良時代になると唐の建築様式が用いられて寺院が造られた。唐様式の流れが後に和様と呼ばれる寺院建築の基本となった。鎌倉時代の東大寺再建のときは、中国南部の建築様式が入り、大仏様・天竺様と呼ばれたが早くすたれた。次に禅宗とともに宋の様式が入り、唐様と呼ばれた。鎌倉時代以降になると和様と唐様を混合した建物が多く建てられるようになった。

和　様 奈良時代に中国から移入された系統の建築様式。頭貫、内法長押、腰長押、地長押、間斗束、板扉、連子窓、丸柱、壇上積。内部は板敷、本蟇股、二軒、組物は柱の上部だけにあり、柱間を飾るもの(中備)として間斗束(東と斗)または蟇股を置く。

大仏様・天竺様 鎌倉時代初期、重源が東大寺再建に当たり、宋の様式をとりいれて創始した建築様式である。組物は挿肘木といって柱に肘木を挿しこむ。柱間には遊離尾捶を置く。皿斗付大斗、蟇股、捶に鼻隠板がつく、繰形木鼻、尾捶、円束、化粧屋根裏、双斗などがあるのが特色である。東大寺南大門がその代表である。

唐　様 鎌倉時代に禅宗とともに伝来した宋の建築様式で、禅宗様。軒が長刀反り、詰組、柱上に台輪、柱は粽、頭貫、木鼻、弓欄間、扉に藁座、内法貫、花頭窓、腰貫、地覆、桟唐戸、礎盤、縦板壁、扇垂木、二軒、大瓶束、板支輪、海老虹梁、拳鼻、鏡天井、床は土間、石・瓦敷きの四半敷、妻は虹梁大瓶束、懸魚、蕨手・逆蓮柱の高欄が特色である。

寝殿造り 平安時代の貴族住宅の様式。中央に南面して寝殿を建て、その左右背後に対屋を設け、寝殿と対屋は廊(渡殿)で連絡し、寝殿の南庭をへだてて池をつくり中島を築き、池に臨んで釣殿を設ける。邸の四方に築垣を設け、東西に門を開く。南庭と門の間に中門を設けて出入用にする。寝殿・対屋は周囲を蔀戸を釣り、妻戸を設け、室内は板敷とし簾・壁代・几帳・帳台などを用いた。

書院造り 寝殿造りから書院造りへの移り変わりは、室町時代末期で、江戸時代初期に完成した住宅建築様式である。近世武士の封建制度の産物として桃山時代に書院造りの形式が成立した。主座敷を上段とし、床、棚、付書院の構えをとり

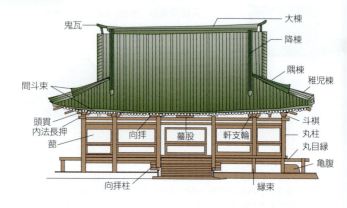

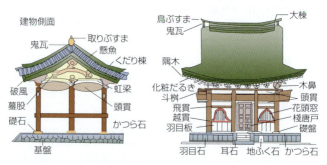

入れた住宅形式。書院はもともと僧坊内の書を読む場所であった。一棟を間切りによって数室に分け、畳を敷き、明障子、舞良戸、襖等を用いる。

屋根の葺材 屋根の葺材を分けると本瓦葺(行基葺)・桟瓦葺・桧皮葺・こけら葺・とち葺・銅板葺などがある。寺院建築は瓦葺で、本瓦葺、桟瓦葺がある。本瓦葺は平瓦を葺き、その列のあい間に丸瓦をふせた葺きかた。行基葺は本瓦葺きの一種であるが、本葺において丸瓦の一端が他端より細い場合、後の瓦の太い方で、前の瓦の細い方を覆うように重ねて葺いたもの。兵庫県浄土寺浄土堂の屋根に見られる。こけら葺は杉や桧を薄く割った板をかさねて葺く葺き方である。

屋根面 屋根面は千鳥破風・軒唐破風などが飾られる。社寺建築の屋根面は多く凹曲線をなしている。これを照りといい、反対に凸面になっているものを起こりという。軒の曲線を反りという。
千鳥破風 大屋根の正面に据え付けた妻の破風をいうが、この場合妻そのものを千鳥破風という。
軒唐破風 中央部がまるく凸曲線になり両端部で反転して凹曲線となる。中央部と反転部附近に茨ができるのがふつうである。

平面部

向拝（こうはい） ごはいともいう。礼拝場所の上につけられた庇で、唐破風をつけたりする。向拝部は角柱を用い、各部とも面取りにするのがふつうである。

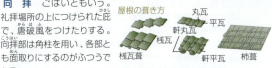
屋根の葺き方　丸瓦　平瓦　軒丸瓦　桟瓦　桟瓦葺　軒平瓦　柿葺

外陣・内陣（げじん・ないじん） 建物の中を外陣と内陣に分ける。飛鳥・奈良時代の平面では母屋が内陣、庇が外陣となる。密教式では堂を前後に分け、内外陣としている。

正面部

大棟（おおむね） 屋根の最も高い所、屋根面の相交わる部分、位置と構造によって大棟・隅棟・箱棟などがある。水平な主棟をとくに大棟という。ふつう棟というときには、この大棟のことをいう。

蟇股（かえるまた） 組物と組物の中間、紅梁上等に用いられ、上方の荷重を支える意味をもち板蟇股と本蟇股がある。板蟇股は奈良時代からあって、二重虹梁蟇股の構架法でもわかるように完全な構造材である。本蟇股は板蟇股の内部をくりぬいた形であって、平安時代末期から生じた。

これは組物間に入れる化粧材で、最初は2本の材を組み合せるだけで、蛙の股の様な形であった。鎌倉時代以降、一つの材から造られ内部は文様を入れるようになり、動植物などの彫刻を主とした装飾物となっていった。

組物（くみもの） 柱上にあって軒を支える装置。一名斗拱ともいう。斗と肘木の組合わせによって、全体で軒を支える腕木の役をする。

長押（なげし） 柱と柱とを繋ぐ水平材。取り付ける箇所によって頭長押・内法長押・腰長押・地長押などと称する。縁板の上にあるのを縁長押という。

木鼻（きばな） ある部材の先端が突出しているものを木鼻と呼ぶ。木鼻には繰形、渦文、動物などの彫刻をつけるのが普通である。木鼻のうち頭貫鼻が代表的で、組物中につけられたものなどは、拳鼻ともいわれる。

縁（えん） 家の外側に添えた細長い板敷。縁側。

束（つか） 短い柱状の材のこと。縁束・小屋束・扠首束・床束などの種類がある。斗組みの間にあるものを特に間斗束という。

横面部

格子戸（こうしど） 細い角木を縦横に間をすかして組んだもの、窓または出入口に組んだ戸。菱格子などがある。

欄間（らんま） 鴨居の上に採光・通風のために格子、または透彫の板を取り付けてある部分。

蕨手（わらびて） わらびの芽のように先端が巻いているものをいう。厨子の隅木先や唐様の高欄端部に装飾としてつける。

親柱（おやばしら） 中心になる柱。

側面部

虹梁（こうりょう） 梁のうち、中央部がややそり上った感じを持たせて造ったものをいう。和様では元来は断面が逆梯形で、下部を繰りとっただけの簡単なものであったが、のちには唐様の影響を強く受けている。断面が巨大な円形で、繰りがなく下面に錫杖彫りがある。化粧虹梁、海老虹梁などという。唐様の組物は、詰組みといって柱上と同様の組物を柱に

旅の基礎知識

1組、または2組open。和様では元来は断面が逆梯形で下部にくりとっただけの簡単なものであったが、後に唐様の影響を強く受けている。背が高く、下部の繰りにそって眉をかき、下面には錫杖彫りを彫る両端ちかくには袖切りがある。近世のものでは袖切りから渦文が延びて虹梁側面を飾る。

桟唐戸 天竺様と唐様に用いられる戸の形式で縦横に框を入れ、框間に板を入れたものである。框には種々の面をとり、また框間の一部には狭間格子を入れる。

妻 つまは端の意味で、建物では正面を平といい、側面を妻という。妻に出入口が開かれているものを妻入りという。切妻造や入母屋造の妻に施した装飾を妻飾りという。

破風 屋根の切妻についている合掌形の装飾板。また、その破風板のついているところ。唐破風・千鳥破風などがある。

縋破風 本屋根の軒先から突き出した片流れ屋根の破風であって、向拝や庇に用いられる。

大瓶束 唐様・天竺様において虹梁の上にたつ束である。形状は断面円形で上下が細まり上に斗をのせる。唐様では下端は虹梁をまたぎ、その部分を結綿と呼ぶ装飾を彫刻する。

懸魚 懸魚は破風の下に垂らし棟木または桁を隠す装飾物、破風の拝み下のものを懸魚、左右の桁部分のものを桁隠しといって区分する。唐破風の懸魚は形が特殊なので兎毛通と呼ぶ。懸魚には梅鉢懸魚・猪目懸魚・三花懸魚などがある。

鰭 鬼瓦か懸魚の左右につけた装飾物。

六葉 菱・葵など6枚の葉を六角形に模様化したことからいう。長押・懸魚・扉などの釘隠しなどに用いる金具、木製のものもある。

鬼板 鬼瓦の代りに用いる木製の棟飾り。銅板で包むこともある。

建造物用語

礎磐 唐様に用いられるもので、柱と礎石の間に入れる。石製または木製で、特殊な形状をしている。禅宗様建築などに使用される。

組入天井 太い組子を縦横に細かく組み、上部から板を張った天井で、寺院建築の正規な天井の一種である。

高欄 欄干のこと。勾欄とも書く。地覆、平桁、架木と三段の横木からなる。端部を擬宝珠親柱で止めるのを親柱勾欄という。

支輪 高さのちがう2点を処理するための装置。曲線状の支輪子と裏板からなる。天井または軒天井の斜に立ち上がる部分。

舟肘木 柱上に直接舟形の肘木を置いて桁をうける。

大斗肘木 最下部の大きな斗に肘木を組んで桁をうける。

三斗組 大斗上に肘木を組み、その上に三斗箇を置き、桁をうける。斗と桁の間に実肘木（絵様をつける場合もある）をはさむこともある。なお斗箇を壁付け方向だけに配するものを平三斗、前方へも肘木を出し斗を置くものを出三斗という。

出組み 出三斗組の前に出た斗にさらに平方向の肘木と三斗をおいて丸桁を受ける。

二手先 手先とは壁側から前方に出た組物をいう。したがって二手先では斗が2列前に出ている。この場合、先端の斗と肘木は尾垂木の上にのり、軒支輪をつけるが、尾垂木、軒支輪を用いない組み方もある。
三手先 組物ではもっとも正規な組み方である。三番目の斗肘木は尾垂木の上にのり軒支輪を設け、また小天井を張る。
四手先 多宝塔では四手先、天竺様組物では六手先もある。

文化財と国宝

国宝の建物、国宝の彫刻、重要文化財というとありがたく拝観してしまうが、どこまで概念として知っているのであろうか。拝観のときに説明されても専門用語が加わるので、分ったようで分らないことが多い。それが少しでも知識をもっていると、見るものの価値が輝いてくる。最近は全国の自治体による博物館の新設に

ともない公開や移動が頻繁になり、文化遺産に接する機会が増えている。反面、かけがいのない国宝や文化財が酷使され、寿命を縮めていることも考え、貴重な対面であることを念頭に入れて観賞したいものである。

近代国家となった日本に文化財保護の方策が講じられたのは、明治4年(1871)の太政官布告「古器旧物保存方」が最初である。そして明治30年(1897)「古社寺保存法」の制定をみるにいたった。これを作成した岡倉天心は、制定以前の数10年間に21万件に及ぶ社寺宝物を実地に調査し、文化財としての評価を行なっている。第2次世界大戦中、空襲によって焼失した国宝建造物は相当数に達した。さらに戦後の社会混乱は、文化財の保護に重大な脅威を与えた。昭和24年(1949)1月26日法隆寺金堂に火災が起り、堂内の壁画をほとんど焼失してしまった。この事件は文化財の保護に対する世論を沸騰させ、これが契機となり、翌昭和25年(1950)議員立法で「文化財保護法」が成立施行されるとともに文化財保護委員会が設けられた。

旧国宝をすべて重要文化財に指定したものとみなした。これらの重要文化財の中から名実ともに国宝にふさわしいものを国宝指定候補に選び出し、それを文化財専門審議会に諮問し、慎重な審議を経てはじめて国宝の指定を決する。国宝の管理と修理は所有者が行なうことを原則としているが、政府はこれに対して補助金を交付することができ、実際には高率の補助を行うとともに各種の技術指導も行なっている。

国宝・重要文化財の保護は決してやさしいことではない。美術工芸品の保存は、

国指定文化財修理に携わる僅かな修理工房に委ねられている。欧米では保存修復家というプロフェッションと保存科学の体系が確立されている。日本では指定にばかり関心が向けられ修理保存の予算規模は少ない。

日本の歴史と風土の中に培われ、数百千年の風雪にたえて今日にまで伝えら

れてきたことを、よりよく保存し、より完全な姿で次代に引き継ぐことは、今日のわれわれに課せられた義務であり、世界文化に貢献することである。平成5年(1993)法隆寺は、ユネスコが世界文化遺産に登録された。国宝の分野は絵画・彫刻・書跡・工芸・考古・建造物である。旅で主にふれるのは建造物や彫刻である。

文化財の見方　日本民族の歴史と風土の中に培われ、長い風雪にたえて、今日にまで伝えられてきた文化財は、日本の国土を知る大切な手がかりである。文化財をただ見たままに感じることも大事だが、ある程度、それを見る目をもっていれば、さらに優れた文化財としての価値がわかってくるだろう。その価値がわかると、それを今日まで伝えてくれた私たちの祖先への感謝と、これをよりよく保存し、より完全な姿で次代に引き継がせる義務を感じるものである。

国宝　重要文化財のうち、世界文化からみても価値の高いもので、たぐいない国民の宝となるものを国宝に指定している。

時代区分　仏教伝来前の上古と文教伝来後に大きく区分できる。上古は縄文式文化（早期・前期・中期・後期・晩期）の約9000年弥生式文化（前期・中期・後期の約600年）古墳文化の時代だ。

　　飛鳥　552～644年、大化改新までの約100年間。
　　白鳳　はくほう　645～710年、平城遷都までの約70年間。
　　天平　てんぴょう　710年～794年、平安遷都までの約60年間。白鳳を奈良前期、天平を奈良後期と区分する。
　　平安　へいあん　794～888年の前期、延暦（弘仁・貞観）寛平頃まで約100年間　889～1191年の後期、藤原（藤原・平家）寛平より平家滅亡までの約200年間。
　　鎌倉　かまくら　1192～1333年の約150年間と1334～1392年の南北朝の約60年間。
　　室町　むろまち　1392～1573年、足利氏滅亡までの約180年間。
　　桃山　ももやま　1574年～1602年の安土・桃山の約30年間。
　　江戸　1603～1867年、明治維新までの約250年間。

庭園

　日本の庭は、自然の偉大さ、力強さ、動き、つりあいなどの美の要素を庭の中に理想的につくりだしたものだ。

　古くは、巨石をならべて磐境（いわさか）をつくり神の座とした。文献にあらわれる古い庭は、蘇我馬子の住居の庭といわれている。

　平安時代になると、風景式庭園がつくられるようになった。平安時代の末になると、宇治の平等院などに見られる浄土式庭園が、阿弥陀堂を中心に池や、島を配してつくられている。

　南北朝時代には、禅僧、夢窓疎石（むそうそせき）がでて、西芳寺の庭園などをつくった。

常栄寺雪舟庭

考古

　考古学は明治初年に古物学と訳されたことがある。わが国にはヨーロッパから伝えられた学問のように解かれているが、古代の事物を研究するという意味では、すでに江戸時代初期から古代への関心と調査研究がなされている。江戸時代初期は学問復興時代といわれ国史の編修が行なわれ、林道春・春斎父子の『本朝通鑑』や水戸の『大日本史』などの編集が行なわれた。この機運が考古学発生の地盤をつくった。元禄から享保年間 (1688～1735) に、その実を結びはじめ遺跡や遺物の調査がすすめめられた。松下見林の『前王廟陵記』、細川広沢の『諸陵周垣成就記』は御陵の実地調査の結果によるものである。新井白石の『本朝軍器考』は、遺物の研究から出発したもので、従来天から降ったものとして考えられていた石鏃を人の作ったものであるとして驚かした。この研究は、文化・文政時代 (1804～29) 以後、さらに盛んになり松平定信の『集古十種』は資料として今日も価値を有している。江戸時代の多くの学者は史学と考古学の中間というよりは、古文献を遺物・遺説によって説こうしたもので、明治から大正時代まで、その流れを汲み、日本考古学研究の第一期である。

　ヨーロッパの学界もこれと平行する時代は、遺物を集めそれを説くことをもっぱらとした集古時代であった。19世紀になると文献を離れ、遺物・遺跡をそのまま眺めようとするデンマークのトムゼンが、石器時代・青銅器時代をすぎて鉄器時代となる三時代説を唱えた。やがて石器時代を旧石器時代と新石器時代とに分け、20世紀になると中石器時代が認められ、青銅器時代は銅器時代の終わりに現れたものにすぎないことも明らかにされた。それとともに各地に発掘調査が起こり、その結果をもとにした古代文化の変遷を説くこととなり、考古学は学問の一つとして存在を主張することとなった。ヨーロッパでは考古学の第三期に入った。

　日本は江戸時代からの第1期から、モースが大森貝塚を発掘し、その報告書『大森介墟古物編』を公刊してから第2期時代に入った。モース (1838～1925) は、アメリカの動物学者。明治10年 (1877) 来日、東京大学動物学・生物学教師となり、ダーウィンの『進化論』を日本に紹介した。この来日した年、偶然横浜からの汽車の窓から大森貝塚を発見、これを精密に調査して『大森介墟再古物編』(1879) を著わした。明治13年 (1880) 帰国したが、明治15年 (1882) に再び来日し、日本陶器などを収集。それらはボストン美術館などに収蔵されている。

　明治18年 (1885) 坪井正五郎が神田孝平を会長に東京人類学会を、明治28年 (1895) 坪井正五郎・三宅米吉らが中心となって考古学会をそれぞれ創設した。機関誌を月刊として以来、多くの論文・報告が発表され学会の進展をはかり、東京および地方にも考古学を研究する学会ができて雑誌も公刊され、第2次大戦以後さらに隆盛となった。とくに昭和22年 (1947) から始まった登呂遺跡の発掘調査は大規模であったことと、自然・人文の学者の協力のもとに行なわれた画期的なものとなった。文化とは生活様式ということに落ち着き、遺物・遺跡を通じて古代人の生活を明らかにすることが考古学と認識され、日本は考古学の第三期に入った。

石器時代

　1836年 (天保7)、デンマークのトムゼン (1788～1865) は、人類文化の発達を、その使用する利器の原料によって石器時代・青銅器時代・鉄器時代に区分した。イギリスのラボック (1834～1913) は、1865年 (慶応元) 石器時代をさらに旧石

器時代と新石器時代と細分した。

旧石器時代：地質学で洪積世に属する。石器はすべて打製で、土器はまだ発明されていなかった。当時の動植物相は現代と異なり、絶滅種や分布を異にしているものが多い。生活様式は狩猟生活であった。

中石器時代：旧石器時代と新石器時代の間の過渡期で、近年、中石器時代と呼ばれるようになった。中石器時代の文化の特徴は細石器を多く出すこと、粗雑な土器が出現しはじめ、弓矢の飛道具も発明され、一部の人々は海辺に集落を営み、魚撈生活を行ない、貝塚を作ったことがあげられる。

新石器時代：地質学の沖積世に属する。石器を磨製する技術が起こり、土器も盛んに製作されるようになった。動植物相は、現代とあまり変らない。多くの人が原始農耕・牧畜生活をするようになる。日本の縄文式文化はこの時代に属するもので、狩猟・魚撈に依存する生活を営んでいる点で、欧州新石器時代の人より多少おくれていたとみられる。

石　器：石槍・石鏃・石錐・石包丁など食糧の生産に使われたもののほか、磨製石斧・石錐などのように道具の製作に用いられたもの、石匕・石皿などのような食物の調理に用いられたものがある。石器は製作が剥離によるものを打製石器、研磨によるものを磨製石器と区別している。現在でもオーストラリア・ニューギニアなどの原住民のなかには石斧・石槍のごとき石の利器を製作使用しているものもある。打製石器は古く人類出現の初期から用いられていた。磨製石器は、日本では縄文時代になって初めて出現をみる。弥生時代末期になって金属器の使用が始まると、石器はしだいに減少し、弥生時代末期にはほとんど用いられなくなった。

日本の旧石器：昭和24年(1949)、群馬県岩宿の関東ローム層から、当時納豆の行商をしながら石器を集めていた青年相沢忠洋が、一見石器らしい剥片を発見した。その報告を受けて、その後明治大学考古学教室の杉原荘介、芹沢長介らが、昭和49年(1974)秋、本格的な発掘調査を行ない、洪積世最末期(3〜1.5万年前)と思われる打製石器を数多く発見確認した。

縄文時代

　縄文石器時代ともいう。竪穴式住居に住み、石で利器をつくり、狩猟・漁撈生活を営み、木と木を摩擦して発火させ煮炊きをした。衣料は毛皮などで、耳飾・腕飾・頚飾などの装飾具を身につけ、抜歯・研歯の風習もあった。この時代の住民は現日本人の大もとをなすものと考えられている。縄文式土器を規準とし草創期・早期・前期・中期・後期・晩期の6期に区分される。

草創期　槍や弓矢を作り、狩猟を主に生活していた。漁撈が活発化してくると、貝塚が作られ始めた。土器は、縄文・撚糸文の尖底土器が作られるようになった。

早　期　特徴的な石器として楕円形の礫の一面を打欠き、他の半面は自然面をその

まま利用した礫器と呼ばれる一種の打製石斧と、この礫器の刃部を磨いて刃とした粗雑な半磨製石斧がある。石鏃は精巧な心臓形、またはV字形。利器としては、一定の形をもたない打製切剥具がある。什器は石皿・槌擦糸圧痕石、骨角器として釣針・針・角匕などが発見されている。

前　期　礫器・半磨製石斧は引き続き残存する。新たに全体を粗雑に磨製した磨製石斧が現れる。骨各製品も量と形態の変化を増し、垂飾・耳飾などの装飾具も出現。

中　期　礫器・半磨製石斧はほとんど姿を消し、短冊形・撥形の打製石斧がこれに変り、乳棒の末端に刃をつけたような磨製石斧も盛んに作られるようになる。石鏃は黒耀石を原料としたものが多く、有柄鏃となるがまだ粗雑だ。特徴的な石器は、等身大で径15～16cmもの巨大な磨製石棒、ひと抱え以上もある石皿など。装飾品として耳飾・腕飾・垂飾などがみられるが、あまり豊富ではない。骨角器は釣針・やすのごとき漁具、牙斧・牙針。人体を形どった土製品の顔面付土器や土偶がある。

後　期　打・磨製の石斧・石剣・石皿・石槌・石槍・石鏃など各種のものが出そろう。打製石斧は分銅形の品が多くなり、石鏃は無柄の品が優勢となる。磨製石斧は綿密に磨かれた定角式のものと変り、巨大な石棒は消失して、片手で持てるような細形の石棒、精巧に作られた石剣がこれに変わる。装飾具の耳飾・腕飾・垂飾など製作は精巧となり数量も増加する。釣針・やすのごとき漁具もその量を増し、機能的にすぐれたものが作られるようになる。土偶は写実をはなれ象徴的な表現を示し、土版も出現する。

晩　期　一般的にみて、その種類・形式などは後期と大差はないが、ただその製作は洗練され、数量も増大する傾向を示している。特徴的な遺物として燕形鋸頭がある。これは東北地方の晩期遺跡においてのみ見られる鹿角製離脱式の鋸である。

縄文式土器　日本石器時代特有の土器で、世界新石器時代の土器のうちでも、その形態・意匠および製作技術の優れている点から、類まれなるものといわれる。外国文化の影響をほとんど受けず、日本国土において特異的な発展をとげた遺物だ。時代的にも地方的にも極めて複雑多様な変遷を示している。縄文土器の名称は、土器の表面に縄目を押しつけたような圧痕のみられるものが多いところから生じた。はじめてこの土器の特徴に注意したのは、大森貝塚を発見したモース(1838～1925)で、当時これを索文土器と訳した。その後、この種の土器は蓆文土器・縄蓆文土器・貝塚土器・アイヌ式土器などと呼ばれていたが、現在は縄文式土器、縄文土器という名称が一般化している。ろくろを使わない手作りで、窯を使用せず、露天に焚火して焼成した素焼土器であるが、器形文様の変化に富み、なかには精巧を極めた工芸美術的な作品がある。縄文式土器の縄文というのは、土器を作る際に粘土が乾ききらないうちに、その表面に縄または撚糸の類をあて、手掌でこれを回転するようにしてつけた圧痕で、縄や撚糸の種類によって多様な変化を示している。文様は一般に縄文を地文として、その上に施され幾何学文・沈文などの要素をもって構成され、沈文と浮文とがある。時代の流行に対して感受性に富み、変化しやすい特性をもつので、この形式の変化をもって考古学的編年の規準としている。土器の形式名は、その種類の土器が発見された遺跡名に因んで名づける場合が多い。

弥生時代

ほぼ西暦紀元前300～後300年にわたると考えられている。さらにこれは地域文化の発生した前期、地方文化の出現をみる中期、中央文化へと流出する後期の三期に分けられている。吉野ケ里遺跡は全国一の規模をもつ弥生時代の環濠集落跡である。遺跡は弥生時代前期・中期・後期にわたる米作り文化を取り入れたムラがクニの中核集落へと発展していく姿をたどることができる貴重な遺跡である。

前　期　日本に於ける稲作農耕の開始期にあたり、先行する縄文時代の食物採集経済段階から食物生産経済段階へと発展し、その文化も初期農耕文化としての性格を表している。人々は水田に適した水源の近くや、小河川流域の低湿地に占居し、付近の丘や高台に集落を営んだ。水田は後期初頭の登呂遺跡の例でみるごとく15～20 の長方形に区画され、その間に矢板と杭木で作られた畦幅があって、原始的であるが潅漑・排水の技術が認められる。水田耕作には木製の鋤・平鍬・馬鍬が用いられ、水田の満水時には田下駄・田舟が使われた。収穫には鉄・石製の穂つみ具があり、収穫された稲穂は倉庫に入れられた。調理のための脱穀は木臼と樫杵で行なわれ、米は甕を二つ重ねた甑で蒸された。この時代は米が食糧の重要部分になったとはいえ、狩猟や漁撈による食糧の獲得も行なわれ、場所によっては貝塚を残し、狩猟具・漁撈具が多く使用されている。

中　期　日本の金属器使用の開始期にあたり、青銅器および鉄器を含めた初期金属器文化としての様相を示している。簡単な丸木弓や桜樺を捲いた黒漆塗の弓も用いられ、矢につける鏃に打製石鏃のほかに磨製石鏃・銅鏃・鉄鏃も一部で使用されていた。鉄刀はすでに輸入され、鉄剣・鉄戈などの宝器的なもの、実用品の鉄斧・木器の整形に用いるヤリ鉋、稲の穂をつむための包丁形鉄器などがある。

後　期　日本が朝鮮・中国と交渉をもちはじめた時期にあたり、大陸文化の影響を直接間接にあらわしている。剣・矛・戈・鏡・銅鐸などの青銅器も認められ、発見されるもののなかに実用品もあるが、用途はすべて副葬品か宝器である。

住　居　当時の住居は隅丸長方形、円形の竪穴が一般的であったが、登呂遺跡のような低湿地では、床面を地表におき、周囲に環状に杭を打って低い盛り土の壁を作った一種の平地住居であった。竪穴は台地上に作られることが多い。平地住居と竪穴住居とで、どちらが弥生時代のものとして本来のものであるかを決めるのは困難である。どちらとも村落を構成する場合、一様に耕地に対して入口を向けていたようである。木造の高床建築もあって、主として倉庫、米倉であったらしく、床下の柱の上部には鼠返しがつき、数段の足がかりを刻んだ丸木を切った梯子をかけて出入した。

生　活　農耕生活の開始とならんで繊維植物の栽培も始まり、前期初頭の遺跡から糸をつむぐときの錘である土製・石製の紡錘車などが発見されている。装飾は盛んで、勾玉・管玉などの玉類のほか、カサガイ・イモガイ・テングニシなどの貝輪類がある。発火法も明らかで舞鑽法の段階に到達していた。墓地は共同墓地で、主とした集落の近接地にもうけられていた。自然石の支柱の上に同じ大きな平石をのせた支石墓という墓制が多くみられる。この墓地には副葬品はないが、あっても宝器の

ごときものはなく、また、周囲には甕棺墓が群がっていることが多い。遺骸は甕棺や箱式棺を用いて伸展葬され、また甕棺内に屈葬の姿勢で納められた。しかし、木棺に入れたり、棺を用いない埋葬も多かったと思われる。

弥生時代の社会は農耕社会として縄文時代のそれとかなり異なり、社会構造を変化させる階級社会へと、地盤を用意しているが、共同体的な組織が強かった。

弥生式土器

南関東地方の弥生式土器編年中、後期に属する一型式で、2～3世紀ごろと比定されている。明治17年(1884)東京都文京区弥生町の貝塚から出土の土器を標準型式として弥生町式土器という。発見されたのは壺形土器で胴部が下膨らみをなし、平底で安定感がある。口縁部は複合口縁となり、その外面に数本の棒状隆起文をつけ、また、羽状縄文で飾ったりする。頸部は、くの字に屈折する。文様は口縁部及び胴上半分のみ認められ、小円盤を貼りつけたり、丹彩する例がある。甕形土器の胴部も下半が膨らみ、梯形状の台がついている。器形としてほかに鉢形土器・高杯形土器などがある。

自然と人間

自然の山や石、木に対して古代人は畏敬する心をもっていた。そして自然を神の存在するところと信じ、その場所を神聖なるところとしていた。仏教が伝来してからも自然の神と仏が一つのものであると信じ、山岳信仰が盛んになった。人間が自然を征服するという考えは、アジアの人々にはなかった。

近代社会となり、自然科学が発展してヨーロッパ文明の影響を受けるようになると、自然を征服する科学技術によって、人類は進歩発展するという思想のもとに人間が宇宙まで行くことができた。しかし、それを可能にしたものは戦争を想定した軍事力を強化する科学技術によるものである。その科学技術を平和利用した結果、戦争の破壊よりもっと恐ろしい自然破壊・環境破壊・地球破壊ということが21世紀の課題として近き将来に迫ってきている。 科学技術の進歩により、人間の生活は本当に豊になったのであろうか。人間は病に脅えている。医学は進歩したのに病人は増えているのは何故だろう？ 大きな戦争の心配は少なくなったのに、武器をもった争いが絶えないのはどうしてだろうか。

国立公園の理想と誕生

人間には、自然に対して畏敬する心が深層真理のなかにある。それは自然界の一員であるということが、無意識のうちに存在するからである。1870年(明治3)、永い間、白人の目から隠されていた大秘境イエローストーンを初めて見たアメリカの宣教師は、ここを大自然の霊域と感じた。

「この霊域は、すべての人類、すべての生物に自由と幸福とを与え給うた神の創られたもので、決して特定の人の利益のため私すべきものではない。この地一帯をナショナル・パークとして永遠に全アメリカ市民の享受し得る楽園にしよう」という遠大な理想を主唱した。その2年後の1872年、世界で最初のイエローストーン国立公園ができた。自然に対する人間の良心と願いがさせたものである。この中には古代の人々が自然に神仏をみた心が生きている。これを契機として1885年にカナダに、1909年にはスイスに国立公園が設定された。日本も1911年、明治44年の帝国議会に日光を国立公園にする請願が出されて以来、国民の間にその要望が高まり、ようやく昭和6年(1931)に国立公園法が制定され、昭和9年(1934)以降、国立公園が指定された。

　日本は世界の中でも、美しい景観の国だといわれている。その上、歴史も古く神社・仏閣など名所旧跡が多く、すばらしい自然の風景を一層、趣深いものにしている。しかし、高度成長以後の日本の風景はどうであろうか。山の奥まで舗装され、自然林は伐採され植樹林になっている。川にはダムがいたるところに建設されて、沢まで人工の堤防が設けられている。美しい海岸は護岸堤防になり、砂丘は狭まれてしまった。日本の国立公園は、麗しい国土の中の最も優れた風景地として、多くの人々が享受しうる国際的な聖域でなければならないのに、本当に国立公園法が守られているのであろうか。疑問になる現象があり過ぎる。ここでアメリカの国立公園の遠大なる理想の言葉を、改めてかみしめたい。

自然が危うい

　地球の緑が急速に失われようとしている。南米のアマゾン地帯は、温度・湿度・日光の光線が多量なので光合成が盛んとなり、緑を豊にしている。それが、ひとたび原始林が切り開かれて山焼されてしまうと、木の幹や枝に含まれる栄養分がアマゾン特有の熱帯スコールで、たちまち洗い流されてしまう。緑の地獄といわれるアマゾン原始林の開拓は、繁栄のためにいいように考えられるが、赤土の砂漠への転換を早める結果になる。いたずらに原始林の木を切ることは砂漠化をまね

くことになる。日本でも山林を切り開いてゴルフ場を造成しているが、芝生のあるゴルフ場は自然の中にいるようだが、実は砂漠化を進めているようなものである。森林の伐採は漁業にも影響があることが最近いわれている。川の上流の森林と海の魚とは関係ないようだが、自然はちゃんと調和を計っている。森林と人間の生活は切っても切り離せない共存共栄の関係があるのに、大都市の生活の便利さになれてしまい、最も大切な己れ自身、人間の生存を忘れ、一時の欲望を満たすため森林を食べ、森林を破壊することに精を出しているのが現状ではないだろうか。その現実に気づいたときは、もう手遅れになっているのではないだろうか。自然を知り、関心をもつことは、こういう事を先ず知らなければならない。

ナショナルトラスト

自然環境や歴史的な建築物などを守りたいと考えている市民が、金を出し合って土地や建築物を買い取る活動、ナショナルトラストは前世紀、イギリスで3人の市民が始めた運動である。昭和52年(1977)3月、「知床で夢を買いませんか」と全国の市民に斜里町の藤谷 豊 町長が呼びかけた。賛同する人に土地を百平方mあたり8千円で買って貰う。土地は斜里町が一括管理し、植林して原始の森を復元する。知床半島の岩尾別は戦後、開拓地となったが、入植者はすべて離農していた。その自然も乱開発の対象になりかねないので、それを守るため「国立公園内知床100平方m運動」がまった。日本で初めてのナショナルトラスト運動の具体的な計画と実践である。いま会員は海外を含めて4万3248人。基金総額4億5千万円を超え、目標の土地88%を買上げた。日本は近代国家を目指したときから自然破壊の道を歩んできた。明治以前の北海道は原始林であったが、開拓と伐採

で、わずか国天然として残るもののみとなった。自然を征服することが富国強兵となり、戦後は繁栄につながった。国も行政も自然破壊を促進してきたことになる。純粋な市民の力で自然を守らなければ、この自然破壊を止めることはできない。日本のナショナルトラスト運動はやっと芽を吹き始めてきたところだ。

世界文化遺産

世界的な文化・自然遺産が現代の社会・経済的環境の急速な変化によって破壊されている。このような認識の下に、昭和47年(1972)11月16日、ユネスコ総会で世界文化遺産条約が採択された。かけがいのない世界的な文化・自然遺産の物件を保護することは全人類の義務であること、人類の均衡と発展のために重要であること、保護のためには国家間の経済・科学、技術的援助が必要であること、などが確認された。その円滑な実行のため政府間の世界遺産委員会をユネ

スコに設置した。平成5年(1993)12月の世界遺産委員会において法隆寺地域の仏教建造物・姫路城・屋久島・白神山地が、平成8年(1996)には広島原爆ドーム・安芸の宮島、平成17年(2005)知床。最近では平成19年に石見銀山が登録された。

自然を訪れる人間の心得

自然をそのまま残しておくことは、世界文化遺産や国立公園ばかりではなく、自然と人間とのかかわりの中の大切なことであり、人間の精神を高めることである。世界文化遺産や国立公園等の施設は、見学したり、使っている間は、みんな自分のものであるから壊さないで大事に取り扱うことである。紙屑(かみくず)・空缶(あきかん)、食事の残りなどを持ち帰るのは当然のことである。人類共通の財産であり、遠い祖先が守り、残し、伝えてくれたものである。こうした自然に触れられる事が生きている事の大きな喜びである。敬意をもって歩いてみよう。

日本の文化の主な流れ

西暦	時代	文化	文化の主な流れ	朝鮮	中国	ヨーロッパ
西暦BC-500	原始	先土器 縄文	先土器 縄文		殷	ギリシャ
					周	
A.D1		弥生	弥生		秦	
			農耕のはじまり		前漢	
			金属品の使用		新	ローマ
100				楽浪郡など4郡	後漢	
200				三韓	三国	
300					晋	
400	古代	古墳	古墳	三国 高句麗 百済 新羅	五胡十六国	(民族大移動)
500			渡来人文化 文字・儒教・仏教の伝来		南北朝	
600		飛鳥	仏教文化		隋	
700		白鳳		新羅	唐	ビザンティン（東ローマ）
710 奈良		天平				
800 794		弘仁・貞観	唐風文化			
900 平安					五代	封建制
1000		藤原	国風文化	高麗	宋（北宋）	（十字軍）
1100					金	
1200	中世	鎌倉	鎌倉		南宋	（ルネサンス）
1300		1338 1333 南北朝			元	
1400		室町	北山	李氏朝鮮	明	
1500		戦国	室町 東山			
1600	近世	安土桃山 1603	桃山			絶対王政
1700		江戸	元禄		清	
1800 1868			化政			
1900	近代 1945	明治 大正	近代	日韓併合	中華民国	自由主義 帝国主義
	現代	昭和 平成	現代	南北分裂	中国	

文化の主な流れ:
- 農耕のはじまり
- 金属品の使用
- 渡来人文化
- 文字・儒教・仏教の伝来
- 仏教文化
- 唐風文化
- 国風文化
- 宋文化の影響
- 禅宗文化の影響
- 公家・武家文化の融合
- 大名・豪商の文化
- 上方中心の上層町人文化
- 江戸中心の町人文化
- 文明開花
- 西洋近代文化の摂取

旅の基礎知識

全国一の宮鎮座地

国名	神社名	所在地＆アクセス	電話番号

畿内

国名	神社名	所在地＆アクセス	電話番号
山城国	賀茂別雷神社(かもわけいかづち) 上賀茂神社	603-8047 京都市北区上賀茂本 339 JR 京都駅・地下鉄北大路駅・徒歩 20 分	075-781-0011
	賀茂御祖神社(かもみおや) 下鴨神社	606-0807 京都市左京区下鴨泉川町 59 JR 京都駅・バス 20 分	075-781-0010
大和国	大神神社(おおみわ)	633-0001 奈良県桜井市三輪町 1422 JR 桜井線三輪駅・徒歩 5 分（近鉄桜井駅・タクシー 15 分 / 日の丸交通 0744-43-1547）	0744-42-6633
河内国	枚岡神社(ひらおか)	579-8033 大阪府東大阪市出雲井町 7-16 近鉄奈良線枚岡駅・徒歩 3 分	072-981-4177
和泉国	大鳥神社(おおとり)	593-8328 大阪府堺市西区鳳北町 1-1-2 JR 阪和線鳳（おおとり）駅・徒歩 10 分	072-262-0040
摂津国	住吉大社(すみよし)	558-0045 大阪市住吉区住吉 2 丁目 9-89 南海電鉄住吉大社駅・徒歩 3 分	06-6672-0753
	坐摩神社(いかすり)	541-0056 大阪市中央区久太郎町 4 丁目渡辺 3 号 大阪駅・地下鉄御堂筋線本町駅・徒歩 3 分	06-6251-4792

東海道

国名	神社名	所在地＆アクセス	電話番号
伊賀国	敢国神社(あへくに)	518-0003 三重県伊賀市一之宮 877 伊賀鉄道上野市駅・バス 15 分	0595-23-3061
伊勢国	椿大神社(つばきおおかみやしろ)	519-0315 三重県鈴鹿市山本町 1871 JR・近鉄四日市駅・バス 50 分 ＊三重近鉄タクシー 059-352-5181	059-371-1515
	都波岐奈加等神社(つばきなかと)	513-0031 三重県鈴鹿市一ノ宮町 1181 近鉄鈴鹿市駅・バス 7 分高岡バス停徒歩 10 分（タクシー 10 分 / 三重近鉄タクシー 059-386-1161）	0593-83-9698
志摩国	伊雑宮(いざわのみや)	517-0208 三重県志摩市磯部町大字上之郷 近鉄志摩線上之郷駅・徒歩 3 分	0599-55-0038
	伊射波神社(いざわ)	517-0021 三重県鳥羽市安楽島町 1020 JR・近鉄鳥羽駅・タクシー 15 分 ＊三重名鉄タクシー 0599-25-2468	0599-25-4354
尾張国	真清田神社(ますみだ)	491-0043 愛知県一宮市真清田 1-2-1 JR・名鉄尾張一宮駅・徒歩 10 分	0586-73-5196
	大神神社(おおみわ)	491-0914 愛知県一宮市花池 2-15-2 JR・名鉄尾張一宮駅・徒歩 15 分（タクシー 5 分 / 尾張交通 0586-73-4439）	0586-45-5846
三河国	砥鹿神社(とが)	441-1231 愛知県豊川市一宮町西垣内 2 JR 飯田線三河一宮駅・徒歩 5 分	0533-93-2001
遠江国	小国神社(おくに)	437-0226 静岡県周智郡森町一宮 3956-1 天竜浜名湖鉄道遠江一宮駅・タクシー 10 分（JR 新幹線掛川駅・タクシー 40 分）＊掛川大鉄タクシー 0537-24-4161	0538-89-7302

国名	神社名	所在地＆アクセス	電話番号
	事任八幡宮（ことのまま）	436-0004 静岡県掛川市八坂642 JR新幹線掛川駅・タクシー10分 ＊掛川大鉄タクシー0537-24-4161	0537-27-1690
駿河国	浅間大社（せんげん）	418-0067 静岡県富士宮市宮町1-1 JR身延線富士宮駅・徒歩15分	0544-27-2002
伊豆国	三嶋大社（みしま）	411-0035 静岡県三島市大宮町2-1-5 JR新幹線三島駅・徒歩15分	055-975-0172
甲斐国	浅間神社（あさま）	405-0056 山梨県笛吹市一宮町一ノ宮1684 JR中央本線山梨市駅・バス20分（タクシー18分）＊日之出観光自動車 0120-63-2133	0553-47-0900
相模国	寒川神社（さむかわ）	253-0106 神奈川県高座郡県寒川町宮山3916 JR相模線宮山駅・徒歩5分	0467-75-0004
	鶴岡八幡宮（つるがおか）	248-0005 神奈川県鎌倉市雪ノ下2-1-31 JR横須賀線鎌倉駅・徒歩10分	0467-22-0315
武蔵国	氷川神社（ひかわ）	330-0803 埼玉県さいたま市大宮区高鼻町1-407 JR大宮駅・徒歩15分	048-641-0137
	氷川女体神社（ひかわにょたい）	336-0916 埼玉県さいたま市緑区宮本2-17-1 JR東浦和駅・バス8分芝原小下車徒歩10分（東浦和駅・タクシー5分/つばめタクシー 0120-345608）	048-874-6054
安房国	安房神社（あわ）	294-0233 千葉県館山市大神宮589 JR内房線館山駅・タクシー20分 ＊南房タクシー 0470-22-2101	0470-28-0034
	洲崎神社（すのさき）	294-0316 千葉県館山市洲崎1344 JR内房線館山駅・タクシー20分＊南房タクシー 0470-22-2101	0470-29-0713 愛宕神社兼務 0470-33-2800
上総国	玉前神社（たまさき）	299-4301 千葉県長生郡一宮町一宮3048 JR外房線上総一宮駅徒歩8分	0475-42-2711
下総国	香取神宮（かとり）	287-0017 千葉県香取市香取1697 JR成田線佐原駅・タクシー10分＊佐原タクシー 0478-52-3151	0478-57-3211
常陸国	鹿島神宮（かしま）	314-0031 茨城県鹿嶋市宮中2306-1 JR鹿島線鹿島神宮駅・徒歩10分	0299-82-1209

東山道

国名	神社名	所在地＆アクセス	電話番号
近江国	建部大社（たけべ）	520-2132 滋賀県大津市神領1-16-1 JR東海道本線石山駅・徒歩20分（タクシー5分/近江タクシー 077-537-0106）	077-545-0038
美濃国	南宮大社（なんぐう）	503-2124 岐阜県不破郡垂井町宮代1734-1 JR東海道本線垂井駅・タクシー5分（タクシー5分/岐阜近鉄タクシー 0584-22-0593）	0584-22-1225
飛騨国	水無神社（みなし）	509-3500 岐阜県高山市一之宮町5323 JR高山本線飛騨一ノ宮駅・徒歩5分（JR高山駅・タクシー20分／新興タクシー 0577-32-1700）	0577-53-2001
信濃国	諏訪大社上社（すわ）	392-0015 長野県諏訪市中洲宮山1 JR中央本線茅野駅・タクシー20分＊アルピコタクシー 0266-71-1181	0266-52-1919
	諏訪大社下社（秋宮）（すわ）	393-0000 長野県諏訪郡下諏訪町5828 JR中央本線下諏訪駅・徒歩10分	0266-27-8035

全国一の宮鎮座地

国名	神社名	所在地＆アクセス	電話番号
上野国	ぬきさき 貫前神社	370-2452 群馬県富岡市一ノ宮1535 上信電鉄上州一宮駅・徒歩10分	0274-62-2009
下野国	ふたあらやま 二荒山神社	320-0026 栃木県宇都宮市馬場通り1-1-1 東武鉄道東武宇都宮駅・徒歩10分	028-622-5271
	日光二荒山神社	321-1431 栃木県日光市山内2307 JR・東武日光駅・タクシー10分＊日光交通 0288-54-1188	0288-54-0535

陸奥・みちのく

国名	神社名	所在地＆アクセス	電話番号
陸奥国	つつこわけ 都々古別神社	963-5672 福島県東白川郡棚倉町八槻大宮224 JR水郡線近津駅・徒歩10分	0247-33-3505
	つつこわけ 都々古別神社	963-6131 福島県東白川郡棚倉町細倉字馬場39 JR水郡線磐城棚倉駅・徒歩10分	0247-33-7219
	いわつつこわけ 石都々古和気神社	963-7858 福島県石川郡石川町下栗296 JR水郡線磐城石川駅・徒歩10分	0247-26-7534
	しばひこ 志波彦神社 しおがま 鹽竈神社	985-0074 宮城県塩竈市一森山1-1 JR東北本線塩釜駅・徒歩10分	022-367-1611
出羽国	おおものいみ 大物忌神社	＜吹浦口ノ宮＞ 999-8521 山形県飽海郡遊佐町吹浦字布倉1 JR羽越本線吹浦駅・徒歩5分(蕨岡口ノ宮・JR南鳥海駅タクシー15分)	0234-77-2301

北陸道

国名	神社名	所在地＆アクセス	電話番号
若狭国	わかさひこ 若狭彦神社上社	917-0243 福井県小浜市龍前28-7 JR小浜線東小浜駅・タクシー5分 ＊三福タクシー 0770-52-1414	0770-56-1116
	下社 (若狭姫神社)	917-1241 福井県小浜市遠敷65-41 JR小浜線東小浜駅・徒歩7分	0770-56-1116
越前国	けひ 氣比神宮	914-0075 福井県敦賀市曙町11-68 JR北陸本線敦賀駅・徒歩15分 敦賀京浜タクシー 0770-22-3366	0770-22-0794
加賀国	しらやまひめ 白山比咩神社	920-2114 石川県白山市三宮町二105-1 北陸鉄道石川線加賀一宮駅・徒歩10分	0761-92-0680
能登国	けた 気多大社	925-0003 石川県羽咋市寺家町ク-1 JR七尾線羽咋駅・タクシー10分＊羽咋タクシー 0767-22-1141	0767-22-0602
越中国	たかせ 高瀬神社	932-0252 富山県南砺市高瀬291 JR城端線福野駅・タクシー5分 ＊あい・あい 0763-22-2144	0763-82-0932
	けた 気多神社	925-0003 富山県高岡市伏木一宮1-10-1 JR氷見線伏木駅・タクシー8分 ＊ふじ交通 0766-44-2525	0766-44-1836
	おやま 雄山神社峰本社	930-1418 富山県中新川郡立山町立山峰1 立山室堂駅・徒歩40分→登山60分	076-492-0993
	雄山神社 中宮祈願殿	930-1406 富山県中新川郡立山町芦峅寺2 富山地鉄立山線千垣駅・タクシー10分＊立山交通 076-463-1188	076-482-1545
	雄山神社 まえたてしゃだん 前立社壇	930-1368 富山県中新川郡立山町岩峅寺1 富山地鉄岩峅寺駅・徒歩10分	076-483-1148
	いみず 射水神社	933-0044 富山県高岡市古城公園 JR北陸本線高岡駅・徒歩15分	0766-22-3104

319

国名	神社名	所在地＆アクセス	電話番号
越後国	彌彦神社（やひこ）	959-0323 新潟県西蒲原郡弥彦村 2898 JR 弥彦線弥彦駅・徒歩 10 分	0256-94-2001
	居多神社（こた）	942-0081 新潟県上越市五智 6-1-11JR 直江津駅・タクシー 10 分＊アイエムタクシー 025-523-3188	025-543-4354
佐渡国	度津神社（わたつ）	952-0503 新潟県佐渡市羽茂飯岡 550-4 佐渡・小木港・タクシー 15 分＊佐渡タクシー 0120-30-2076	0259-88-2030

山陰道

丹波国	出雲大神宮（いずも）	621-0004 京都府亀岡市千歳町出雲無番地 JR 山陰本線亀岡駅・タクシー 15 分 ＊京都タクシー 0771-25-1000	0771-24-7799
丹後国	籠神社（この）	629-2242 京都府宮津市大垣 430 北近畿タンゴ鉄道天橋立駅・徒歩 20 分	0772-27-0006
但馬国	出石神社（いずし）	668-0204 兵庫県豊岡市出石町宮内 99JR 豊岡駅・タクシー 20 分＊山陰観光タクシー 0796-22-5211	0796-52-2440
但馬国	粟鹿神社（あわが）	669-5125 兵庫県朝来市山東町粟鹿 2152 JR 山陰本線和田山駅・タクシー 20 分 ＊和田山タクシー 079-672-2807	079-676-2465
因幡国	宇倍神社（うべ）	680-0151 鳥取県鳥取市国府町宮下 651JR 鳥取駅・バス 20 分（タクシー 10 分 / 日本交通 0857-26-6111）	0857-22-5025
伯耆国	倭文神社（しどり）	689-0707 鳥取県東伯郡湯梨浜町宮内 754JR 山陰本線松崎駅・タクシー 5 分＊中央タクシー 0858-22-7111	0858-32-1985
出雲国	出雲大社（いずも）	699-0701 島根県出雲市大社町杵築東 195 一畑電車出雲大社前駅・徒歩 15 分	0853-53-3100
	熊野大社（くまの）	690-2104 島根県松江市八雲町熊野 2451JR 松江駅・バス 45 分（八雲車庫乗換、熊野大社下車）	0852-54-0087
石見国	物部神社（もののべ）	694-0011 島根県大田市川合町川合 1545JR 大田市駅・タクシー 10 分＊富士第一交通 0854-82-0660	0854-82-0644
隠岐国	水若酢神社（みずわかす）	685-0311 島根県隠岐郡隠岐の島町郡 723 西郷駅・タクシー 40 分＊サンタクシー 08512-2-1190	08512-5-2123
	由良比女神社（ゆらひめ）	684-0211 島根県隠岐郡西ノ島町浦郷浦郷港・徒歩 10 分	08514-6-0950

山陽道

播磨国	伊和神社（いわ）	671-4133 兵庫県宍粟市一宮町須行名 407 JR 姫路駅・神姫バス 80 分（山崎乗換）	0790-72-0075
美作国	中山神社（なかやま）	708-0815 岡山県津山市一宮 695JR 津山駅・タクシー 10 分＊津山タクシー 0868-22-4188	0868-27-0051
備中国	吉備津神社（きびつ）	701-1341 岡山県岡山市吉備津 931 JR 吉備津駅・徒歩 10 分	086-287-4111
備前国	吉備津彦神社（きびつひこ）	701-1211 岡山県岡山市一宮 1043 JR 吉備津線吉備前一宮駅・徒歩 5 分	086-284-0031
	石上布都魂神社（いそのかみふつのみたま）	701-2445 岡山県赤磐市石上風呂谷 1448JR 津山線金川駅・タクシー 15 分 ＊光タクシー 086-955-3311	086-724-2179

全国一の宮鎮座地

国名	神社名	所在地＆アクセス	電話番号
備後国	吉備津神社	729-3104 広島県福山市新市町宮内 400 JR 福塩線新市駅・タクシー 5 分 ＊日の丸タクシー 0120-46-6160	084-751-3395
	素盞嗚神社（すさのお）	729-3101 広島県福山市新市町戸手 1-1 JR 福塩線上戸手駅・徒歩 3 分	084-751-2958
安芸国	厳島神社（いつくしま）	739-0588 広島県廿日市市宮島町 1-1 JR 宮島口駅→宮島航路 10 分→宮島港・徒歩 10 分	0829-44-2020
周防国	玉祖神社（たまのおや）	747-0065 山口県防府市大崎 1690 JR 山陽本線防府駅・タクシー 8 分 ＊日の丸タクシー 0120-78-0897	0835-21-3915
長門国	住吉神社（すみよし）	751-0805 山口県下関市一の宮住吉 1-11-1 新幹線新下関駅・徒歩 15 分（タクシー 5 分）	0832-56-2656

南海道

国名	神社名	所在地＆アクセス	電話番号
紀伊国	日前神宮（ひのくま） 国懸神宮（くにかかす）	640-8322 和歌山県和歌山市秋月 365 わかやま電鉄貴志川線日前宮駅・徒歩 1 分	073-471-3730
	伊太祁曽神社（いたきそ）	640-0361 和歌山県和歌山市伊太祁曽 558 わかやま電鉄伊太祁曽駅・徒歩 10 分	073-478-0006
	丹生都比売神社（にうつひめ）	640-7141 和歌山県伊都郡かつらぎ町上天野 230 JR 和歌山線笠田駅・タクシー 20 分 ＊大阪第一交通 073-632-0679	0736-26-0102
淡路国	伊弉諾神宮（いざなぎ）	656-1521 兵庫県淡路市多賀 740 JR 三ノ宮駅・バス 75 分（高速バス津山・一宮 IC 乗換）	0799-80-5001
阿波国	大麻比古神社（おおあさひこ）	779-0232 徳島県鳴門市大麻町板東広塚 13 JR 高徳線板東駅・タクシー 5 分 ＊第一交通 088-685-7777	088-689-1212
讃岐国	田村神社（たむら）	761-8084 香川県高松市一宮町 286 琴電一宮駅 10 分（JR 高松駅タクシー 20 分）	087-885-1541
伊予国	大山祇神社（おおやまづみ）	794-1304 愛媛県今治市大三島町宮浦 3327 しまなみライナー大三島バスセンター・バス 12 分	0897-82-0032
土佐国	土佐神社（とさ）	781-8130 高知県高知市一宮 2499 JR 土讃線土佐一宮駅・徒歩 15 分 JR 高知駅・タクシー 15 分 ＊福井タクシー 0120-180-015	088-845-1096

西海道

国名	神社名	所在地＆アクセス	電話番号
筑前国	筥崎宮（はこざきぐう）	812-0053 福岡県福岡市東区箱崎 1-22-1 JR 鹿児島本線箱崎駅・徒歩 3 分	092-641-7431
	住吉神社（すみよし）	812-0018 福岡県福岡市博多区住吉 3-1-51 JR 鹿児島本線博多駅・徒歩 10 分	092-291-2670
筑後国	高良大社（こうら）	839-0851 福岡県久留米市御井町 1 JR 久大本線久留米大学前駅・タクシー 8 分 ＊川島交通 0942-33-1551	0942-43-4893
豊前国	宇佐神宮（うさ）	872-0102 大分県宇佐市南宇佐 2859 JR 日豊本線宇佐駅・タクシー 5 分 ＊清瀬タクシー 0978-32-2015	0978-37-0001
豊後国	西寒多神社（ささむた）	870-1123 大分県大分市寒田 1644 JR 大分駅・タクシー 10 分 ＊中央タクシー 097-537-4141	097-569-4182

国名	神社名	所在地&アクセス	電話番号
	柞原八幡宮 (ゆすはら)	870-0808 大分県大分市上八幡987 JR大分駅・バス25分（西大分駅・タクシー8分/大分タクシー 097-355-1234）	097-534-0065
肥前国	與止日女神社 (よどひめ)	840-0214 佐賀県佐賀市大和町川上1JR佐賀駅・古湯温泉、麻那行バス30分、川上橋下車	0952-62-5705
	千栗八幡宮 (ちりく)	849-0100 佐賀県三養基郡北茂安町千栗 JR鹿児島本線久留米駅・バス10分	0942-89-5566
肥後国	阿蘇神社 (あそ)	869-2612 熊本県阿蘇市一の宮町宮地3083-1 JR宮地駅・徒歩15分	0967-22-0064
日向国	都農神社 (つの)	889-1201 宮崎県児湯郡都農町川北13294JR日豊本線都農駅・タクシー5分 ＊あい交通 0983-25-1181	0983-25-3256
大隅国	鹿児島神宮 (かごしま)	899-5116 鹿児島県霧島市隼人町内2496 JR日豊本線隼人駅・徒歩15分	0995-42-0020
薩摩国	新田神社 (にった)	895-0065 鹿児島県薩摩川内市宮内町1935-2JR川内駅・タクシー10分＊第一交通 0996-23-1000	0996-22-4722
	枚聞神社 (ひらきき)	891-0603 鹿児島県指宿市開聞十町1366 JR指宿枕崎線開聞駅・徒歩10分	0993-32-2007
壱岐国	天手長男神社 (あめのたながお)	811-5117 長崎県壱岐市郷ノ浦町田中触730 壱岐郷ノ浦駅・タクシー15分＊瀬戸タクシー 0920-45-2331	0920-45-2439
対馬国	海神社 (わだつみ)	817-1303 長崎県対馬市峰町木坂247 対馬空港・タクシー60分 ＊対馬観光タクシー 0920-52-1817	0920-83-0137

新一の宮

国名	神社名	所在地&アクセス	電話番号
蝦夷	北海道神宮	064-0959 北海道札幌市中央区宮ヶ丘474 札幌市営地下鉄東西線円山公園・徒歩15分	011-611-0261
津軽国	岩木山神社 (いわきやま)	036-1343 青森県弘前市百沢字寺沢27JR奥羽本線弘前駅・弘南バス40分（タクシー30分）	0172-83-2135
陸中国	駒形神社 (こまがた)	023-0857 岩手県奥州市水沢区中上野町1-83 JR東北本線水沢駅・徒歩8分	0197-23-2851
岩代国	伊佐須美神社 (いさすみ)	969-6263 福島県大沼郡会津美里町宮林甲4377 JR只見線会津高田駅・タクシー5分 ＊会津タクシー 0242-38-1234	0242-54-5050
知国	秩父神社	368-0041 埼玉県秩父市番場町1-3 西武秩父駅・徒歩15分（秩父鉄道秩父駅・徒歩5分）	0494-22-0262
琉球国	波上宮 (なみのうえぐう)	900-0031 沖縄県那覇市若狭1-25-11 ゆいレール県庁前駅・徒歩15分	098-868-3697

全国一の宮鎮座地

さくいん

あ

あへくにじんじゃ	敢国神社　伊賀国	64
あさまじんじゃ	浅間神社　甲斐国	88
あそじんじゃ	阿蘇神社　肥後国	260
あめのてながおじんじゃ	天手長男神社　壱岐国	270
あわがじんじゃ	粟鹿神社　但馬国	178
あわじんじゃ	安房神社　安房国	98
いかすりじんじゃ	坐摩神社　摂津国	56
いさすみじんじゃ	伊佐須美神社　岩代国	282
いざなぎじんぐう	伊弉諾神宮　淡路国	228
いさわじんじゃ	伊射波神社　志摩国	72
いざわのみや	伊雑宮　志摩国	70
いそのかみふつのみたまじんじゃ	石上布都魂神社　備前国	206
いたきそじんじゃ	伊太祁曽神社　紀伊国	224
いつくしまじんじゃ	厳島神社　安芸国	212
いずしじんじゃ	出石神社　但馬国	176
いづもおおやしろ	出雲大社　出雲国	184
いずもだいじんぐう	出雲大神宮　丹波国	172
いみずじんじゃ	射水神社　越中国	160
いわきやまじんじゃ	岩木山神社　津軽国	278
いわじんじゃ	伊和神社　播磨国	198
いわつつこわけじんじゃ	石都々古和気神社(陸奥国	136
うさじんぐう	宇佐神宮　豊前国	250
うべじんじゃ	宇倍神社　因幡国	180
おおあさひこじんじゃ	大麻比古神社　阿波国	230
おおとりじんじゃ	大鳥神社　和泉国	52
おおみわじんじゃ	大神神社　大和国	48
おおみわじんじゃ	大神神社　尾張国	76
おおものいみじんじゃ	大物忌神社　出羽国	140
おおやまづみじんじゃ	大山祇神社　伊予国	234
おくにじんじゃ	小国神社　遠江国	80
おやまじんじゃ	雄山神社　越中国	158

か

かごしまじんぐう	鹿児島神宮　大隈国	264
かしまじんぐう	鹿島神宮　常陸国	106
かとりじんぐう	香取神宮　下総国	104
かもみおやじんじゃ	賀茂御祖神社　山城国	46
かもわけいかづちじんじゃ	賀茂別雷神社　山城国	44
きびつじんじゃ	吉備津神社　備中国	202
きびつじんじゃ	吉備津神社　備後国	208
きびつひこじんじゃ	吉備津彦神社　備前国	204
くまのたいしゃ	熊野大社　出雲国	186
けたじんじゃ	気多神社　越中国	156
けたたいしゃ	気多大社　能登国	152
けひじんぐう	氣比神宮　越前国	148
こうらたいしゃ	高良大社　筑後国	248
こたじんじゃ	居多神社　越後国	164
ことのままはちまんぐう	事任八幡宮　遠江国	82
このじんじゃ	籠神社　丹後国	174
こまがたじんじゃ	駒形神社　陸中国	280

さ

ささむたじんじゃ	西寒多神社　豊後国	252
さむかわじんじゃ	寒川神社　相模国	90

しばひこじんじゃ・しおがまじんじゃ …	志波彦神社・鹽竈神社	陸奥国	138
しどりじんじゃ ………………	倭文神社	伯耆国	182
しらやまひめじんじゃ ………………	白山比咩神社	加賀国	150
すさのおじんじゃ ………………	素盞嗚神社	備後国	210
すのさきじんじゃ ………………	洲崎神社	安房国	100
すみよしじんじゃ ………………	住吉神社	長門国	216
すみよしじんじゃ ………………	住吉神社	筑前国	246
すみよしたいしゃ ………………	住吉大社	摂津国	54
すわたいしゃかみしゃ ………………	諏訪大社上社	信濃国	118
すわたいしゃしもしゃ ………………	諏訪大社下社	信濃国	120
ふじさんほんぐうせんげんたいしゃ	富士山本宮浅間大社	駿河国	84

た

たかせじんじゃ ………………	高瀬神社	越中国	154
たけべたいしゃ ………………	建部大社	近江国	112
たまさきじんじゃ ………………	玉前神社	上総国	102
たまのおやじんじゃ ………………	玉祖神社	周防国	214
たむらじんじゃ ………………	田村神社	讃岐国	232
ちちぶじんじゃ ………………	秩父神社	知知夫国	284
ちりくはちまんぐう ………………	千栗八幡宮	肥前国	258
つつこわけじんじゃ ………………	都々古別神社	陸奥国	132
つつこわけじんじゃ ………………	都々古別神社	陸奥国	134
つのじんじゃ ………………	都農神社	日向国	262
つばきおおかみやしろ ………………	椿大神社	伊勢国	66
つばきなかとじんじゃ ………………	都波岐奈加等神社	伊勢国	68
つるがおかはちまんぐう ………………	鶴岡八幡宮	相模国	92
とがじんじゃ ………………	砥鹿神社	三河国	78
とさじんじゃ ………………	土佐神社	土佐国	236

な

なかやまじんじゃ ………………	中山神社	美作国	200
なみのうえぐう ………………	波上宮	琉球国	286
なんぐうたいしゃ ………………	南宮大社	美濃国	114
にっこうふたらさんじんじゃ ………………	日光二荒山神社	下野国	126
にったじんじゃ ………………	新田神社	薩摩国	266
にうつひめじんじゃ ………………	丹生都比売神社	紀伊国	226
ぬきさきじんじゃ ………………	貫前神社	上野国	122

は

はこざきぐう ………………	筥崎宮	筑前国	244
ひかわじんじゃ ………………	氷川神社	武蔵国	94
ひかわにょたいじんじゃ ………………	氷川女体神社	武蔵国	96
ひのくまじんぐう・くにかかすじんぐう …	日前神宮・國懸神宮	紀伊国	222
ひらおかじんじゃ ………………	枚岡神社	河内国	50
ひらききじんじゃ ………………	枚聞神社	薩摩国	268
ふたあらやまじんじゃ ………………	二荒山神社	下野国	124
ほっかいどうじんぐう ………………	北海道神宮	蝦夷国	276

ま

ますみだじんじゃ ………………	真清田神社	尾張国	74
みしまたいしゃ ………………	三嶋大社	伊豆国	86
みずわかすじんじゃ ………………	水若酢神社	隠岐国	190
みなしじんじゃ ………………	水無神社	飛騨国	116
もののべじんじゃ ………………	物部神社	石見国	188

や

やひこじんじゃ ………………	彌彦神社	越後国	162
ゆすはらはちまんぐう ………………	柞原八幡宮	豊後国	254
ゆらひめじんじゃ ………………	由良比女神社	隠岐国	192
よどひめじんじゃ ………………	與止日女神社	肥前国	256

わ

わかさひこじんじゃ・わかさひめじんじゃ	若狭彦神社・若狭姫神社	若狭国	146
わたつじんじゃ ………………	度津神社	佐渡国	166
わだつみじんじゃ ………………	海神神社	対馬国	272

水若酢

由良比女

出雲国
出雲大社
184p

石見国
物部神社
188p

出雲国
熊野大社
186p

雲南
大田
出雲
飯南
庄原
江津
浜田
益田
津和野
北広島
安芸太田
広島北
吉備津
萩
三原
東広島
素盞嗚
安芸国
厳島神社
212p
広島
海田
呉
山口
周防
岩国
大竹
伊予国
大山祇神社
234p
玉祖神社
214p
防府
周南
光
伊予
内子
豊前国
宇佐神宮
250p
中津
宇
杵築
国東
大洲

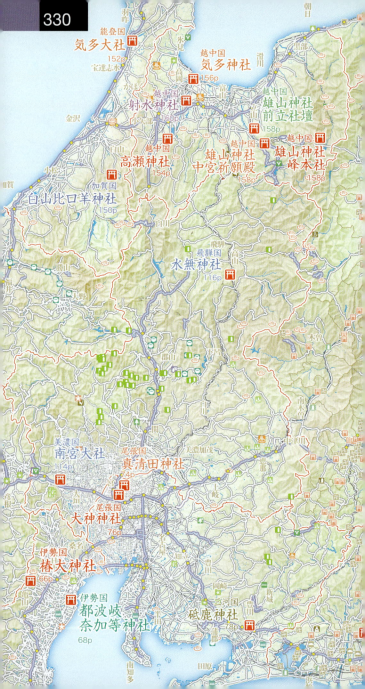

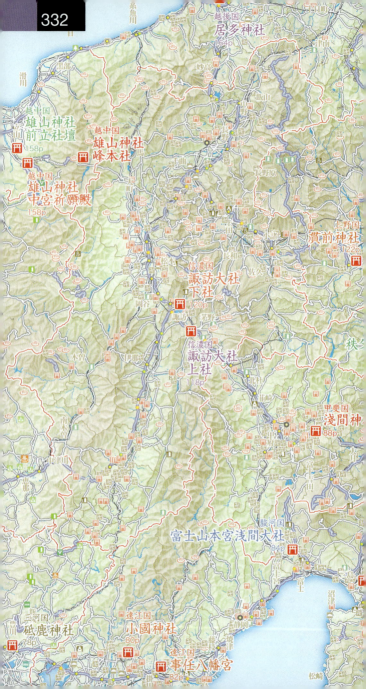

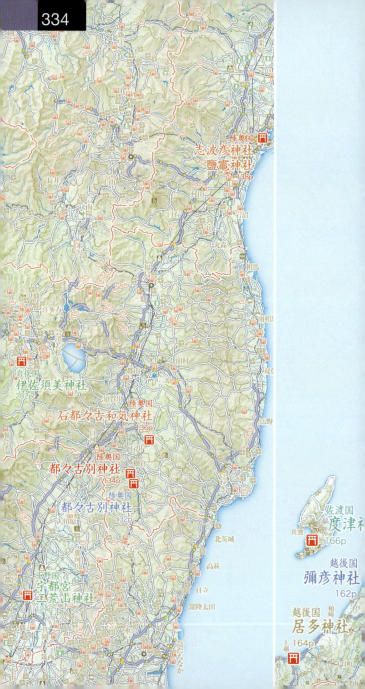

一の宮巡拝の旅へ

　島国日本というが、全国の一の宮をめぐるとなると国土の広さを感じる。旅立ちには昔も今も一つの決意というか、志（こころざし）をもたねばならない。未知との遭遇である。志という言葉はあまり使われなくなったが、何か心の深くにある「魂」に触れるものがある。

　一の宮巡拝の旅に出ることは、暇をつくり、目的に向かって無我夢中でいられることである。都合のよいときに一の宮へ参拝すればよい。拘束がないのが特徴である。

　神様へ参拝するのに理屈はいらない。それは、全国の一の宮を巡拝してわかることである。一の宮巡拝は、太古から神々の神霊が宿って、そのまま清浄なる環境を保っていることである。現在では得難（えがた）い清浄な所が一の宮の神社をはじめ、延喜（えんぎ）式内が全国に存在しているのであるから日本は不思議な国である。ここには天津神（あまつかみ）、国津神（くにつかみ）、八百万神（やおよろずのかみ）の鎮まる清（きよ）き、直（なお）き、明（あか）い魂が黄泉（よみ）がえる神力がある。日本全国というが、明治の廃藩置県以前は、大和国、武蔵国というように国々によって成り立っていた。それぞれの旧国に一の宮が鎮座している。この国を考える上には旧国を意識しないとわからないことがある。

　一の宮を巡拝したいと感じ、志す人は、自分の住んでいる旧国の一の宮か、郷里にある一の宮から巡拝をはじめるのがいい。全国で100ヶ所の鎮座地を訪ねて参拝するので、物心両面に負担と時間がかかるが、その意志を強くもつにも最初の出発が肝心である。四国88ヶ所霊場巡礼の場合は第1番霊山寺から順にめぐるが、それとは違って、一の宮は最初から順は不同で、時間も都合のつくときに、自分で決めて参拝ができる。先行き不安な現代社会の心の安らぐ時をもつことが得られるのである。

　平成10年11月20日、『全国一の宮御朱印帳』が初めて世

に出た。これは全国一の宮会結成以来の懸案になっていたもので、四国八十八ヶ所巡礼は、お遍路さんの杖、笠、装束から納経帳までが揃っている。なかでも納経帳は、仏様にお経を称えたた証であり、これを掛軸にしているものもある。『全国一の宮御朱印帳』は、道中安全と巡拝達成を祈念し、次のことが記されている。

「御朱印とは巡拝者の参拝に対して、御祭神が参拝の祈願や真心を表することに与えられる御神印であります。諸国一の宮に御鎮座する神々、天津神・国津神・八百万神に直接参拝できることは、このうえもなく生きている喜びを感受でるきことです。巡拝を重ねて御朱印帳に御神印の数が増えるにしたがって、知らず知らずのうちに自らの充実が感じられてきます。古代からわれわれの祖先が畏敬し、神聖な地として今日まで継承してきた清き地に身を置き、手を合わせ、柏手を打つ行為だけで、清き、明るい、素直な心、清浄なる空間・時間を自然にすごせるからです。自ら巡拝して、これを受持するものは、必ず神々の御加護に依り諸祈願が成就し現世から未来への光を与えられます。そればかりではなく自ら意志の証として、この御朱印帳は輝き家宝となります。末永く護持されることを祈ります。」

全国百余の御神域・聖地に身をおき、神様への感謝の行為として神印が押され、無意識のうちに深層心理にある遺伝子(DNA)が開かれる。かつて行者が、深山幽谷を求め修行の旅をし、自己を鍛練したごとく、まさに現代の心と体のトレーニングにあたる。諸国一の宮巡拝で、御神印を戴くことも容易なことではない。信濃国一の宮諏訪大社は上社と下社があり地理的にも離れているが、片方だけのお参りでは諏訪大社を参詣したことにはならない。越中国一の宮雄山神社は3003mの立山連峰雄山の頂上に峰本社がある。麓の芦峅寺に祈願殿、さらに下の岩峅寺に前立社壇がある。体力が許せば峰本社に登りたいと思う

越中国一の宮　雄山神社峰本社

のは人情である。巡拝者はこの三つの社殿のある雄山神社に参詣して安心をおぼえる。また、諸国一の宮といっても大社ばかりではない。小人数の神職の社もあって、御朱印を戴くのに苦労する神社もある。

奈良時代や平安時代に朝廷の統治がおよばない地域には一の宮はない。ないのは本州の青森県・岩手県・秋田県、あとは北海道・沖縄県である。東京都は武蔵国のうちなので大宮の氷川(ひかわ)神社である。沖縄県は那覇(なは)に波上宮(なみのうえぐう)といって由緒ある神社がある。『全国一の宮御朱印帳』には、それらの地域の古い神社も一の宮巡拝としてある。

仏教伝来から江戸時代まで、神仏習合時代が永く続いた。阿波国(あわのくに)一の宮大麻比古(おおあさひこ)神社と四国遍路(へんろ)第1番札所霊山寺(りょうぜんじ)、土佐国(とさのくに)一の宮土佐神社と第30番札所善楽寺(ぜんらくじ)、讃岐国(さぬきのくに)一の宮田村神社と第83番札所一の宮寺とは接近しているが、お遍路さんが一の宮を素通りすることが多いと聞く、ゆとりがなくなったというか、神にも仏にも感謝する気持ちを取り戻したいものである。

平安時代の熊野詣でから始まったといわれる霊場巡礼・諸国巡拝は、鎌倉時代に御師(おし)や講元などの存在から定着したという。江戸時代になると、西国三十三観音めぐりや四国八十八ヶ所巡礼、伊勢参りなどの旅が盛んになってきた。江戸中期には橘三喜(みつよし)の『一宮巡詣記』などが出て、歩く行者の風俗が浮世絵などに描かれるようになった。神奈川県日吉の金蔵寺境内に安永(あんえい)九年(1780)二月吉日付けの石造「日本廻国塔」がある。そこには六十六の聖地（一の宮）が記されている。廻国した喜びを立派な石塔にして残したものと思われる。『全国一の宮御朱印帳』は個々の巡拝者の志の拠(よ)りどころであり、記念碑である。

『全国一の宮御朱印帳』

1. 一の宮巡拝の希望者は近くの一の宮か、または縁のある一の宮の社務所にその旨を申し込んで下さい。

2. 正式参拝して「道中安全巡拝成就」の祈願し、御朱印を受けた『御朱印帖』をいただいてから巡拝をはじめます。

3. 旅行や所要のとき『御朱印帖』を持参して御朱印をいただいて下さい。巡拝の順序や日数は巡拝者の自由です。あらかじめ電話などで連絡をしてから訪ねた方が確実です。

4. 御朱印の数が増えるにしたがって、不思議と活力がでて巡拝の意欲が高まってきます。

5. 国々の一の宮は、一千年以上にわたり御神域を今日に伝えてきた神社です。その神社を巡拝することにより、日本全国を旅する喜びも得られます。

6. 清浄なる地に立つ巡拝は、知らず知らずのうちに日本の国土、日本の古代を想うことになります。体も気も健康で幸福になるものです。

7. 御朱印を完了したときに巡拝は成就します。その歳月は生涯にわたる生きがいの証であり、子孫への無言の訓、家宝になります。

『全国一の宮御朱印帳』は、一の宮巡拝者のために謹製されたものです。一の宮巡拝者個人の所有で、奥付などは記入していませんが、最後に住所・氏名・電話番号等をご記入いただき、巡拝の証となります。

参拝の仕方

　鳥居前で一礼してから参道をすすみ、手水所で手水を使う。先ず右手で柄杓を取り、左手にかけて左手を清める。次に柄杓を左手にもちかえ、右手にかけ右手を清める。また、右手にもちかえ左手に水をうけて口をすすぐ。終りにまた左手を清める。これで身も体も清浄になった。身禊をしたときと同じ気持ちになるようにした略式である。

　一の宮の社務所に巡拝の申込をし、手水してからお祓いをうけ御神前で参拝する。祓祝詞は、
「高天原に神留坐す　神魯伎神魯美の詔以て　皇御祖神伊邪那岐命　筑紫の日向の橘の小戸の阿波岐原に　神禊祓へ給ひし時に生座る祓戸の大神等　諸の枉事罪穢を拂ひ賜へ清め賜へと申す事の由を　天津神国津神八百萬の神等共に聞食せと恐みみ申す」
　神道は祓いと清めで、誰でもが罪、穢れがあらんことを、先ずクリアしてから神霊をうける。それは教えではなく行動・行為によって示すものである。そこで『大祓祝詞』が奏上されてきた。
　古代の人々は、素朴であり、素直であるから自然の中に神様の宿る場を察知して、その神厳に畏敬を感じることができた。地面に顔を出した岩の露頭ひとつに底つ岩根を磐座に感じ、畏れ、その場を清め、足を踏み入れて汚さぬようにした。はるかな後世、仏教が伝わってくると、それに見習って社殿ができるようになった。それの継承した一の宮であり、延喜式内社などの神の社である。

　神道に、教祖も教義もないから宗教でない。本来は宗教法人の範疇にはいらないのが、日本の古代神道であるが、それを便宜的に無理に入れてしまったので本質が見えなくなってしまった。
　とにかく理屈で考えることが、神様を冒涜しているのである。素直に神様の前に無心で額ずき、神様に感謝すれば何か感じる。

おわりに

　全国というより、諸国の一宮の旅はおわった。
　江戸の中期に橘三喜（1635〜1703）が、諸国の一宮を巡拝しようと志を立て、延宝3年（1675）郷里肥前国平戸を出発し、23年後、元禄10年（1697）に巡拝を完了した。その紀行文『一宮巡詣記』13巻を著わしたというが、現在伝わらず、岡田正利（1661〜1744）が、これを抜粋した『一宮詣記抜萃』2巻がある。正利は大和国（奈良）の生まれで、22歳で武蔵国に行き、岡田家を継ぎ40歳すぎてから神道に転じ、垂加神道を関東に広めた。また、三喜は吉川神道家吉川惟足の教えを受け、江戸浅草で橘神道を創始した人である。諸国の一の宮をまとめたものは少ないが、三喜によって一の宮の巡拝がはじまった。
　昭和36年（1961）1月23日付で神社本庁調査部で作製した『全国一の宮表』に記載される諸国68ヶ国96社の一の宮を巡拝しおえた。諸国一の宮を巡拝したのを「一宮紀行」として学校関係の『日本教育ジャーナル』に連載し終了した。これを各一の宮にお送りして校閲をお願いした。有難いことにほとんどの一の宮から加筆していただき返送された。これを基にして、改めて調べ直し『一宮巡拝の旅』にまとめることができた。これは、諸国一の宮に祀られる神々のお陰であり、ご協力いただいた一宮に心からお礼し、感謝する。
　越中国一宮雄山神社からの校正に、3003mの立山の頂上の峰本社が本社であることを知った。ふつうは山上は奥宮になって麓の本社に参拝する。雄山神社は7月から9月まで立山山頂に神職がつめて昇殿参拝ができる。その期間だけが立山の神の御前に詣でることができる。昭和63年（1988）8月15日に室堂から2時間、雪渓を越えて磐と石の急な登山道を登り参拝を完了した。
　これで一の宮の巡拝が終わったと思った。ところが、対馬国一の宮海神神社からの校閲を見ると、すでに参拝した場所と違うようなので、問い合わせると間違っていた。すでに2度も対馬を訪れ土地

の人から案内されて和多津美神社に参拝していた。だが海神神社がほかにあった。昭和63年(1988)9月23日の秋分の日に再度訪れ参拝することができ、完了することができたと、初版を刊行した。それで終わったと思ったら、またそうではなかった。志摩国一の宮は伊雑宮であるが、そのなかにふれている伊射波神社を志摩国一の宮として紹介すべきであることを知った。平成6年(1994)7月7日に鳥羽市からバスで、下車してから徒歩30分の御崎の上にある伊射波神社に参拝した。一の宮を巡拝すると、どうしても一の宮を称した神社の参拝を欠かすことは気持ちが落着かなくなるものである。

思えば永い歳月であった。

諸国の一の宮を巡拝し終えたという心の安まりは、神々からの、神木からの、鬱蒼たる神域の樹木からの、何千年のパワーを受けたことになる。この喜びを橘三喜の願いの如く、多くの人々に自らの事として体験してもらいたい。

「一の宮」というときには、必ず国名を記している。古代に国々がつくられ、その国々が集まってというより、西南日本の勢力が強まり、その勢力圏に入って古代国家が形成されたのである。いわば古代における国々の合衆国が日本であるともいえる。約200年前に建国されたアメリカ合衆国と違うのは、神話からはじまり、神を祀る天皇をいただき、日嗣の御子による祭政一致の統治をしてきたことである。これは2000年の歴史が物語っている。

『延喜式』に記帳された神社は、それ以前の古代からの神々を祀り、それとともに種族が氏族となり、日本列島に国々を開いていった。国々の一の宮は、それぞれの種族、氏族が開いて勢力をもった土地である。決して単一の民族でないことを知っていただきたい。なかには渡来の神を祭神にしている式内社も多いのも、親潮、黒潮の潮流に囲まれた日本は、その行き着く先であった。種族、氏

族がここに神々を崇め国を形成していったのである。それが血の中に流れて今日の日本人となったのである。

戦後、進駐軍によって神道指令が出された。そのため神社界は困窮したことは否定できないが、全国の一の宮を巡拝してみると各地の由緒ある神社は隆盛になっている。ことに一の宮はそうである。国家神道の時代と違い、その枠が外れたことにより、かえって「神様」が庶民との親しさをまし、庶民も「神様」に率直な願い事をする。御神徳の高い神様は庶民の願いをかなえて下さる。神様は大勢の人々の願いが多ければ多いほど、神力を発揮されるものである。そうでないところは神職の神に対する祈念がどこか欠けているのではないであろうか。

とにかく、昭和20年(1945)8月15日の敗戦にょつて神社仏閣は、どうなることかと、当時の日本人は心配したものである。明治になっての国家神道ではなく、本来の日本古代からの神々の神徳は、そうやすやすとは消えるものではない。毎年正月の初詣での人々のにぎわいの大多数を占めるものは若い人たちである。学校教育を危惧しているが、学校で教えなくとも古代から受け継いできた血は概念に左右されるものではない。諸国の一の宮は、古代と自然を現代に伝えながら今日、人々に幸福の神徳をおよぼしている。人々は旅によって自らを新鮮なものにする智慧をもっている。西国33ヶ所、四国88ヶ所巡礼は、心と体で、自然と仏のパワーを生きる支えとなってきた。

21世紀を迎える混沌とした世の中である。現代が見えなければ、古代を見直すことである。神々の力が21世紀という異質の社会に大きな支えになるからである。そのためにも一の宮巡拝の旅をすすめたい。巡拝する行動により、自然で清浄なる神域に接し、八百万神と巡りあい、自らの忘れていた不思議な力がよみがえり、神々の智慧が得られる。

平成三年 (1991)、全国一の宮会が諸国の一の宮によって結成され、一の宮の神社間の横の連絡をしながら、一の宮巡拝をする人々のために活動をはじめた。平成 10 年 (1998) 11 月 20 日、初めて『全国一の宮御朱印帳』が出来た。平成 11 年 (1999) 6 月 10 日、今度は一の宮巡拝者で全国一の宮巡拝会がつくられ、日本始まって以来の乱れた現況に、忘れられた魂を取り戻す道が開けた。『一の宮巡拝第 7 号』は百万部刷って、平成 13 年 (2001) の一の宮初詣者に配り、「種」を蒔くことができた。神々の御神意が、はたらかれた事と喜ばしいことである。アメリカの青年、日本の大学教授のイギリス人が、全国一の宮巡拝をはじめている。

　21 世紀、古代から継承され生きている神道が、地球的規模で人類の問題として、その芽を吹出す気配が感じる。そこに育まれてきた日本人は、理屈を抜きに無我夢中で、諸国一の宮に旅立つことである。

平成 13 年 (2001) 2 月 28 日
入江　孝一郎
全国一の宮巡拝会世話人代表
社団法人日本移動教室協会理事長

全国一の宮巡拝会、入会のおすすめ

　諸国一の宮を巡拝する同じ道をあゆむ人々によって、自然に結成されたのが「全国一の宮巡拝会」です。同じ道をあゆむ人が、お互いに助けあって、励ましあって行こうとする集いで、諸国一の宮巡拝を完拝された方が世話人・先達となって運営するボランティアの会です。自分が経験・体験した諸国一の宮巡拝を語り、他にすすめようとする気持が自然に湧いてくるもので、それくらい一の宮巡拝は素晴らしいものです。何の形式もなく、年間会費と喜捨とで世話人によって、会報を発行し運営をしています。
　諸国一の宮巡拝を志す心のやすまりとしても、ぜひご入会ください。
　諸国一の宮に関する本が、昭和68年(1988)ごろから書店に出るようになりました。平成3年(1991)5月、伊勢国一宮椿大神社山本行隆宮司が、全国一の宮会設立趣意書を諸国一の宮に送り連絡をとり、また、7月「一宮」を地名とする全国19の商工会議所が「一宮サミット」を行政のリードで尾張一宮市の愛知県勤労福祉会館で開催されました。10月8日、摂津国一の宮住吉大社で、全国一の宮会結成大会が開催されて発足し、一の宮の宮司による一の宮会ができました。そのとき御朱印帳作成の企画され、全国一の宮の巡拝を神社側が考えるようになりました。
　平成6年(1994)、東京の乃木会館で全国一の宮会総会が開かれたとき、『一の宮巡拝の旅』著者として招かれ、一の宮と神縁ができました。以来、総会のたびに案内をいただきその都度出席しました。平成8年(1996)5月23日乃木会館での全国一の宮会総会で、御朱印帳の企画を中断されました。全国一の宮会総会を一の宮の回り持ち開催が提案され、早速11月27日椿大神社で臨時総会を開催しました。少ない参加者でしたが、今後の進め方を真剣に話し合いました。一の宮間の認識を高めるため会報『一の宮通信』の発行を提案し、編集を引受け年4回の発行、第19号まで担当しました。翌日は伊勢神宮鎮座2千年で参拝し祈願しました。

平成9年(1997)4月1日『一の宮通信』第1号を発行し、「一の宮百万人巡拝」の提唱など紙面で啓蒙するとともに、神職にも一の宮の認識を強く願いました。6月、加賀国一の宮総会が開催されました。平成10年(1997)6月、丹波国一の宮総会が開催され、御朱印帳の企画が復活し、制作費用を負担することで11月22日『全国一の宮御朱印帳』は完成し、伊勢国一の宮椿大神社御神前に供え、百万人巡拝が祈願しました。先ず、「隗より始めよ」と、この日から再び全国一の宮御朱印の巡拝を始めて、1年余で完拝しました。

　全国一の宮巡拝会結成と会報　平成11年(1998)6月山城国一の宮総会が開かれました。御朱印を持って巡拝をしているうち、『全国一の宮御朱印帳』が社務所に置いていない神社や一の宮巡拝について神職が話さない神社が多いことを知りました。一の宮巡拝を始める人も出て、その中から巡拝者の会をという希望が寄せられ、『一の宮巡拝』会報第1号を7月1日に発行しました。全国一の宮社頭でインフォーメーションとし、この会報を配付して、巡拝をすすめる大きな力となっています。平成13年(2001)『巡拝会報第7号』を百万部印刷し社頭で配付する巡拝の種播きをしました。

　「世界を駆けるカソリ」の名で知られている賀曽利隆さんが、「日本一周バイクの旅」（昭文社編）で旧国一の宮を参拝し、それを本にしましたので、バイクで巡拝する人が出てきました。また、大手旅行社も一の宮巡拝ツアーを企画するようになり、だんだんと巡拝への気運が高まってきました。

　会報第10号で「生をうけ、今日生きて、明日に生きる力が不思議に授かる。この事を多くの人に知らせる使命！」と呼びかけ、ブロック別の世話人をと、呼びかけましたら早速名乗りをあげて下さいました。島根県で英語助手をしているアメリカ人のダスティン・キッドさんは「いろいろな処でいろいろな方にお世話になってきましたので、その恩返しを考えてきました。この世話人の役はいい機会ではないかと思います」といってきました。日本人だけではなく、アメリカ人も巡拝会の世話人なることは、神様の

深いお考えに動かされていることを知らせらました。すでにアメリカでは神流神社コーイチ・バリッシュ宮司が根を下ろし、さらに伊勢国一の宮椿大神社がワシントン州シャトル郊外3万坪の土地を寄進され、アメリカ椿大神社を造営しています。諸国一の宮巡拝百万人の目標が大きく動いたとき日本も変わり、世界も変わる地球再生へと、神様のお導きされていると感じられます。

　これまでの経過です。過ぎてみると神様任せといいますか、自然体で神様の御意図にそってきました。そのとき、そのときで神様に動かされてきたようでした。お金のことも神様まかせで、どうにかきました。世話人・会員の集いで、話合って、これから神様にどう添えるかを語り合いたいと存じます。千何百年前から祖先が祀り、継承し、生きている自然環境に触れると、神様を自然と感じるのは宗教を超えての不思議なものです。

会　則

1. 総　則
第1条　本会の名称は「一の宮巡拝会」とする。
第2条　本会は、諸国一の宮を巡拝、その普及を目的とする。
第3条　前条の目的を達するため次の事業を行う。
　　　　1. 「全国一の宮会」への協力および連絡。
　　　　2. 一の宮に関する情報の交換および研究調査。
　　　　3. 研究発表や講演会など。
　　　　4. 機関誌などの刊行。
　　　　5. その他諸事業の開催。
第4条　本会は次の世話人および顧問を置く。世話人　代表1名。世話人　若干名。監査　2名。顧問　若干名。
第5条　本会の事務局は東京都千代田区に置く。
第6条　本会の会計年度は4月1日から翌年3月31日とする。
第7条　本会の会員は、第2条の目的に賛同し、年会費3000円納入した者とする。
第8条　本会の会則は、世話人会に於いて必要に応じて改正することができる。
補　則　本会則は平成11年6月10日とする。

事務局：〒101-0062 東京都千代田区神田小川町2-6 全国一の宮巡拝会

関西地球散歩
978-4-901398-40-4 ¥1480

京都路上案内
978-4-901398-40-4 ¥1480

奈良路上案内
978-4-901398-40-4 ¥1480

九州地球散歩
978-4-901398-40-4 ¥1480

長崎路上案内
978-4-901398-40-4 ¥1480

旅の福袋
地球散歩・路上案内の既刊セット　歴史と文化を主体に30年前既に評価の定まった事柄を30年後に伝える設計で編集されています。お店やグルメ等最新情報を求める向きには適していません。　最新刊にくわえ旧版もふくまれます。

旅の福袋 978-4-901398-90-4 ¥5000
諸国一の宮 旅の福袋 978-4-901398-91-6 ¥6680
御朱印帳 諸国一の宮 旅の福袋 978-4-901398-92-3 ¥10000

沖縄地球散歩
978-4-901398-40-4　¥1480

 ## 札幌路上案内
978-4-901398-40-4　¥1480

 ## 東京路上案内
978-4-901398-40-4　¥1480

ichinomiya.gr.jp

歩くことで初めて出会える事柄をとりあげています。
地球散歩はより広い範囲を路上案内は街あるきのための
ガイドとして作られています。
時をへて先人たちが伝えてくれた文化を
次の世代に伝えるガイドとして
修学旅行の創成期から
世代を超えた支持を
いただいてきました。

書店で
ご注文いただけます。

横浜路上案内
978-4-901398-40-4　¥1480

鎌倉路上案内
978-4-901398-40-4　¥1480

文化財や歴史の遺構、旧い町並み、旧街道など
一の宮への道筋で、歴史を感じさせる場所を記載しています。

関西 一の宮地図

中四国 一の宮地図

九州 一の宮地図

関東 一の宮地図